짧은 영광, 그래서 더 슬픈 영혼

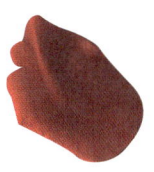

짧은 영광,
그래서 더 슬픈 영혼

전원경 지음

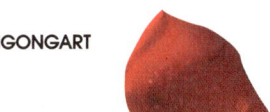

SIGONGART

■ 여는 글

그들에게 한없는 연민을 느끼며

6년 만에 새 책을 썼다. 6년 전에 책을 쓸 때는 그저 즐겁기만 했다. 미지의 독자들에게 하고 싶은 이야기가 너무도 많았다. 긴긴 겨울밤 친구에게 편지 쓰듯 즐겁게 글을 써내려 갔다. 결국 원고는 200자 원고지로 2,000매가 넘을 만큼 많아졌고 편집자는 그 원고를 1,200매 가량으로 추려내느라 꽤 애를 먹었던 눈치다. 그런데 이번 작업은 그처럼 즐겁지 않았다. 벽을 미는 것처럼 한 줄 한 줄 괴롭게 글을 써내려 가며, 왜 이렇게 숨차고 힘든지 스스로에게 묻지 않을 수 없었다.

그 답은 명료했다. 내가 이 작업을 너무도 오래, 그리고 너무도 간절히 기다려왔기 때문이었다. 10년 가까이 가슴속에 쌓아둔 이야기를 털어놓으려니, 오히려 더 힘들고 버거워서 자꾸만 쉬어갈 수밖에 없었다.

〈짧은 영광, 그래서 더 슬픈 영혼〉의 시작은 1997년 즈음으로 거슬러 올라간다. 그때 나는 영국에 갓 도착한 신참 유학생이었다. 그런데 겨울로 막 접어드는 늦가을의 어느 날, 첼리스트 자클린느 뒤 프레의 언니와 동생이 쓴 회고록 〈우리 가족 속에 있던 천재A Genius in the Family〉에 대한 기사가 '더 타임스The Times' 한 면 전체에 실렸다. 그리고 그때부터 매주 한 번씩 한 달 동안 이 책을 요약한 기사가 한 면 가득 실려 나왔다. 안개가 장막처럼 드리워지는 영국의 늦가을 날씨보다 더 시린 사연을 담은 자클린느의 기사를 나는 열심히 읽었다.

그 시리즈 기사를 읽을 때의 느낌은, 어쭙잖은 실력이나마 내가 영어를 해독할 수 있는 게 얼마나 다행인가 하는 것이었다. 그 정도로 흥미진진한 기사였다. 너무나 대단한 재능을 타고나는 바람에 그 재능에 평생 짓눌려 살아야만 했던 한 여자의 고통스러운 외침이 글 속에 절절이

묻어나서, 읽을 때마다 울지 않을 수가 없었다. 그 기사와 책은 자클린느가 단순히 위대한 천재 첼리스트가 아니라 그녀 역시 나처럼 게으르고 놀고 싶고 사랑받기를 갈망했던 보통의 한 여자였다는 것을, 그리고 그녀에게 부여된 재능이 결코 축복이 아니라 오히려 형벌이었음을 알려주고 있었다.

아마 그때부터였을 것이다. 요절한 천재들의 인생에 대해 관심을 갖게 된 것은. 그리고 2003년 4월 1일 배우 장국영이 자살했다는 뉴스가 전해졌다. 한때 아시아 젊은이들의 우상이었던 장국영은 20층이 넘는 호텔 창에서 뛰어내려 스스로 삶을 마감했다. 대체 무엇이 고소공포증이 있는 그를 고층빌딩에서 뛰어내리게 만들었을까. 마치 청춘의 쓸쓸한 종말 같은 그 소식을 들으면서 나는 그들의 이야기를 책으로 쓰리라고 다짐했다.

줄리어스 시이저가 갈리아 원정길에 알렉산더의 전기를 읽으면서 눈물을 흘렸다는 일화가 있다. 알렉산더는 갓 서른의 나이에 세계를 정복했는데, 자신은 마흔이 될 때까지 변방에서 미개인들이나 토벌하고 있는 처지니 얼마나 한심하냐고 통분하면서 말이다. 요절한 천재들에 대해서 일반인들이 갖는 심정도 이와 비슷할 것이다. 찬탄 반, 질투 반이라고나 할까.

나 역시 그랬다. 그러나 이 책을 쓰면 쓸수록 마음속에 가득했던 질투나 부러움은 사라지고 연민이 그 자리를 채워 나갔다. 〈짧은 영광, 그래서 더 슬픈 영혼〉이 다룬 11명의 예술가들은 대부분 30년, 길어야 40년 남짓한 생을 살다 갔다. 바스키아나 실레처럼 30년을 채 살지 못한 사람도 있고 니진스키처럼 60여 년을 살았지만 예술가로서의 생은 30세 이전에 마친 사람도 있다. 또 존 레논이나 디누 리파티처럼 생전에 큰 명성을 누린 사람도 있고 모딜리아니처럼 극단적인 가난 속에 신음하다 떠난 사람도 있다. 그러나 이들은 한결같이 그리 평온한 인생을 누리지는 못했다. 영광은 찰나처럼 그들을 스쳐갔고 행복은 그보다 더 짧았다. 자살, 약물중독, 불치병 등 죽음 또한 삶처럼 순탄치 않았다.

그들에게 재능은 과연 무엇이었을까. 아무리 뛰어난 재능이라고 해도, 재능과 삶을 송두리째 바꾸어야 한다면 그것이 어떻게 축복일 수 있을까. 만약 그들에게 '다시 한번 생을 선택할 수 있다면 당신은 천재의 삶을 선택하겠는가.'고 묻는다면 그들은 어떻게 대답할 것인가. 그러나 그들이 무어라 대답하든 간에, 이미 천재 예술가로서의 삶은 그들에게 주어진 숙명이었던 것을.

〈짧은 영광, 그래서 더 슬픈 영혼〉은 개인적으로도 전환점이 되는 책이다. 올해는 내가 직업으로 글을 쓴 지 꼭 10년이 되는 해다. 그리 대단한 글을 쓰지는 못했지만 아무튼 나는 지난 10년 동안 쉬지 않고 글을 써 왔다. 그리고 휴직절차를 밟고 이사를 하고 아이를 낳는 와중에 〈짧은 영광, 그래서 더 슬픈 영혼〉을 썼다.

그러던 어느 날, 어려운 수학문제 풀듯 원고와 씨름하는 도중에 글쓰기가 내게 주어진 길이 아닌가 하는 생각이 문득 들었다. 나이가 들어서일까, 나는 '글쓰기가 내 운명인 것 같다.'고 말할 만큼 뻔뻔스러워졌다. 그리고 이 원고를 붙들고 있는 모든 순간, 정말로 전력을 다해 일했다. 이것이 운명이면 받아들일 것이라고, 부족한 재능은 노력으로 채우겠노라고 스스로에게 다짐하면서.

이제 나는 그토록 어렵게, 또 그토록 힘들게 써낸 책을 세상에 내놓는다. 몇 번 단행본을 출간하고 편집해 본 경험에 미루어 보면, 모든 책은 사람처럼 제각기의 운명을 가지고 태어난다. 그래서일까, 이 책을 내놓는 심정은 품에서만 안고 키우던 아이를 바깥에 혼자 내보낼 때처럼 안쓰럽고 애틋하다. 이 감정을 감히 사랑이라고 부를 수 있을까.

모자라는 원고를 멋진 책으로 만들어주신 시공아트의 전우석 팀장님, 과찬의 추천사를 써 주신 최고의 피아니스트 김대진 교수님, 지칠 때마다 따스한 조언을 들려준 한경심, 정미용 선배, 자료를 찾고 기획을 도와 준 남편 이식님에게 감사드린다. 이 책이 조금이나마 빛나는 부분이 있다면, 그것은 이 분들의 도움 덕이다.

〈짧은 영광, 그래서 더 슬픈 영혼〉의 원고를 쓰는 중에 딸아이 희원이가 세상에 태어났다. 백일도 안 된 동생이 반짝 눈을 뜨고 자신을 바라보자 다섯 살배기 희찬이는 "엄마, 아가 눈 속에 별이 있어." 하고 말했다. '엄마' 라는 세상에서 가장 아름다운 이름으로 나를 불러주는 두 아이, 내게 진정한 삶의 의미를 깨닫게 해 준 희찬과 희원에게 이 책을 바친다.

2005년, 가을이 찾아오는 10월
전원경

■ 추천의 글

꽃과 같은 그들의 인생

천재의 예술가들, 그러나 그 재능으로 일찌감치 파멸에 이른 요절 예술가들의 극적인 삶과 예술은 과연 피할 수 없는 운명이었을까.

　세상은 다양함 때문에 아름다운 곳이라는 생각이 든다. 풀과 나무, 꽃들이 어우러진 수풀 속을 거닐 때 우리는 자연의 신비로움을 경험한다. 바람결에 춤추는 풀잎들의 속삭임, 하늘 높은 줄 모르고 솟아오르는 싱그러운 나뭇가지들, 또 느티나무가 만드는 넉넉한 그늘은 지친 우리의 마음을 절로 푸근하게 해 준다. 하지만 자연을 완성하는 조물주의 최고 역작은 역시 화려한 꽃들이 아닐까. 봄이 되면 어느새 잠에서 깨어나 저마다의 빛깔과 향기를 뿜내는 꽃들이 있기에 자연은 아름다움의 극치로 치달을 수 있다.

　이 꽃들과 비슷한 존재들을 인간 세상에 찾는다면 그것은 시인과 예술가들일 것이다. 그들의 작은 몸짓은 이내 찬탄으로 이어지고, 그들이 누릴 수 있는 위대한 사치는 화려한 영광으로 피어난다. 그들이 빛날 때 세상은 진정한 아름다움에 취하고 만인들은 그들에게 사랑으로 화답한다. 그러나 꽃들은 오래지 않아 땅에 떨어지거나 비바람에 날리며 종말을 맞는다. 영화는 초라하게 내던져 지고 어느새 오가는 이들의 발걸음에 밟혀 스러지는 것이 그들의 운명이리라.

　〈짧은 영광, 그래서 더 슬픈 영혼〉을 읽으면서 다시 한번 천재 예술가의 삶과 꽃을 함께 떠올리게 되었다. 그리고 음악가로 살아 오며 늘 천재들의 재주를 흠모해 왔던 내 자신을 돌이켜 보았다. 절대적 아름다움을 표현하는 능력은 인간의 노력만으로 이룰 수 있는 것이 아니다. 그렇기 때문에 모든 예술가들은 천부적인 재주를 타고난 천재들을 부러워할 수밖에 없다.

하지만 운명의 장난처럼 적지 않은 천재 예술가들은 불운에 시달리다 일찍 세상을 등졌다. '발레의 신'이라고 불리다 29세에 정신병으로 은퇴해 그 후 30년간을 혼돈 속에서 살다간 바슬라브 니진스키가 그렇고, 16세의 어린 나이에 영국 최고의 첼리스트로 우뚝 섰지만 27세에 전신 마비 환자가 되어 버린 자클린느 뒤 프레도 그러했다. 33세에 백혈병으로 무대에서 쓰러져 요절한 리파티, 〈위대한 개츠비〉를 능가하는 작품을 써야 한다는 강박관념에 시달리다 알코올 중독으로 세상을 뜬 작가 스콧 피츠제럴드도 비운의 주인공들이었다.

또 아시아를 뒤흔들 만큼 큰 인기를 누리다 호텔 옥상에서 투신자살한 배우 장국영과 34세에 심장 발작으로 사망한 화가이자 유도 사범이었던 괴짜 이브 클랭은 어떠한가. 아직도 우리의 뇌리에 총성과 함께 남은 존 레논도, 평생 가난 속에서 신음하다 요절한 몽마르트르의 화가 모딜리아니도 서럽게 져 버린 꽃들이었다. 이 책에서 작가는 그들이 느꼈을 가슴속 응어리와 전율을 생생한 필치로 전하고 있다.

전원경씨와의 인연은 벌써 10여 년 전으로 거슬러 올라간다. 기자 시절부터 전원경씨의 글에서는 예술과 예술가에 대한 지대한 관심과 사랑이 느껴졌다. 〈짧은 영광, 그래서 더 슬픈 영혼〉을 통해 그런 작가의 애정을 새삼 확인할 수 있어 반가웠다. 책에 수록된 열한 명의 예술가들이 인류 역사에 남긴 위대함만큼 즐겁고 행복한 삶을 누렸다면 얼마나 좋았을까 하는 작가의 바람이 간결한 문체 속에 숨어 있었다.

화려하게 피어났다 어느 순간 땅에 떨어진 꽃처럼 그들의 짧은 삶은 안타깝다. 하지만 그

들을 연민의 대상으로 삼을 수만은 없다. 이 요절한 천재들이 남긴 흔적으로 인류는 더 큰 아름
다움을 기약할 수 있기 때문이다. 그래서 예술과 인생이라는 화두는 역사 속에서 끝없이 계속되
고 있는 것일지도 모른다. 이 가을, 꽃처럼 아름답고 슬픈 그들의 인생이 독자의 마음속에 긴 여
운으로 남기를 바란다.

단풍이 고운 10월에,
김대진(피아니스트, 한국예술종합학교 음악원 교수)

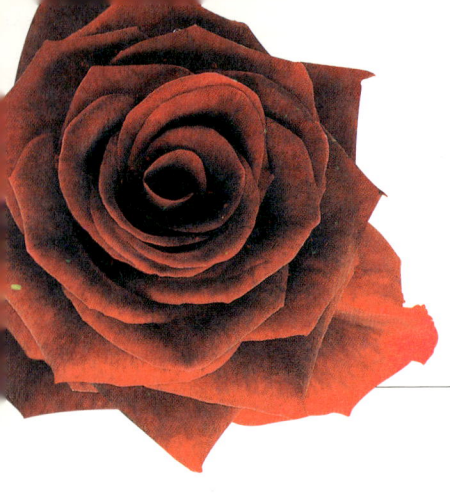

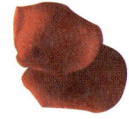

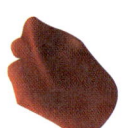

COTENTS

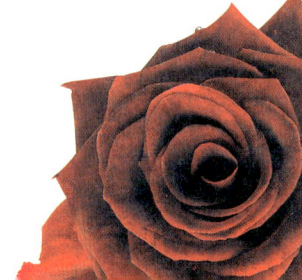

張 國 榮

홍콩의 가수 겸 배우. 1977년 홍콩 RTV의 가창 경연대회에서 2등상을 수상하며 가수로 데뷔하였다. 이후 7년 가까이 무명으로 지내다 1985년 오우삼 감독의 무협영화 〈영웅본색〉을 통해 인기배우로 화려하게 떠올랐다. 〈백발마녀전〉, 〈천녀유혼〉 등 70여 편의 영화에 주연으로 출연하며 주윤발, 유덕화, 양조위, 왕조현, 여명 등과 함께 '홍콩 느와르'의 르네상스를 이끌었다. 한국을 비롯한 범아시아적 스타로 떠오른 그는 이즈음 몇 편의 한국 CF에 출연하기도 하였다.

1993년 첸 카이거 감독의 〈패왕별희〉에서 경극 배우 데이 역으로 출연, 무협영화뿐만 아니라 아트 시네마에서도 연기파 배우로 인정받게 되었다. 이후 왕가위 감독의 〈아비정전〉, 〈해피 투게더〉, 첸 카이거의 〈풍월〉 등에 출연했으나 홍콩 영화의 사양세와 더불어 2000년 이후부터는 별다른 출연작이 없었다. 2002년 완성된 영화 〈이도공간〉을 마지막으로 2003년 4월 홍콩 만다린 오리엔탈 호텔에서 투신자살했다. 향년 46세.

＊장국영의 중국식 원음은 장궈룽이지만 우리에게 익숙한 장국영으로 표기했음을 미리 밝힙니다. _편집자 주

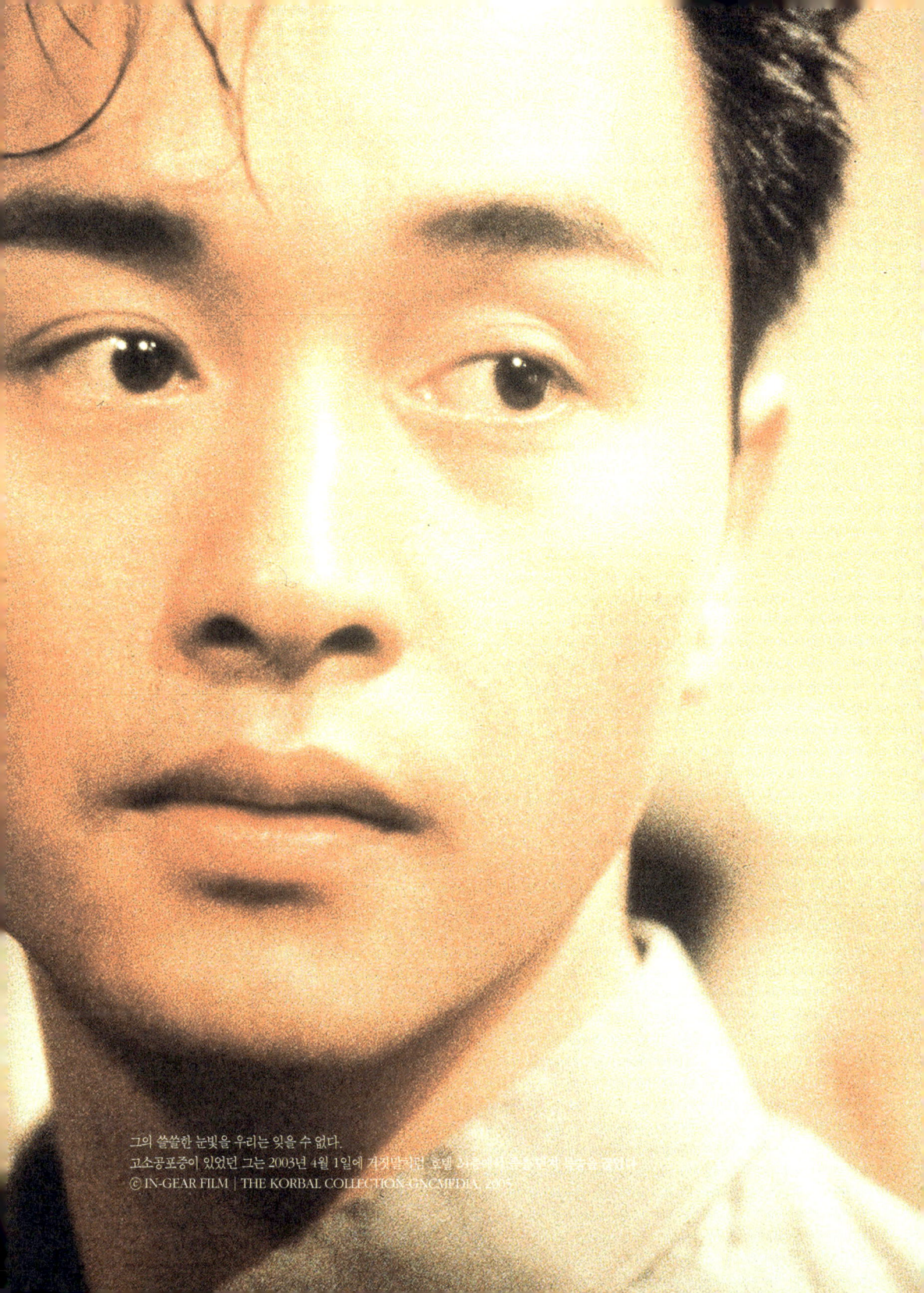

그의 쓸쓸한 눈빛을 우리는 잊을 수 없다.
고소공포증이 있었던 그는 2003년 4월 1일에 거짓말처럼 호텔 이십사층에서 몸을 던져 하늘로 올라간다

그와 함께 한 시대가 끝났다

2003년 4월 1일, 사스SARS라는 정체 불명의 괴질이 잿빛 안개처
럼 우울하게 홍콩을 뒤덮고 있는 봄날이었다. 여느 봄날씨답지
않게 그날은 온종일 빗방울이 떨어졌다. 점차 어두움이 드리워지
던 오후 6시 20분경, 홍콩 중심가인 센트럴에 위치한 만다린 오
리엔탈 호텔 24층에서 한 남자가 아래로 몸을 던졌다. 투신자살
이었다. 목격자들은 그 남자가 24층 헬스클럽의 창을 열고 갑자
기 뛰어내렸다고 하였다.

주위는 이내 소란스러워졌고 남자는 근처의 가톨릭 병원으
로 옮겨 졌다. 저녁 7시 6분, 남자는 보호자가 지켜보는 가운데
숨을 거두었다. 경찰은 '장張 씨 성을 가진 연예인'이라고 이 남자
의 신원을 발표했다. 그리고 그날 밤 남자의 정확한 이름이 밝혀
졌다. 장국영張國榮.

곧 홍콩이, 그리고 아시아 대륙이 들썩이기 시작했다. 장국
영이 누구인가. 70여 편의 영화에 출연하고 50여 장의 앨범을 발
표한 만능 연예인, 한때 아시아 최고 스타로 군림했던 인물이 아
닌가. 그가 죽었다. 고소공포증으로 비행기 타기마저 몹시 꺼려
했던 그가, 다른 장소도 아닌 고층 빌딩의 창에서 몸을 던져 스스
로 삶을 마감했던 것이다. 쉽게 납득할 수 없는 놀라운 사건임에
틀림없었다. 대체 어떤 일이 있었기에 그는 이토록 비극적이고
급작스러운 죽음의 방식을 선택해야만 했던 걸까.

그토록 쓸쓸한 종말

죽어서 신화가 되는 사람들이 있다. 스물 다섯의 나이에 포르셰 스포츠카를 몰다 즉사한 제임스 딘이 그렇고, 뉴욕의 자택 앞에서 광적인 팬이 쏜 총탄에 쓰러진 존 레논이 그렇다. 이들은 살아 생전 못지 않게 죽어서도, 아니 오히려 죽은 후 새로운 신화를 창조한 인물들이다. 그러나 자살로 생을 마감한 장국영의 경우는 이들과 조금 다르다. 그의 죽음이 우리에게 안겨 준 감정은 차라리 쓸쓸함이었다. 그의 죽음은 마치 한 시대의 종말을 상징하는 것 같다.

1985년부터 2000년대 초까지, 장국영의 활동 시기는 홍콩 영화의 전성기와 정확히 일치한다. 장국영은 1985년 〈영웅본색〉으로 오우삼, 주윤발과 함께 '홍콩 느와르'의 시대를 활짝 열었고 1990년 왕가위 감독의 〈아비정전〉으로 홍콩에도 B급 무협영화뿐만 아니라 특유의 아트 시네마 장르가 있음을 보여 주었다.

중국 영화가 첸 카이거의 〈패왕별희〉로 마침내 아시아의 울타리를 넘어설 때도(1993년 칸느 영화제 황금종려상 수상) 장국영은 그 중심에 서 있었다. 장국영은 홍콩 배우들 중에 중국 본토의 영화에서 주연을 맡은 최초의 배우로 기록되었다.

그러나 아시아가 좁다는 듯, 화려하게 비상하던 홍콩 영화는 1997년 홍콩 반환을 정점으로 급작스레 시들기 시작한다. 이름난 영화인들은 중국의 지배하에 들어간 홍콩을 떠났고, 신선한 아이디어나 전도유망한 신인 배우도 더 이상 등장하지 않았다. 1997년 칸느 영화제의 감독상을 수상한 왕가위의 〈해피 투게더〉 는 몰락해 가는 홍콩 영화의 마지막 몸부림이나 다름없었다. 이 영화 이후 장국영도, 그리고 홍콩 영화도 세계가 주목하는 작품 을 내놓지 못했다. 홍콩 영화의 입지는 30억 인구의 아시아에서 작은 홍콩섬 안으로 바람 빠진 풍선처럼 쪼그라들었다. 한때 장 국영과 주윤발, 유덕화, 왕조현의 브로마이드를 책상 앞에 붙여 놓았던 아시아 각지의 청소년들은 생활에 쫓기는 30대 샐러리맨 이 되었다. 그렇게 장국영의 존재는 우리에게서 잊히는 듯 했다.

그리고 2003년 만우절, 한때 우리의 우상이었던 장국영의 부음이 들려왔다. 마치 거짓말처럼. 생전의 장국영을 집요하게 괴롭혔던 언론은 죽어서도 그를 가만히 놓아두지 않았다. 황색 언론은 그의 자살보다 '양성애'라는 성적 취향을 더 부각시켰다. 죽음의 자리에 있었던 20년 지기이자 연인인 당학덕의 변심 여부 가 도마 위에 올랐고, 공개되지 않았던 유서에는 장국영이 새로 운 애인 케네스와 당학덕 사이에서 고민했다는 내용이 담겨 있다 는 소문이 떠돌았다. 언론의 저열한 관심은 국내에서도 예외가 아니어서 몇몇 스포츠 신문은 '게이 배우 자살하다.'라는 선정적 인 헤드라인으로 1면을 장식했다.

홍콩 언론은 그렇지 않아도 사양세가 짙은 홍콩 영화계가 장국영의 죽음-그것도 자살!-으로 완전히 내리막을 걸을까 두려

위하는 기색이 역력했다. 그의 사망 닷새 후인 4월 6일 홍콩 최고의 영화제인 제 22회 금상장 시상식이 열렸다. 그러나 시상식에 참가한 배우들은 약속이라도 한 듯, 아무도 장국영의 이름을 입에 올리지 않았다. 괴질이 휩쓸고 있는 섬에서 장국영의 죽음은 서둘러 봉합되었고 잊혀졌다. 이처럼 그의 죽음은 신화의 시작이 아니라 쓸쓸한 종말이었다.

'어린 시절의 즐거운 기억은 아무 것도 없다.'

조각처럼 반듯하고도 우아한 외모가 암시하듯 장국영은 부유한 집안에서 태어났다. 장국영의 아버지는 물론 브란도, 윌리엄 홀든 등의 옷을 재단하던 홍콩 제일의 재단사였으며 그는 무려 10남매 중 막내였다. 홍콩에서 초등학교를 졸업한 장국영은 열세 살 때 영국 노포크로 유학, 중·고교를 졸업하고 리즈 대학에서 섬유관리를 전공했다. 흥미 있었던 문학이나 미술 대신 섬유관리학과에 입학한 것은 가업을 잇기 바랐던 아버지의 뜻을 따른 것이라고 한다. 그러나 장국영은 대학 재학 중이던 1976년 아버지가 반신불수로 쓰러지자 홍콩으로 귀국하여 유학생활을 마치게 된다.

겉보기에는 나무랄 데 없는 부잣집 막내 도련님의 성장기 같다. 그러나 실상 내막은 전혀 달랐다. 장국영은 1999년 한 언론과의 인터뷰에서 "유감스럽게도 어린 시절의 기억 중 즐거웠던 건 하나도 없다."고 말했다. 그의 부모는 바쁜 데다가 불화가 잦

아서 남매들은 모두 외할머니 집에서 성장했다. 아홉 명에 이르
는 손위 남매들 중 셋은 어려서 죽었는데 그중 아홉째형은 장국
영과 묘하게도 생일이 같았다. 그래서 장국영은 집안에서 아홉
번째 아이의 환생으로 취급받았다고 한다. 결과적으로 바로 손위
였던 여덟째형은 장국영보다 여덟 살이나 위였다.

　　장국영은 "어릴 때 나를 돌봐준 사람은 유모뿐이었다. 부모
와 함께 산 기억이 없기 때문에 1989년 아버지가 돌아가셨을 때
도 별다른 느낌이 없었다. 유감스럽게도 부모와는 정말로 연이
안 닿았던 것 같다."라고 말하기도 했다. 더구나 부모에 이어 형
제자매들의 결혼생활도 순탄치 못해 대부분 이혼했다. 이렇게 보
면 장국영이 평생 동안 결혼에 대해 어떤 환상도 갖지 않았던 것
은 너무도 당연한 일이었다. 훗날 장국영은 자신을 돌봐준 유모
에게 집을 사 주었고, 이 유모가 1990년 80세의 나이로 사망할
때까지 그를 물심양면 보살펴 주었다.

　　장국영의 어린 시절을 지배하던 한 가지 기억이 있다. 본인
이 직접 말한 이 '강렬한 기억'은 정말 충격적이다. 장국영은 여
섯 살 때 맨 처음 외할머니의 죽음을 목격했던 것이다.

　　'외할머니께서는 돌아가시기 몇 해 전부터 다리를 쓸 수 없어 매일 의
　　자에 앉아만 계셨다. 외할머니가 돌아가신 날, 나는 집에 와서 외할머니
　　가 의자에 앉은 채 죽어 있는 걸 발견했다. 나는 그 장면을 현재(1999년)
　　까지도 분명히 기억한다.'

불과 여섯 살짜리가 목격한 죽음의 광경. 그의 어린 시절이 얼마나 깊은 어둠으로 칠해져 있었을지 짐작하게 하는 회고이다.

중학교의 수학 과목에 적응하지 못해 떠났던 영국 유학은 그래도 나은 편이었다. 동양인이 거의 없던 영국 중부 노포크에서 어느 정도의 인종 차별을 피할 수는 없었지만, 그래도 장국영은 새로운 생활에 곧잘 적응했다.

'문학은 반에서 일등을 할 만큼 잘했고 D.H 로렌스와 세익스피어를 특히 좋아했다. 미술과 건축, 설계 등에도 관심이 많았다. 만약 내 마음대로 대학 전공을 결정할 수 있었다면 실내장식 등을 택했을 것이다.'

영국에서 장국영은 '레슬리Leslie' 라는 영문 이름을 사용했다. 자신이 좋아하던 영화 〈바람과 함께 사라지다Gone with the Wind〉의 애슐리 역을 맡은 배우 레슬리 하워드에서 딴 것이다. 그는 이 이름을 택한 이유에 대해 "남자나 여자 모두 쓸 수 있는 이름이라 마음에 들었다."고 말한 적이 있었다.

레스토랑의 웨이터로 아르바이트를 하기도 했던 장국영은 아버지의 발병으로 대학을 마치지 못하고 1976년 홍콩으로 돌아왔다. 그렇다고 해서 가업을 잇는 착실한 아들이 된 것은 아니었다. 집을 나와 이리저리 떠돌던 장국영은 1977년 홍콩 RTV가 주최한 가창대회에 2등으로 입상하며 연예계에 데뷔한다. 그는 민소매 티셔츠에 진 차림으로 이 대회에 나가 〈The American Pie〉

를 불렀는데 연예계 관계자들에게 유창한 영어 발음으로 팝송을
부르는 이 잘생긴 젊은이의 존재는 대단히 인상적이었다.

　　당시 홍콩 연예인들은 대부분 배우와 가수를 겸업했고 장국
영 역시 예외가 아니었다. 1979년 첫 출연 영화 〈홍루춘상춘〉이
발표되었지만 반응은 신통치 않았다. 그는 이후 1985년까지 7년
동안 '1천 홍콩달러(130만원)만 통장에 있다면 얼마나 좋을까' 라
고 항상 생각했다. 그렇게 긴 무명 생활을 스스로 견뎌야만 했다.
이때 매니저인 진숙분과 배우 매염방을 알게 되었는데 두 사람은
모두 장국영에게 가족 같은 존재가 되었다.

　　무명생활은 길었지만 이 인고의 세월을 통해 장국영은 참고
견디는 법을 배웠다. 그리고 반드시 연예계에서 출세하고야 말겠
다는 각오를 다진다. 그 각오는 오우삼 감독의 〈영웅본색〉에서
화려하게 만개한다. 주윤발, 적룡 등 버버리 코트를 입은 거친 사
내들이 서로 권총을 겨누는 오우삼 특유의 화면에서 선이 뚜렷한
가녀린 얼굴에 작은 키, 보호본능을 일으키는 이미지의 장국영은
단연 눈에 띄는 존재였다. 이 영화를 통해 장국영은 이후 자신을
규정한 '귀공자 풍의 얼굴과 나르시시즘에 빠진 연약한 남성' 이
미지를 굳히게 된다. 〈백발마녀전〉, 〈천녀유혼〉, 〈금지옥엽〉, 〈종횡
사해〉 등 장국영이 나오는 영화들은 모두 큰 인기를 끌었다. 삽시
간에 장국영은 아시아 최고의 스타가 되었고 이후 십여 년간 배
우로, 또 50여 장의 앨범을 낸 아이돌 가수로 굳건히 그 자리를
지켰다.

아비와 데이, 영화 속 장국영의 분신

70여 편에 이르는 장국영의 영화는 크게 세 가지 부류로 나뉜다. 첫 번째는 〈영웅본색〉, 〈천녀유혼〉을 비롯해 필모그래피의 대부분을 차지하는 무협영화 류, 두 번째는 〈아비정전〉, 〈동사서독〉, 〈해피 투게더〉 등 왕가위 감독의 영화 류, 그리고 마지막이 〈패왕별희〉를 비롯한 첸 카이거 감독의 아트 시네마 류이다. 장국영은 홍콩 느와르와 예술영화를 자유자재로 넘나들 만한 연기력과 열정을 갖춘 배우였다. 심지어 그는 영화 속에서 그림자만 등장하는 장면까지도 직접 연기했다.

사람들은 장국영의 영화 중 〈해피 투게더〉의 보영 역할이 실제 장국영과 가장 비슷할 것이라고 믿는 경향이 있다. 보영은 남자를 사랑하는 동성애자인데다가 장국영의 외모가 풍기는 이미지와 비슷하게 이기적이며 만사에 무심한 인물이다. 보영의 연인이었던 아휘는 끝없이 계속되는 보영의 이기적인 요구에 지쳐 결국 그를 떠난다. 그러나 정작 장국영은 〈해피 투게더〉의 보영을 가장 연기하기 어려웠던 역할로 꼽았다.

'왕가위 감독은 대본을 미리 준비하지 않아 영화 촬영 중에 항상 문제들이 도사리고 있었다.…… 짧은 시간 안에 보영이라는 인물, 모든 사람들이 다 싫어하는 이 캐릭터를 어떻게 연기해야 하는지, 어떻게 표현해야 보영의 강한 매력을 보여줄 수 있는지 정말 어려웠다. (양조위가 맡은) 아휘 역은 심리적으로 충분히 이해할 수 있었지만 보영 역에는 실제로 어떠한 공감대도 느낄 수가 없었다. 솔직히 말해, 연기를 제대로 못하면 사람들에게 역겹게 받아들여지고도 남을 만한 역할이었다. 이 역할을 연기하며 내내 걱정스러웠다. 보영 역할이 홍콩영화 금상장과 대만 금마장 시상식에서 최우수 남우주연상 후보로 지명되었을 때는 정말 의외라고 생각했다.'

반면 장국영은 〈패왕별희〉의 데이 역에 대해서는 "내가 내 영화에 대해 어떤 상을 받을 만한 자격이 있다고 말할 작품이 있다면 그것은 〈패왕별희〉이다. 예술과 사랑에 대한 데이의 집착은 깊이 공감되는 부분이었다. 내 개인적으로 잊을 수 없는 기억을 남긴 영화이다."라고 말했다.

장국영 필생의 역작으로 남을 만한 〈패왕별희〉는 1920년대부터 1977년까지, 60년 가까운 세월 동안 샬로(장풍의)와 데이(장국영)라는 두 경극배우가 중국 현대사의 격랑 속에서 자신들의 예술혼을 지키려 고군분투하는 내용을 담고 있다. 북경의 전통 연희인 '경극京劇'을 소재로 한 이 영화에서 첸 카이거 감독은 중국 특유의 전통과 함께 역사의 격동을 생생하게 담아 칸느 영화제라는 서구의 높은 벽을 뛰어넘는 데 성공했다. 화면 전체에 가득 찬 붉은 빛과 경극 배우들의 기묘한 발성, 마치 가면처럼 진하고 정교한 경극 분장, 새벽빛이 희부옇게 비치는 창호지 바른 문 등은 왜 이 영화가 칸느의 열광적인 환영을 받을 수밖에 없었는지를 명확하게 보여 준다.

　　영화는 어린 데이가 창녀인 어머니의 손에 의해 경극단에 팔려 가는 음울한 장면에서 시작된다. 데이는 손가락이 여섯 개인 기형의 손을 가지고 있는데 어머니는 경극단에 아이를 팔아 넘기기 위해 여섯 번째 손가락을 잘라 내는 비정한 짓을 저지른다. 이 끔찍한 장면은 물론 사내아이인 데이의 거세를 상징한다.

　　소년 데이는 유명한 경극 〈패왕별희〉 속의 우희 역할을 맡으며 여자이기를 강요당한다. 가혹한 경극단의 훈련 속에서 데이는 마침내 스스로의 성 정체성을 잃어 버린다. 그런 그에게 데이의 사부는 "사람은 자신의 운명을 받아들여야 한다."고 가르친다. 데이는 동료인 샬로와 함께 1930년대를 주름잡는 최고의 경극 배우로 성장하지만, 성인이 된 후에도 현실 속의 자신과 경극 속의 여주인공 우희를 구분하지 못한다. 오직 패왕이자 동료인 샬로와 평생을 함께 하기만을 소원한다. 창녀지만 명민한 여자인 쥬산(공리)과 결혼해 나름대로의 삶을 개척해 나가는 샬로와는 달리 데이는 계속 샬로 곁을 맴돌며 자신의 인생을 직시하지 못한다.

　　북경의 경극은 선풍적인 인기를 끌지만, 중국 현대사는 데이와 같은 인물이 살아가기에는 너무도 벅차게 흘러간다. 중일전쟁과 일본군 진주, 일본 패망, 국공 내전으로 인한 장개석 정부 후퇴와 공산정권 설립, 1960년대의 문화혁명으로 이어지는 격랑 속에서 데이의 삶은 갈가리 찢겨 나간다. 문화혁명의 풍랑 속에서 '구 사회의 요괴'로 몰려 거리로 끌려 나가는 데이와 샬로. 성난 군중 앞에서 둘은 서로를 공개적으로 부정하기에 이르고 창녀였다는 과거가 밝혀진 쥬산은 자살하고 만다.

파란만장한 데이의 인생은 결국 무대에서 끝을 맺는다. 영화는 1977년 마침내 연금에서 풀려난 데이와 샬로가 각기 우희와 패왕의 분장을 하고 둘만의 〈패왕별희〉를 공연하는 장면을 마지막으로 보여 준다. 이 장면에서 데이는 샬로의 검을 빼내 자신의 가슴을 찌르는데, 그 자살의 순간은 관객의 눈에는 보이지 않는다. 데이의 자살을 본 사람은 패왕인 샬로뿐이다. 샬로는 일순 경악하다 고개를 끄덕이며 그의 종말을 인정해 준다. 데이는 마지막까지 자신의 정체성을 부정하고 〈패왕별희〉 속의 우희로서 삶을 마무리한 것이다.

이 영화에서 놓치지 말아야 할 중요한 부분은 유일한 여자 출연자인 쥬산에 대한 데이의 감정이다. 데이는 연인 샬로를 빼앗아 간 쥬산을 증오하지만, 그 증오 속에는 자신을 버린 어머니에 대한 한없는 그리움이 투영되어 있다. 아마 장국영의 팬이라면 아편중독자가 된 데이가 쥬산의 품에 안겨 어린 시절의 기억을 중얼거리는, 그 애처로운 장면을 차마 잊지 못하리라. 쥬산은 데이에게 질투의 대상인 동시에 빼앗겨 버린 모성의 상징이었다.

실로 그로테스크한 이야기, 가슴 저리는 드라마인 〈패왕별희〉 속에서 장국영은 남자도 여자도 아닌 중성의 인간 데이로 완벽하게 변모하는 데 성공했다. 첸 카이거 감독은 원래 데이 역을 〈마지막 황제〉의 배우 존 론에게 맡기려 했으나 계약이 여의치 않았다고 한다. 장국영은 존 론의 대역이었던 셈이다. 첸 감독의 입장에서 그때까지 주로 무협영화에 출연했던 홍콩 출신 아이돌

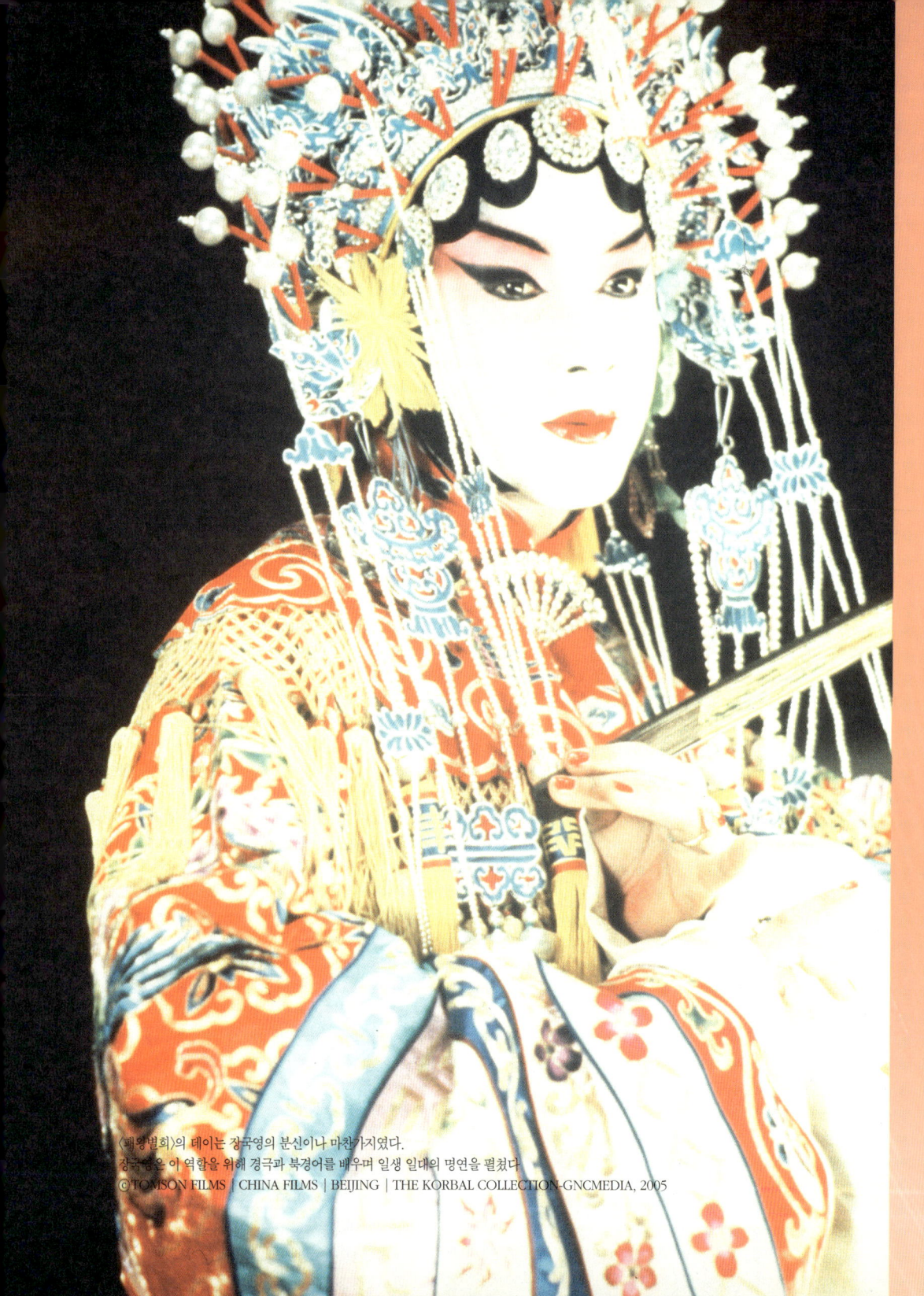

〈패왕별희〉의 데이는 장국영의 분신이나 마찬가지였다.
장국영은 이 역할을 위해 경극과 북경어를 배우며 일생 일대의 명연을 펼쳤다.
ⓒTOMSON FILMS | CHINA FILMS | BEIJING | THE KORBAL COLLECTION-GNCMEDIA, 2005

스타의 존재가 그리 탐탁치는 않았을 것이다. 더구나 장국영의 거주지인 홍콩의 언어는 광동어이고 〈패왕별희〉는 북경어로 제작된 영화였다. 같은 중국어라고 해도 장국영에게 북경어는 외국어나 다름없었다.

그러나 장국영은 촬영이 진행되는 6개월 동안 꼬박 북경을 떠나지 않으며 북경어와 경극을 배우고 여자들의 손짓, 몸동작, 눈빛, 음성까지 재현해 내며 일생 일대의 명연을 펼쳤다. 영화를 보면 "쥬산 역을 맡은 공리가 오히려 남성적으로 보일 지경"이라는 개봉 당시 국내 팬들의 반응이 결코 과장이 아님을 알게 된다. 이처럼 까다로운 역할이었음에도 불구하고 장국영은 〈패왕별희〉의 스태프들에게 '원 테이크 레슬리One Take Leslie'라는 별명을 얻을 정도로 NG 없이 모든 촬영을 마무리하는 완벽주의자다운 면모를 보여 주었다.

〈패왕별희〉의 촬영이 끝난 지 얼마 후에 첸 카이거 감독은 기묘한 꿈을 꾸었다. 데이의 의상을 입고 경극 분장을 한 장국영이 꿈에 나타나 "작별 인사를 하러 왔어요."라고 말하는 꿈이었다. 너무도 생생한 그의 말투 때문에 첸 감독은 꿈에서 눈물을 흘렸고 울면서 깨어났다. 이것이야말로 장국영이 자신의 분신이었던 데이를 통해 스스로의 운명을 미리 예고한 것이 아니었을까.

모성에 대한 그리움은 〈패왕별희〉와 더불어 장국영이 남긴 또 하나의 걸작 〈아비정전〉에서도 빠지지 않고 등장한다. 이 여

자 저 여자를 전전하지만 누구에게도 마음을 주는 않는 건달 아
비는 자신을 낳은 생모에 대한 그리움을 항상 가슴에 품고 있다.
계모를 통해 생모가 필리핀에 살고 있다는 소식을 들은 아비는
무작정 필리핀을 향해 떠난다. 그러나 생모는 아비를 만나기를
거부한다. 필리핀을 떠돌던 아비는 총격전에 휩쓸려 달리는 기차
안에서 총을 맞고 절명한다.

〈아비정전〉 속의 장국영은 우리에게 맘보를 추는 경쾌한
모습으로 각인되어 있지만 영화는 별다른 줄거리나 뚜렷한 갈등
도 없이 시종 음울하게 흘러간다. 불분명한 은유가 넘치는 화면
속에서 오직 장국영의 연기, 냉정한 개인주의자이지만 어머니에
대한 집착은 절대 버리지 않는 아비의 모습만이 반짝이며 빛날
뿐이다. 이 영화를 통해 장국영은 아이돌 스타의 고착된 이미지
를 벗고 자신만의 개성을 가진 진정한 배우로 거듭나게 된다. 그
러나 〈아비정전〉은 당시 한국을 비롯한 아시아 각국에서 개봉관
관객들의 거센 환불 소동을 빚으며 '저주받은 걸작'으로 남고
말았다.

〈아비정전〉의 마지막 장면에는 극 속에서 내내 보이지 않던
양조위가 갑자기 등장한다. 이 장면은 왕가위 감독이 〈아비정전
2〉를 염두에 두고 삽입한 것이라고 한다. 왕 감독은 양조위를 주
연으로 한 〈아비정전 2〉까지 계획하고 있었던 것이다. 하지만
〈아비정전〉은 흥행에 참담하게 실패했고, 결국 〈아비정전2〉의 제
작은 실현될 수 없었다.

이쯤에서 장국영의 성적 성향에 대해 이야기해야 할 것 같다. 장국영은 동성애자, 정확하게 말하면 양성애자였다. 20대 초반에는 또래의 여성들에게 끌렸고 그중에는 결혼하기로 마음 먹었던 상대도 있었다. 그러나 1984년 이후, 장국영의 옆을 내내 지켰던 이는 그의 재정 담당자이자 연인인 두 살 연하의 남자, 당학덕이었다.

장국영은 2000년 여름 홍콩 홍칸체육관에서 열린 '패션Passion' 콘서트에서 충격적으로 자신의 성적 성향을 노출했다. 이 콘서트 무대에서 그는 붉은 립스틱에 장 폴 고티에가 디자인한 스커트를 입고 빨간 하이힐을 신은 채 등장했던 것이다. 당연히 언론은 그에게 물밀듯 몰려와 질문을 퍼부어 댔고, 장국영은 당당하게 "나는 남자든 여자든 가리지 않고 좋아한다."고 대답했다. 자신이 양성애자임을 스스로 시인한 것이다. 이어 2001년 아시아 판 〈타임〉과의 인터뷰에서는 "나는 양성애자이다."라고 공개적으로 선언했다. 장국영은 동성애 성향을 인정한 최초의 홍콩 배우로 남게 되었다.

그렇다고 해서 장국영이 성적으로 문란한 사람이었는가 하면 그것은 결코 아니었다. 결혼할 수 없는 상황이었지만 그의 연인은 20년간 당학덕 한 사람뿐이었다. 그의 이웃들은 '장국영은 사생활에서 항상 품위를 지키는 조용한 사람이었다.' 라고 입을 모았다. 그러나 홍콩의 언론은 '양성애 = 문란한 사생활' 의 이분법적 사고로 그를 재단했고 장국영과 당학덕은 파파라치에게 일거

수 일투족을 쫓겨야 했다. 심지어 장국영의 손위 누이가 이혼했다는 기사에서도 당학덕의 이름이 언급될 정도였다.

1997년 장국영이 〈해피 투게더〉에 출연했을 때도 언론은 그의 열연보다 극중 배역이 동성애자라는 데만 신경을 곤두세웠다. '양조위보다 장국영이 훨씬 더 자연스러운 연기를 한 것은 동성애가 장국영의 연기가 아닌 생활이기 때문이다.' 라는 식의 기사가 연일 홍콩 언론의 지면을 장식했다. 매염방의 말처럼 언론은 잠시도 그를 가만 놔두지 않았다.

그의 몰락, 그리고 홍콩 영화의 몰락

'죽을 때는 뭐가 보이는지 항상 궁금했어. 나는 눈을 뜨고 죽을 거야.'

_〈아비정전〉 중 아비의 대사

아비는 영화에서 발이 없어 평생을 날아다니며 바람 속에서 쉬다 죽을 때 딱 한 번 땅에 내려앉는 새에 대해 이야기한다. 아비의 대사처럼 장국영은 자신의 죽음을 지켜보았다. 24층 높이에서 떨어졌음에도 불구하고 그는 전신에 심한 골절상을 입었을 뿐 즉사하지 않았다. 장국영은 앰블런스 안에서 눈을 크게 뜬 채 당학덕을 바라보다 의식을 잃었다고 전해진다. 그의 얼굴, 진숙분이 '인형같았다.' 고 표현했던 얼굴은 추락의 충격에도 불구하고 다친 곳 없이 멀쩡했다.

　왜 그는 평생의 친구 진숙분과 당학덕 앞에서 죽어야만 했을까. 진숙분에게 "호텔 입구에서 5분만 더 기다리라."고 말한 이유는 무엇일까. 정말로 두 명의 연인 사이에서 갈팡질팡하다 죽음을 택한 것일까.

　장국영이 충동적으로 죽음의 길을 선택한 것은 분명해 보인다. 그는 원래 만다린 오리엔탈 호텔의 헬스 클럽을 즐겨 이용했고 이날도 진숙분, 당학덕과 호텔 커피숍에서 만날 약속이 되어 있었다. 그러나 아무리 간단해 보이는 죽음에도 복잡한 배경이 존재하기 마련이다. 죽음 자체는 충동적이었지만 장국영은 오랜 시간에 걸쳐 조금씩 종말을 향해 다가가고 있었다. 생전의 장국영을 아는 사람들은 두 마디로 그의 죽음을 설명한다. '완벽주의'와 '우울증'이다.

　〈인지구〉의 관금붕 감독이 말하듯 아름다운 얼굴은 그에게 일종의 장애물로 작용했다. 관 감독은 장국영의 한계에 대하여 가혹하리만큼 정확하게 지적하고 있다. "사람들은 잘생긴 사람에 대해 자기 중심적일 것이라고 생각하기 마련이다. 배역선정도 이런 관점에서 출발하기 때문에 외모가 출중하다는 것은 때로 배우에게 있어 크나큰 장애가 된다. 장국영 역시 마찬가지여서 사람들은 그의 연기가 뛰어남에도 불구하고 뭔가가 부족하다는 느낌을 받곤 했다."

　장국영 본인도 세월의 연륜이 자연스레 쌓이기보다는 항상 우아하고 매끈하기만 한 자신의 얼굴이 적합한 배역을 찾는 데 문제가 된다는 사실을 알고 있었다.

'요즘 촬영장에 가면 상대 여배우가 얼마나 어린지 마치 선생님이 된 느낌이다. 그러나 나는 실제 내 나이보다 어려보이기 때문에 같은 나이 또래의 여배우와 연기하면 어울리지 않을 것이다.'

홍콩이 중국에 반환되며 톱 배우와 감독들이 너나 할 것 없이 할리우드로 향할 때, 장국영은 홍콩에 남는 길을 택했다. 그는 아시아권 배우들이 할리우드에서 단지 동양인이라는 이유로 무시당하는 현실을 강하게 비판했다. 그러나 중국과 홍콩의 영화인들 역시 나이와 상관없이 20대의 얼굴 그대로인 장국영의 고운 마스크에 부담스러운 기색을 감추지 못했다. 홍콩의 감독들이 택한 배우는 보다 서민적인 풍모의 양조위였다.

그가 출연하기를 원했던 〈와호장룡〉과 〈영웅〉의 배역은 각각 장진과 양조위에게 돌아갔다. 설상가상으로 음반사들은 약속이나 한 듯 계약이 끝난 장국영에게 재계약 제의를 하지 않았다. 양조위가 〈화양연화〉로 2000년 칸느 영화제에서 남우주연상을 수상하고 성룡, 주윤발, 이연걸 등이 할리우드에서 액션배우로 맹활약하는 동안, 장국영이 주연한 〈풍월〉, 〈상해탄〉, 〈성월동화〉 등은 미미한 반향만을 일으키는 데 그쳤다.

장국영은 저예산 영화에 출연하거나 〈유성어〉 같은 영화를 직접 제작하기도 했고 감독이 되겠다는 포부를 밝히기도 했으나 모두가 여의치 않았다. 왕년의 히트작인 〈천녀유혼〉을 뮤지컬로 제작하겠다는 그의 계획은 투자자가 나서지 않아 무산되었다. 2002년에는 한국 배우 송승헌을 주연으로 한 한·홍콩 합작 영화

를 제작하기 위해 한국을 방문했으나 이 역시 투자자를 구하지
못해 불발로 끝났다.

이 모든 상황들은 장국영에게 지워지지 않는 상처를 남겼
다. 그는 인터뷰에서 "앞으로는 로버트 레드포드처럼 감독과 주
연을 모두 맡는 배우가 되고 싶다."는 의욕을 비쳤지만 실제 상황
은 우호적이지 못했다. '위산 역류'라는 육체적 병과 그보다 한
층 더 심한 우울증이 그를 괴롭혔다. 그는 언론과의 인터뷰에서
너무도 솔직하게 하고 싶은 말을 다해서 건방지고 직설적인 성격
으로 비쳐지곤 했지만 실은 자신의 연기에 좀처럼 만족하지 못하
는 완벽주의자인데다가 매우 예민한 사람이었다.

우울증이 깊어지면서 그는 사람들을 만나는 것을 기피하기
시작했다. 장백지는 장국영 사망 직후의 인터뷰에서 "얼마 전 만
나자는 전화를 했지만 그는 요즘 쓰고 있는 시나리오 작업 때문
에 나갈 수 없다."라고 말했다. 〈영웅본색〉에 함께 출연했던 적룡
역시 "최근 장국영을 만났는데 영화 일 때문에 무척 힘들어하고
있었다."고 전했다. 최후의 몇 달간은 친남매나 다름없던 매염방
조차도 그와 연락이 닿지 않았다. 장국영이 2002년 11월에 이미
한 차례 자살을 시도한 적이 있었다는 사실도 당학덕에 의해 알
려졌다. 또 주술사를 고용한 적도 있었는데 이 때문에 언론은 "장
국영이 귀신에 씌여 자살했다."며 입방아를 찧어댔다.

〈아비정전〉에 장국영과 함께 출연했던 장만옥은 한 프랑스
영화잡지와의 인터뷰에서 2002년 4월 장국영을 만났던 일화를

이렇게 회상한다. "결혼식 후에 열린 큰 파티였는데 레슬리(장국영)가 이처럼 사람들이 많이 모이는 자리에 왔다는 사실이 의외였다. 우리는 사람들을 피해 구석의 바에 가서 이야기를 나누었다. 내 어시스턴트이자 레슬리의 어시스턴트로도 한때 일했던 테레사가 레슬리의 컨디션이 좋지 않아 뵌다는 이야기를 했다. 우리는 그의 건강을 걱정했다. 이야기 도중, 레슬리는 "난 너와 다시 한번 영화에 출연하고 싶어. 하지만 난 네 연인으로 출연하기에는 더 이상 외모가 받쳐주지를 않아."라고 말했다. 평소 자신감으로 가득 찼던 그가 이런 말을 할 줄은 생각지도 못했기에 매우 놀랐다. 무언가 그를 격려해 줄 말을 하고 싶었지만, 그때 누군가가 내게 다가와 사진을 찍자고 하는 바람에 그 말을 하지 못했다. 사진을 찍고 서둘러 돌아와 보니, 이미 레슬리는 떠난 후였다."

2003년 4월 8일 정오, 장국영의 장례식이 치러졌다. 흰 국화로 장식된 운구차가 나타나자 꽃과 촛불을 든 채 기다리던 200여 명의 팬들이 오열하기 시작했다. 장례식에 참석한 사람들 중에는 사스에도 불구하고 아시아 각지에서 온 팬들이 적지 않았다. 장례 절차는 간단했으며 장국영의 유해는 화장되었다.

장국영은 만년 미소년 같은 자신의 얼굴을 그리 좋아하지 않았다(장국영은 한 인터뷰에서 "일 때문에 내 스스로를 꾸며야 할 때를 제외하고는 거울을 볼 때가 거의 없다."고 말했다). 그는 외모보다는 연기로 기억되기를 원했던 배우였지만 뜻밖의 죽음은 역설적으로 팬들의 기억 속에 〈영웅본색 2〉와 〈패왕별희〉의 마지막 장면을 되살려 놓았다. 갓 출산한 아내와 전화하며 공중

전화 박스에서 죽어 가는 아걸이나 우희 분장을 한 채 자살하는
데이. 영화 속의 장국영은 죽음 앞에서조차 기품을 잃지 않았고
아름다웠다. 그리고 이제 진짜 죽음으로 인해 장국영은 영원한
미소년으로 우리의 기억 속에 선명하게 새겨졌다.

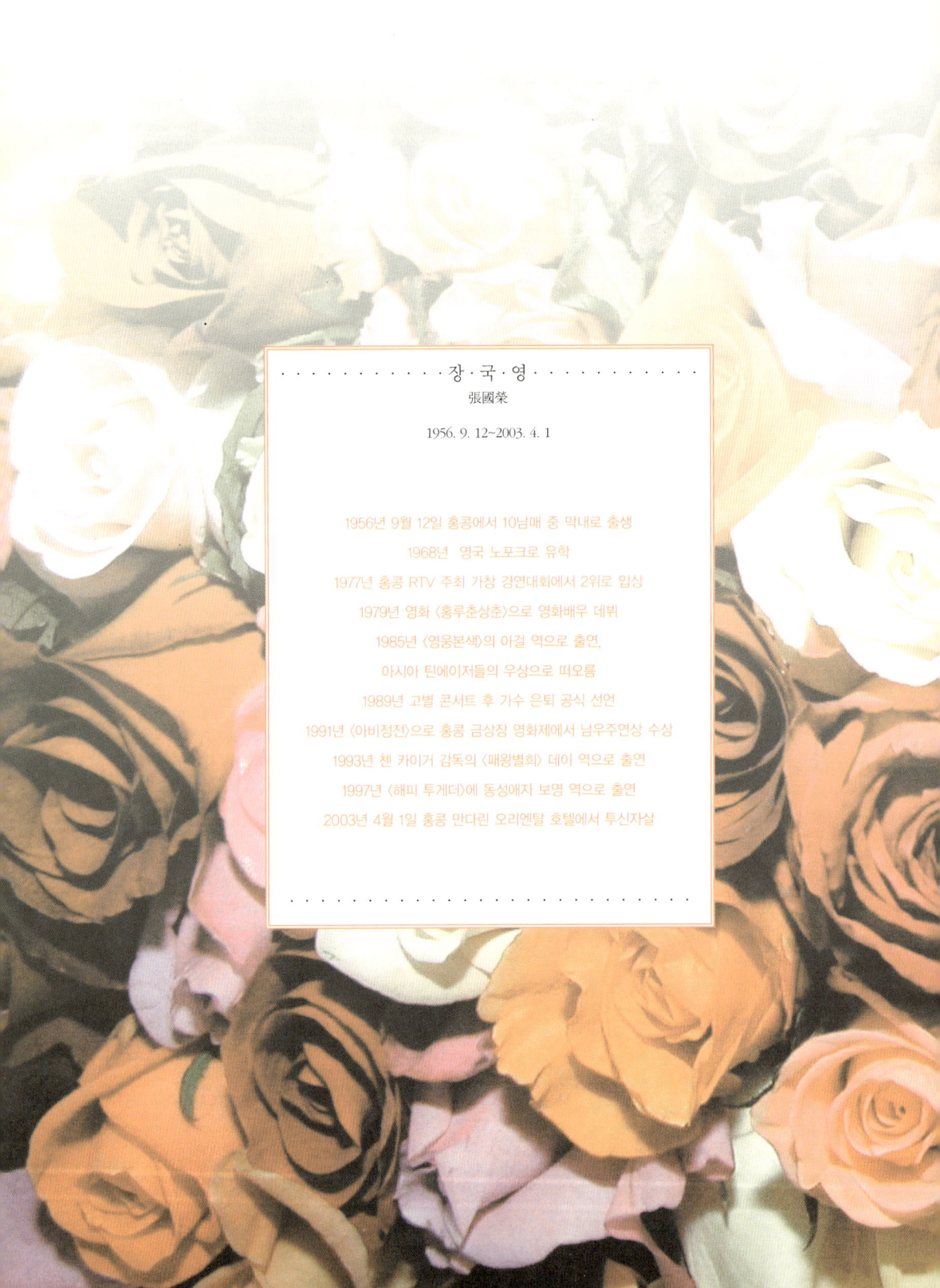

· · · · · · · · · · 장·국·영 · · · · · · · · · ·

張國榮

1956. 9. 12~2003. 4. 1

1956년 9월 12일 홍콩에서 10남매 중 막내로 출생

1968년 영국 노포크로 유학

1977년 홍콩 RTV 주최 가창 경연대회에서 2위로 입상

1979년 영화 〈홍루춘상춘〉으로 영화배우 데뷔

1985년 〈영웅본색〉의 아걸 역으로 출연,

아시아 틴에이저들의 우상으로 떠오름

1989년 고별 콘서트 후 가수 은퇴 공식 선언

1991년 〈아비정전〉으로 홍콩 금상장 영화제에서 남우주연상 수상

1993년 첸 카이거 감독의 〈패왕별희〉 데이 역으로 출연

1997년 〈해피 투게더〉에 동성애자 보영 역으로 출연

2003년 4월 1일 홍콩 만다린 오리엔탈 호텔에서 투신자살

· ·

최후의 마스터피스

〈이도공간〉(2002) | 감독 : 나지량 | 출연 : 장국영, 임가흔

〈이도공간〉은 70여 편에 이르는 장국영의 필모그래피 중 마지막을 차지한 영화이다. 2002년에 완성된 이 영화에서 장국영은 귀신을 보는 정신과 의사 짐 역으로 출연한다.

부모의 이혼 후 혼자 사는 얀은 밤마다 자신을 괴롭히는 귀신에게 시달리다 결국 자살까지 시도한다. 하지만 그를 치료하는 정신과 의사 짐은 귀신의 존재를 부인하는 인물이다. 짐은 얀의 증세가 어린 시절 부모에게서 버림받은 충격 때문이라는 사실을 밝혀낸다. 짐의 적절한 치료 덕으로 밝은 성격을 찾은 얀. 그러나 이번에는 얀과 사랑에 빠진 짐이 몽유병과 귀신에 시달리게 된다. 소년 시절 자신을 짝사랑하다 투신자살한 소녀의 귀신을 연달아 목격하며 짐은 직접 전기충격요법까지 시도할 정도로 피폐해지고 마는데……

장국영이 자살한 후 세간에는 '장국영이 현실과 영화를 혼동한 나머지 〈이도공간〉과 똑같이 호텔에서 투신자살한 것'이라는 소문이 돌았다. 그러나 이 소문은 사실이 아니다. 영화 속의 짐은 투신자살하지 않는다. 영화의 마지막에 잠시 투신하려는 충동을 느낄 뿐이다.

장국영은 한 인터뷰에서 영화 촬영이 끝난 후에도 짐의 불안정한 정신상태에서 벗어나기가 쉽지 않았다고 토로한 적이 있다. 그러나 이런 말들과 영화의 스토리 때문에 '장국영이 귀신에 씌어 자살했다.'고 볼 수는 없을 것이다. 〈이도공간〉은 어디까지나 영화일 뿐이며, 장국영의 유작이라는 사실 외에는 크게 화제가 될 만한 점도 없는 평이한 작품이다.

오히려 이 영화에서 내내 눈에 밟히는 것은 유난히 마르고 까칠해진 듯한 장국영의 얼굴과 영화 속에서 "난 원래 친구가 없어."라고 쓸쓸하게 말하는 처연한 짐의 모습이다. 실제 생활뿐만 아니라 영화 속에서도 고독은 끝끝내 장국영을 따라다니는 영원한 친구였을지 모른다.

John Lennon

영국의 가수이자 그룹 '비틀스'의 리더. 열일곱 살에 폴 매카트니 등 친구들과 함께 '비틀스'의 전신인 '쿼리맨' 밴드를 결성했다. 〈She Loves You〉, 〈With The Beatles〉, 〈Rubber Soul〉, 〈Revolver〉 등 비틀스의 음반을 통해 영국은 물론, 전 세계적으로 폭발적인 인기를 얻으며 젊은이들의 우상으로 떠올랐다. 1965년 엘리자베스 영국 여왕으로부터 하급 귀족 작위인 MBE를 받기도 했다.

1970년 비틀스 해체 이후로는 음악과 각종 해프닝적인 시위를 통해 반전과 세계평화주의를 외쳤다. 그가 솔로로 발표한 대부분의 음반은 두 번째 아내인 오노 요코와 공동으로 작업한 것이다. 1975년부터 1980년까지 긴 공백기를 가지다 1980년 〈Double Fantasy〉를 발표하며 컴백했지만 음반 발표 직후 뉴욕에서 광적인 팬에게 살해당했다. 20세기 최고의 자유분방한 예술가, 뛰어난 작곡가, 몽상가, 수다쟁이 등 그에 대한 평가는 아직도 분분하다.

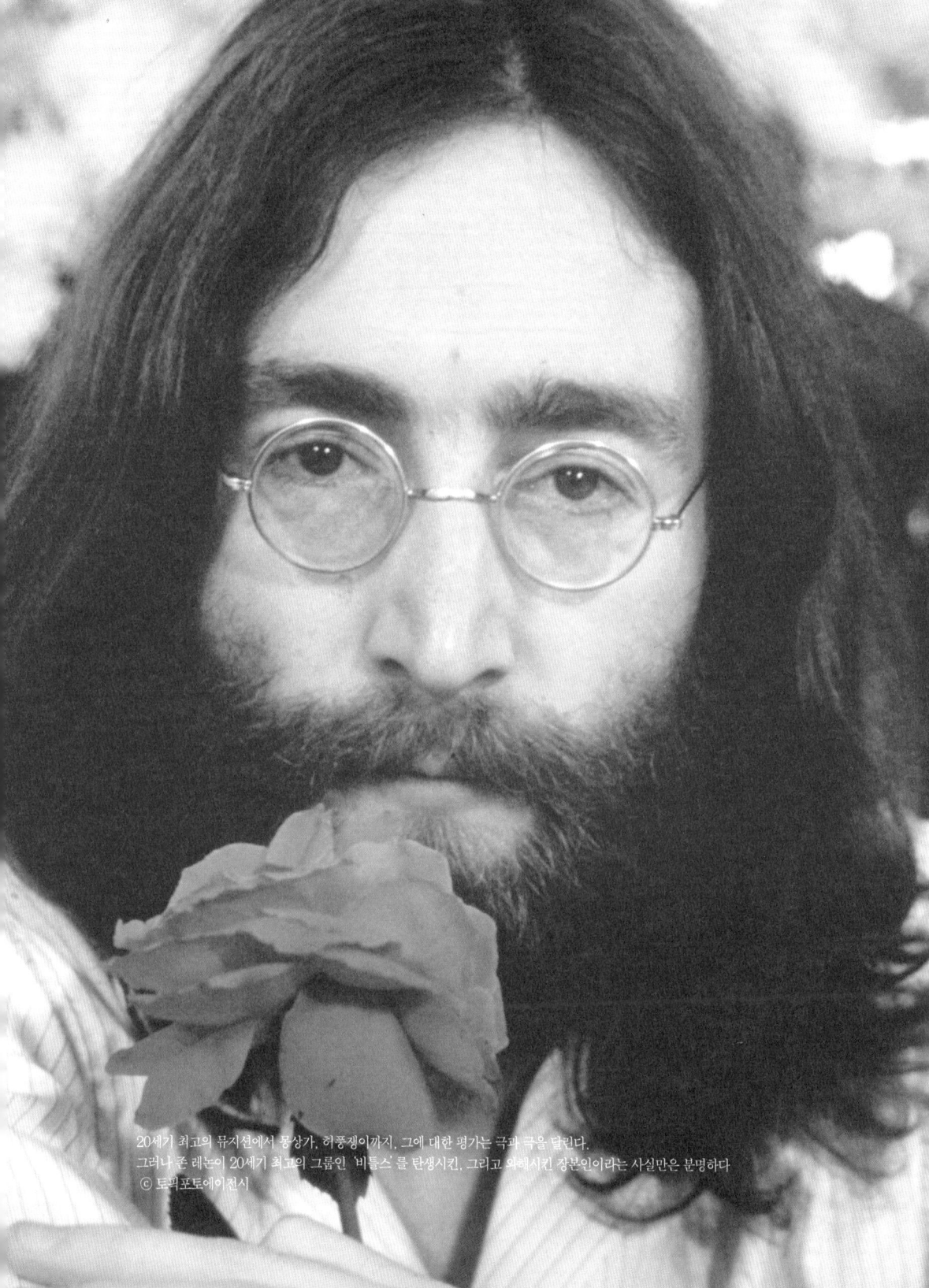

20세기 최고의 뮤지션에서 몽상가, 허풍쟁이까지, 그에 대한 평가는 극과 극을 달린다.
그러나 존 레논이 20세기 최고의 그룹인 '비틀스'를 탄생시킨, 그리고 와해시킨 장본인이라는 사실만은 분명하다

영원한 청년으로 남은 '비틀스의 엔진'

'국가가 없다고 상상해 봐요. 그다지 어렵지는 않을 거예요. 신념을 위해 죽이지도 않고 죽는 일도 없고 또 종교마저 없다고 상상해 봐요. 그대 모든 사람들이 평화 속에 숨쉰다고 상상해 봐요.

당신은 내가 몽상가라고 말할지도 모르지만 난 혼자가 아니에요. 언젠가는 당신도 우리와 하나가 되어서 온 세상은 하나가 될 거예요.'

이 불가능한 세상, 국가도 전쟁도 종교도 없이 평화만이 넘치는 세상을 꿈꾼 이가 누구일까. 바로 전설적인 그룹 비틀스의 리더, 살아서 뿐만 아니라 죽어서 더욱 유명해진 사람 존 레논이다. 위에 인용한 가사는 레논이 1971년 발표한 노래 〈Imagine〉의 일부다. 그는 명실상부한 20세기 최고의 그룹 비틀스Beatles를 만들고 비틀스가 부른 대부분의 노래를 작사, 작곡하고 결국 비틀스를 와해시킨 장본인이다.

존 레논을 '이런 사람이다.' 라고 정의하기는 쉽지 않다. 그는 참으로 여러 가지의 상반된, 아니 모순된 모습을 가지고 있었다. 그는 비틀스라는 위대한 그룹을 창조해 150여 곡의 노래를 발표하고 전 세계 젊은이들에게 사상 최대의 인기를 얻었다. 또 소설을 쓰는가 하면 영화에 출연하고 전시회를 열기도 한 다재다능한 남자였다. 그런가 하면 평화, 반전운동에 헌신했고, 오노 요코와 불꽃 같은 사랑을 나누었으며, 두 번 결혼해서 두 명의 아들을 낳았다. 그러나 그는 광적인 팬의 총탄에 꼭 40년의 생을 마감할 때까지 무책임하고 이기적이었으며 어떤 일도 꾸준하지 못했다. 엄청난 열정을 가지고 어떤 분야에 뛰어들었다가도 이내 싫증을 내며 무기력해졌다. 모든 일에서 리더가 되어야 직성이 풀렸지만 한편으로는 굉장히 유약하고 의존적이기도 했다.

그러나 이 모든 모순을 극복해 내고야 마는 하나의 절대적인 명제가 있다. 바로 존 레논은 위대한 음악가라는 사실이다. 그는 폴 매카트니와 함께 비틀스를 탄생시켰고 비틀스의 실질적 리더였으며 대부분의 비틀스 곡들을 폴과 함께 공동 창작했다. 지휘자 레너드 번스타인조차 비틀스의 음반을 가리켜 '우리 시대를 대표하는 예술작품'이라는 찬사를 보냈다. 존 레논이라는 이름은 살아서도 죽어서도 신화가 되기에 충분한 이름이다.

리버풀의 악동들

잘 알려진 것처럼 비틀스의 네 멤버는 영국 리버풀 출신이다. 존 레논, 폴 매카트니Paul McCartney, 1942~, 조지 해리슨George Harrison, 1943~2001, 링고 스타Ringo Starr, 1940~. 이 네 명은 모두 노동자 계층의 자녀들이었고 하나같이 학교 공부에는 흥미가 없었다. 개중 폴 매카트니가 가장 모범생 타입이었지만 그 역시 존을 만나 밴드에 참여하면서 공부를 작파했다.

네 명의 비틀스 멤버 중 가장 지독한 악동은 존 레논이었다. 존의 가정환경은 네 명 중에서도 가장 불우했다. 선원인 아버지

알프레드 레논은 1940년 10월 9일 존이 태어나자마자 이혼했으며 어머니인 줄리아 역시 재혼하면서 존을 언니에게 맡겨 버렸다. 존은 사춘기 시절까지 양친을 한 번도 만나지 못하고 이모인 미미(엘리자베스) 슬하에서 컸다.

차가운 성격인 미미는 존에게 따스한 애정을 주는 법이 없었고 매사 엄격하게만 다루었다. 더구나 미미는 어이없게도 같은 동네에 사는 생모 줄리아의 존재를 존에게 전혀 이야기해 주지 않았다.

이런 환경 속에서 존은 끝내 주는 말썽꾸러기로 자라났다. 도버데일 로드 초등학교와 퀴리뱅크 중·고교를 다니는 내내 열등생이었고 노트에 야한 그림을 그려 친구들에게 돌렸으며 싸움은 그칠 날이 없었다.

10대에 어머니 줄리아를 만나면서 존은 다소 안정을 찾는 듯 했다. 그러나 유쾌하고 엉뚱한 성격인 줄리아는 존과 충분한 애정을 나누기도 전에 자동차 사고로 세상을 뜨고 만다. 어머니가 사망하기 얼마 전에는 그나마 존을 아껴 주던 조지 이모부가 뇌출혈로 사망했다.

존은 어머니가 돌아가셨다는 소식에 별로 놀라지 않았고 눈물도 흘리지 않았지만 그의 영혼이 잇따른 사별에 깊은 상처를 입은 것은 분명하다. 줄리아의 사망 후 존의 냉소적이고 폭력적인 기질은 더욱 심해졌다. 고교 1학년 때의 성적표에는 '실패자의 길로 접어들고 있음'이라는 교사의 메모가 적혀 있었다. 고 1

을 마치고 치르는 O-레벨(영국의 중등학교 과정 인정시험)에서는 전 과목에서 모두 불합격했다.

한마디로 존은 구제불능의 문제아였다. 그런 그에게 단 하나의 구원이 있다면 그것은 음악이었다. 당시 영국에서도 큰 인기를 얻고 있던 엘비스 프레슬리Elvis Presley, 1935~1977의 음악에 존은 홀딱 반해 버렸다. 미미 이모의 말대로라면 '뭐든지 배우는 건 귀찮아 하던' 존이 기타를 배우고 싶어 한 건 엘비스 때문이었다. 존은 줄리아를 졸라 10파운드짜리 중고 기타를 샀다. 기타를 가르쳐 줄 사람이 없어서 밴조를 연주할 줄 알았던 줄리아에게 밴조 코드를 몇 가지 배웠다. 이게 존이 배운 '음악수업'의 전부였다. 훗날 존은 "내게 음악을 가르쳐 준 건 오직 내 자신뿐이었다."고 말했다.

이런 상황에서 존은 친구들과 밴드 '쿼리맨Quarryman'을 조직했다(이 이름은 물론 쿼리뱅크 스쿨에서 딴 것이다). 열일곱 살 때의 일이었다. 기타 코드도 제대로 모르는 존이 리드 기타를 맡았다. 이 때문에 폴 매카트니가 처음 쿼리맨 밴드를 보았을 때의 인상은 '이상하게도 리드 기타리스트가 꼭 밴조처럼 기타를 치는' 그룹이었다. 폴은 존의 친구인 아이반의 친구였다. 그는 존보다 두 살 아래였지만 기타 실력은 존보다 훨씬 더 나았다. 존은 폴에게 리더의 자리를 뺏길까 봐 일말의 불안을 느끼면서도 그를 밴드에 받아들였다. 공교롭게 두 사람 모두 10대 초반에 어머니를 잃었다는 사실이 강한 동질감을 주었다.

이게 곧 위대한 그룹 비틀스의 시작이자 존과 폴, 두 걸출한 뮤지션의 만남이었다. 존은 비틀스의 탄생에 대해 "내가 폴을 만난 바로 그날, 모든 것이 시작되었다."고 말했다. 두 사람은 늘 함께 연습했으며 함께 가사를 쓰고 음악을 만들었다. 〈I Want to Hold Your Hand〉, 〈Yellow Submarine〉, 〈Come Together〉 등 비틀스가 발표한 150여 곡은 대부분 이 같은 공동작업의 결과물이었다. 존이나 폴이 단독으로 쓴 곡도 '레논 / 매카트니 작사 작곡'으로 발표되었다. 비틀스의 대표곡으로 일컬어지는 〈Yesterday〉는 폴이 혼자 만든 곡이지만, 이 곡 역시 존과 폴의 이름으로 발표되었다.

전 세계를 뒤흔들다

존의 40년 생애는 꼭 10년 단위로 나뉜다. 1940년부터 1960년까지의 성장 시대, 1960년부터 1970년까지의 비틀스 시대, 그리고 반전운동가로 변신한 1970년부터 1980년까지다. 비틀스가 영국, 미국을 비롯해 인도와 일본까지 전 세계를 뒤흔들 때 이 그룹의 리더인 존은 불과 20대였다. 그리고 서른이 되기 직전에 그는 자신의 분신과도 같은 비틀스를 떠났다.

존은 쿼리맨 밴드를 조직한 1957년에 폴을 만났다. 존보다 세 살 아래인 조지 해리슨이 쿼리맨에 가입한 것은 1958년이다. 이곳저곳을 다니면서 연주하던 동네 밴드 쿼리맨은 1960년 피트 베스트Pete Best를 드러머로 영입하고 독일 함부르크의 클럽에 서면서 아마추어 티를 벗고 프로 음악인으로 거듭나게 된다.

'비틀스'라는 이름을 정한 것도 이 해였다. 비틀스Beatles는 '딱정벌레'라는 뜻의 단어 '비틀Beetle'에다 '리듬Beat'을 결합해 만든 이름이었다. 그러나 멤버들은 훗날 기자들이 그룹 이름의 뜻을 물을 때마다 창문가에 나타난 요정이 가르쳐 주었다는 둥, 갖가지 말을 지어내며 장난을 쳤다.

'비틀스'라는 이름을 짓고 존, 폴, 조지, 존의 친구인 스튜어트 서트클리프Stuart Sutcliffe, 그리고 피트 베스트의 5인조로 팀을 정비해 함부르크의 인드라 클럽으로 떠날 때만 해도 멤버들은 꿈에 부풀었다. 그러나 섹스와 선원들의 도시인 함부르크의 클럽 '인드라'는 상상을 뛰어넘는 곳이었다. 매일 열두 시간씩 연주해야 했고 호텔 대신 낡은 영화관에서 잠을 자야 했다. 멤버들은 아침이면 영화 소리에 잠을 깨서 그나마 제일 깨끗한 여자화장실에서 먼저 씻기 위해 싸웠다. 그리고 저녁부터 새벽까지 거친 선원들 앞에서 '건방진 리버풀 녀석들' 답게 껑충대고 소리 지르며 연주를 했다. 식사도 노래하는 중간에 무대에서 해결했다.

"모두 노래를 너무 많이 해서 목소리가 상하기 시작했다. 잠을 안 자고 연주하기 위해 다이어트 약을 먹기도 했다."는 존의 회고를 들으면, 그런 무시무시한 환경 속에서 멤버들이 모두 건강을 해치지 않고 무사히 영국으로 돌아왔다는 사실이 경이로울 지경이다.

비틀스의 함부르크 시절은 당시 열일곱 살이던 조지가 미성년자 취업 문제로 국외 추방되면서 5개월 만에 끝나고 만다. 멤버들은 떠날 때처럼 빈털터리 신세로 리버풀에 돌아왔다. 하지만 함부르크의 경험을 토대로 해서 비틀스는 록 그룹으로 거듭나기 시작했다. "우리가 진정으로 태어난 곳은 함부르크였다."는 존의 말처럼, 비틀스는 거칠고 야한 외국의 환락가 무대에서 자신들의 색깔을 발견했던 것이다.

그러나 그 후에도 그들을 둘러싼 환경은 별반 달라진 게 없었다. 1962년까지 비틀스는 일주일에 10파운드밖에 벌지 못하는 무명 그룹이었다. 미미 이모를 비롯한 부모들은 '제발 돈도 안 되고 가망도 없는 음악은 집어치우고 취직해 돈을 벌라.'고 종용하고 있었다.

이런 상황은 노스 엔드 음악사North End Music Store(NEMS)의 사장인 브라이언 엡스타인Brien Epstein을 만나며 극적으로 바뀐다. 클래식 음악 애호가였던 브라이언은 젊은이들을 열광시키는 비틀스의 클럽 공연을 보고 이들의 가능성을 즉각 알아차렸다. 비틀스의 음악에는 젊은 피를 끓게 하는 자유분방함과 위트, 그리고 신선한 열정이 숨어 있었다. 이들은 결코 리버풀의 클럽 무대에서 시들고 말 어중간한 뮤지션들이 아니었다.

솜씨 있는 매니저인 브라이언은 지저분하고 시끄러운 비틀스 멤버들에게 말끔한 양복을 입혔다. 비틀스를 관리하기 위해 NEMS 엔터프라이즈라는 회사도 세웠다. EMI 음반사의 프로듀서 조지 마틴George Martin을 만나 오디션을 보게 한 것도, 드러머를 피트 베스트에서 링고 스타로 교체한 것도, 그리고 첫 싱글 앨범 〈Love Me Do〉를 발매한 것도 모두 브라이언의 힘이었다.

비틀스는 〈Please Please Me〉 등 정식 앨범을 내고 순회공연을 다니면서 서서히 인기를 얻기 시작했다. 순회공연의 와중에 존과 폴은 계속 함께 새로운 곡을 썼다. 존은 가사가 생각나면 편지봉투나 손에 잡히는 아무 종이에 가사를 적었고 폴과 함께 가사를 읽으며 즉흥적으로 곡을 만들었다. 이런 방식으로 〈Michelle〉, 〈Girl〉, 〈She Loves You〉 등 비틀스의 명곡들이 속속 탄생했다. 폴은 특히 존의 가사 쓰는 능력을 부러워했는데 존 특유의 다중적이고 심오한 가사들은 폴로서는 도저히 흉내 낼 수 없는 것들이었다.

1962년 존의 여자친구 신시아Cynthia가 임신을 알렸다. 존은 신시아와 비밀리에 결혼했고 1963년 아들 줄리언Julian이 태어났다. 아들의 이름은 어머니 줄리아에게서 딴 것이었다.

1963년은 본격적인 '비틀스 현상'이 시작된 해였다. 8월에 발매된 싱글 〈She Loves You〉의 선주문량은 50만 장에 달했다. 권위 있는 신문들이 1면에 비틀스의 소식을 다루기 시작했다. 지역신문 '피터버러 스탠더드Peterborough Standard'에서 '너무 시끄러운 음악'이라고 비틀스를 평했던 게 겨우 1년 전의 일인데 어느새 비틀스는 '더 타임스The Times'나 '옵저버Observer' 등의 정론지들이 1면을 할애할 정도의 그룹으로 성장해 있었다. 음악평론가

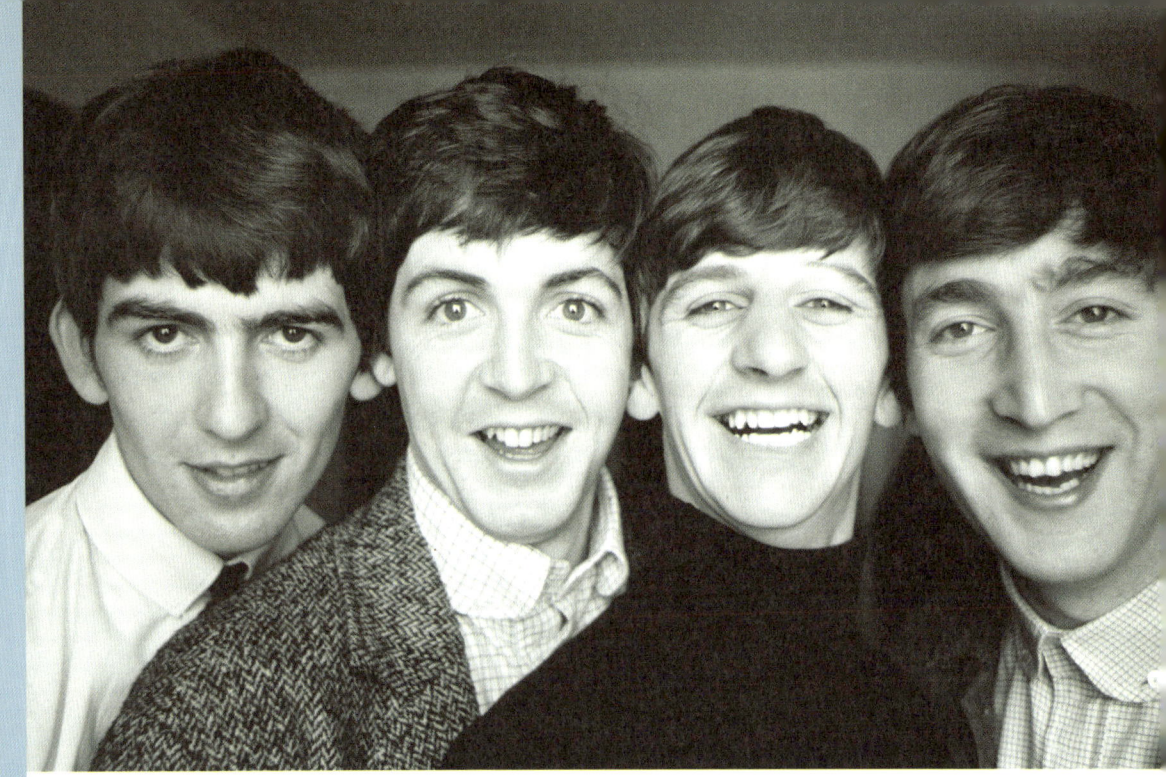

존 레넌(오른쪽에서
첫 번째)과 비틀스 멤버들.
1960년 정식으로 결성된
이들은 꼭 10년간 전
세계를 뒤흔들고 1970년
〈렛 잇 비〉 앨범을 끝으로
해체했다
ⓒ토픽포토에이전시

리처드 버클Richard Buckle은 '선데이 타임스Sunday Times'에서 존과 폴을 '슈베르트 이래로 가장 위대한 작곡가'로 치켜세웠다. '선데이 타임스'는 또 '아마추어 작곡가인 존과 폴이 영국 음악계의 빈곤한 창작 수준을 한 단계 끌어올렸다.'고 칭송했다. 비틀스의 성공으로 인해 비로소 팝 음악은 영국 주류 문화의 한 갈래로 편입되었다.

이것은 '비틀스 현상'의 시작에 불과했다. 음반 1백만 장 판매기록이 수립되었고 비틀스의 공연에 엘리자베스 여왕이 모습을 드러냈다. 여왕이 참석한 공연에서 존은 말했다. "싸구려 좌석에 앉으신 분들은 박수를 쳐 주시고 다른 분들은 그냥 보석이나 까딱거려 주십시오." 모든 국민이 왕실의 신민臣民인 영국에서 이러한 태도는 용납될 수 없는 것이었지만 아무도 존을 비난하지 않았다. 영국의 5대 신문이 동시에 '비틀스 성공기'를 연재하던 때였다.

1964년 비틀스는 미국에 처음 발을 디뎠다. 뉴욕의 존 에프 케네디 공항에 1만 명이 넘는 환영 인파가 몰려와 '우리는 비틀스를 사랑해요!' 라는 구호를 외쳐 댔다. 미국 순회공연은 열릴 때마다 최다 관중 동원 기록을 경신했다. '영국 그룹의 미국 침공 British Invasion' 이 시작된 것이다.

비틀스의 영광은 1965년 영국 왕실에서 MBE Master of The British Empire. 하급 귀족 작위의 일종를 받으면서 절정을 이루었다. 그전까지 어떤 대중음악인도 왕실의 작위를 받은 적은 없었다. 존은 어리둥절해서 "이런 작위는 탱크를 타고 전쟁에 나간 사람들이나 받는 거 아냐?"라고 물었다. 학교도 제대로 졸업하지 못한 리버풀의 말썽꾸러기 소년들이 겨우 20대 초반에 작위를 받은 것은 영국 역사상 전무후무한 사건이었다.

이외에도 비틀스 현상에 대해서 쓰자면 끝이 없다. 그러나 중요한 사실은 바로 이 같은 영광과 승리의 절정에서 '비틀스의 엔진' 인 존이 회의를 느끼기 시작했다는 것이다.

원래 존은 자유인이었고 그가 원했던 것은 자유로운 음악이었지 주류 사회로의 편입이나 명예 따위가 아니었다. 도시와 도시, 대륙과 대륙 사이를 날아다니며 기계처럼 연주하는 투어 여행은 숨 막힐 듯한 피로와 회의를 몰고 왔다. 〈페퍼 상사 Sgt. Pepper's Lonely Heart Club Band〉 발표 이후로 난 지독한 우울증에 시달렸다. 그대로 있었다면 살인이라도 저질렀을 것이다." 존은 술과 대마초, LSD 같은 마약에 깊숙이 빠져들었다.

이것은 존 혼자만의 문제가 아니었다. 멤버들은 모두 지쳐 있었다. 링고 스타의 말처럼 '연주는 망가지고 있었고', '투어는 길고 긴 싸움'이 되었다. 결국 비틀스 멤버들은 인기의 절정에서 투어 중단을 결정했다. 그리고 1967년 비틀스의 매니저 브라이언 엡스타인이 약물 과용으로 사망했다. 비틀스를 이어 주었던 중요한 끈 하나가 끊어진 것이다.

1967년부터 비틀스 멤버들은 각자의 길을 가기 시작했다. 존은 〈내가 전쟁에 이긴 방법 How I Won the War〉 등의 영화에 출연했고 폴은 아프리카 여행을, 조지는 인도 여행을 떠났으며 링고는 가족에게 돌아갔다. 그리고 이즈음 존에게 실로 엄청난 사건, 어쩌면 비틀스 결성보다도 더 대단한 일이 터졌다. 오노 요코와 사랑에 빠진 것이다.

운명의 여자 오노 요코

존보다 일곱 살 연상인 오노 요코는 미국에서 철학과 문학을 공부하고 미술과 음악에서 전방위로 활동하는 예술가였다. 1966년 런던의 인디카 갤러리 Indica Gallery에서 존을 처음 만난 서른세 살 때까지 그녀는 일개 무명 예술가에 불과했다. 그리고 그때까지 두 번 결혼해서 딸도 하나 둔 상태였다. 그러나 요코는 지금까지 존이 만난 어떤 사람과도 다른 점이 있었다. 요코는 결코 비틀스와 존의 엄청난 명성에 위축되지 않았다. 그녀는 자신의 예술이 존의 그것과 동등한, 아니 훨씬 더 가치 있는 것이라고 믿었고 또 그렇게 행동했다.

존이 요코를 처음 만나자마자 그녀와 사랑에 빠지게 된 건 아니다. 요코는 존에게 적극적으로 편지를 썼고, 편지를 교환하며 존은 차츰차츰 요코에게 사로잡혔다. 당시 존은 신시아와 아무 애정이 없는 결혼생활을 이어가고 있었다. 그의 진정한 아내는 신시아가 아닌 비틀스였다. 그런데 바로 그 자리를 요코가 차지한 것이다.

요코에게 보여 준 존의 애정은 어떤 말로도 설명이 불가능하다. 요코가 이미 결혼한 여자라는 사실 따위는 전혀 중요하지 않았다. 당시 존은 자신의 프로필을 이렇게 쓸 정도였다. '1940년 10월 9일 출생, 1966년 요코를 만남.'

비틀스의 자리를 대신 할 여자를 만난 존은 심정적으로 비틀스와 이혼해 버렸다. 지난 10년 동안 가장 중요한 친구이자 동반자였던 폴마저도 존은 잊어버렸다. '나는 구름이에요. 하늘에서 날 찾아봐요.'라는 편지를 쓰는 요코에 비하면 폴과의 음악 작업은 시시하고 진부할 뿐이었다. 요코는 비틀스의 모든 녹음 작업에 동행했다. 심지어 교통사고를 당한 후에도 스튜디오에 침대를 가져다 두고 누워서 존의 녹음을 지켜보았다.

폴을 비롯한 다른 멤버들이 이런 요코를 몹시 싫어했던 건 당연한 일이었다. 이들의 열세 번째 음반인 〈Let It Be〉의 녹음작업은 실로 살벌한 분위기 속에서 진행되었다(결국 이 앨범은 비

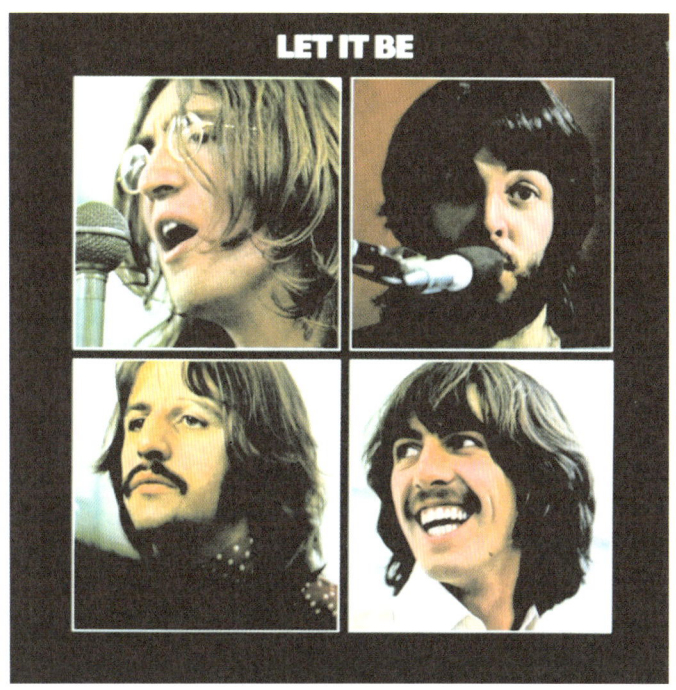

1970년 발표된 〈Let it be〉.
비틀스의 이름으로 발표된
마지막 정식 앨범이다
ⓒEMI MUSIC KOREA

틀스의 마지막 음반이 되었다). 초창기의 *끈끈한* 형제애는 실종된지 오래였다. 거기다가 멤버들이 섣부르게 벌인 엔터테인먼트 사업 '애플'의 실패도 밴드의 와해 분위기에 기름을 끼얹은 꼴이되었다.

정말로 존이 비틀스와 결별할 때가 왔다. 1969년 존이 신시아와 이혼하고 요코와 결혼한 것이다. 존은 요코와 결혼하기 위해 아내 신시아와 아들 줄리언을 무책임하게 버리고 나가 버렸다. 신시아에게 있지도 않은 간통 혐의를 뒤집어씌우기까지 했다. 신시아는 존이 요코를 만난 후 지킬박사가 하이드로 변하듯돌변해 버렸다며 기막혀 했다.

요코와 결혼하며 존은 반전운동가로 거듭났다. 신혼여행은 암스테르담의 한 호텔 침대에 누워 전 세계 언론과 평화에 대한 인터뷰를 하는 '베드-인Bed-In' 시위로 대신했다. 그리고 존은 '존

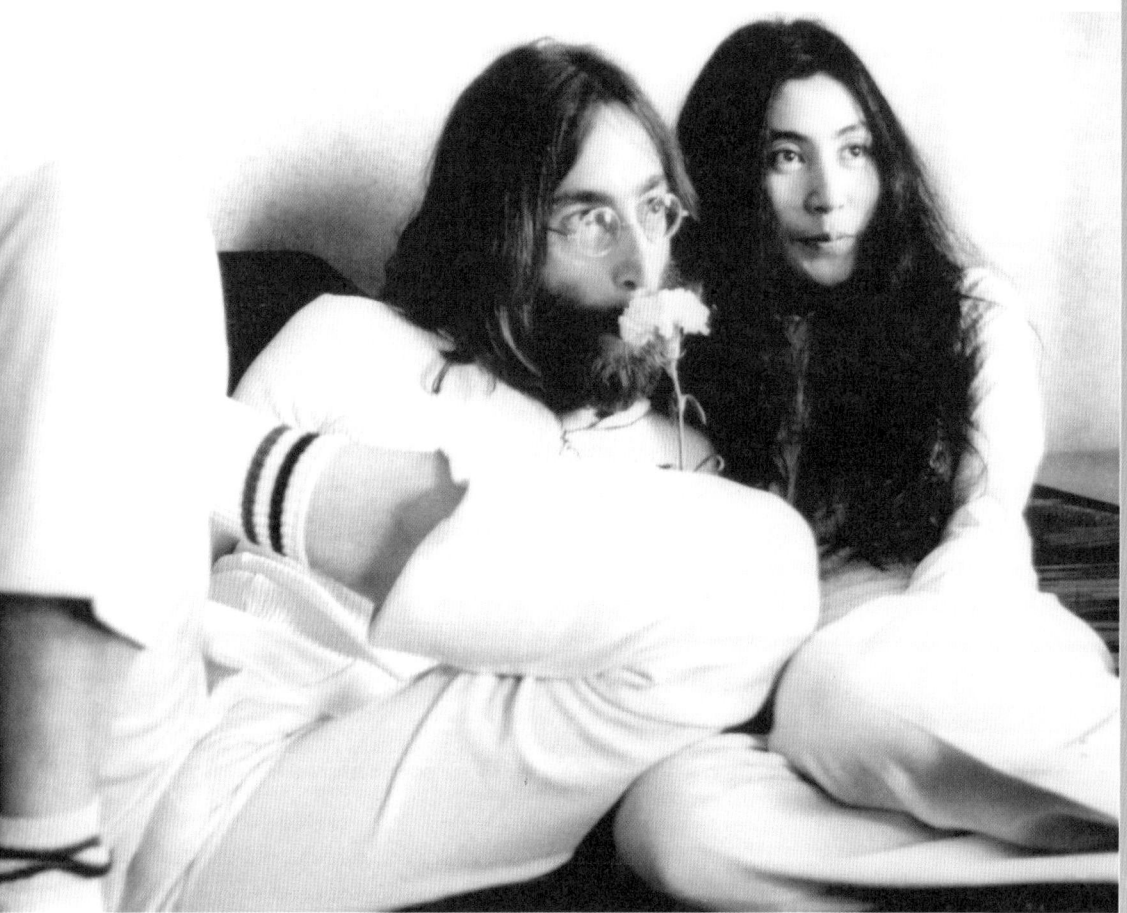

존은 오노 요코를 만난 뒤 각종 평화 운동을 벌이며 반전운동가로 거듭났다.
그는 미 CIA의 블랙리스트에 올라 있었을 정도로 비중 있는 반전운동가였다
ⓒ토픽포토에이전시

윈스턴 레논'인 자신의 이름을 요코의 성을 따 '존 오노 레논'으
로 바꾸었다.

　참으로 이상한 일이었다. 존은 어디에도 구속되지 않는 자
유로운 영혼이기를 원했다. 그가 인기 절정의 비틀스를 박차고
나온 것도 언제부터인가 비틀스가 자신을 구속한다고 여겼기 때
문이었다. 그런데 그런 존이 이제 자신보다 훨씬 더 강하고 단단
한 여자 요코에게 스스로 종속되기를 원하고 있었던 것이다.

　이것이야말로 존의 가장 큰 모순이었다. 존은 누구보다 강
하기를 원했고 어디서나 리더가 되지 않고서는 참지 못했다. 때
문에 비틀스 10년 동안 존은 폴과 절친하면서도 긴장된 관계를
이어가야만 했다. 그러나 존은 동시에 겁이 많았고 나약했으며
어딘가에 기대고 싶어 했다. 그는 자신도 모르게 사춘기 시절 잃
어버린 어머니를 대신할 존재를 찾고 있었다. 실제로 존은 요코
를 가끔 '엄마'라고 불렀다.

　요코와 생활하면서 존의 음악은 완전히 달라졌다. 그 전에
도 간간히 사회참여적인 가사를 쓰기는 했지만 그의 음악은 보다
직설적으로 전쟁을 반대하고 평화를 외쳤다. 이제 그는 '혁명을
원한다고 말하라. 지금 즉시 나서자. 민중에게 권력을' 같은 가사
의 노래(⟨Power to the People⟩ 중)를 부르기 시작했다. '당신
이 원한다면 전쟁은 끝난다.'라는 포스터를 1만장 이상 뿌리고
전 세계 12개 도시에 이 문구가 쓰인 플래카드를 내걸기도 했다.

1969년 존은 영국이 아프리카의 비아프라 내전에 관여한다
는 이유로 MBE 작위를 반납했다. 존은 TV에 출현해 여왕에게
보내는 편지를 낭독했다.

'여왕 폐하, 영국이 나이지리아-비아프라 내전에 개입한 것을 반대하고,
미국이 벌인 베트남전에 대한 영국의 지지표명에도 반대하고, 저의
〈Cold Turkey〉 차트 순위가 내려간 것에 반대하는 뜻으로 이 훈장을 돌
려드립니다.'

_존 레논

이 편지는 존이 그동안 비틀스를 통해 누렸던 모든 영광을
자진 반납한다는 선언이나 다름없었다. "MBE를 받은 건 날 팔아
넘기는 행위였다. 우리가 작위를 받은 것은 영국 역사상 가장 웃
기는 일이었다." 존은 특유의 어조로 빈정대듯 말했다.

같은 해 9월 오랜만에 비틀스 멤버들의 미팅이 열렸다. 여기
서 존은 "밴드는 끝났어. 난 빠지겠어."라고 말했다. 멤버 중 한
사람의 입에서 처음으로 '탈퇴'란 말이 나온 순간이었다. 비단
요코와 존 사건이 아니더라도 비틀스는 결국 해체 수순을 밟았을
것이다. 정도의 차는 있지만 다른 멤버들 역시 비틀스에서 마음
이 떠난 상태였기 때문이다. 링고 스타는 곡을 만들 때 자신이 배
제된다는 사실을 불만스러워했고 조지 해리슨은 인도음악에 깊
숙이 심취해 있었다. 오직 폴만이 비틀스를 계속하기 위해 열심
이었지만 그가 열성적일수록 다른 멤버들의 반감은 커졌다.

결국 아이러니하게도 비틀스를 유지하기 위해 가장 애를 쓰던 폴이 멤버들 중 처음으로 1970년 4월에 비틀스 탈퇴를 공식 선언했다. 그리고 폴이 이 해 12월 비틀스의 나머지 멤버들을 대상으로 소송을 제기함으로써 비틀스는 정말로 '사망'에 이르게 되었다.

반전운동가로 변신하다

그렇다면 오노 요코는 정말로 '존 레논을 홀리고 비틀스를 망쳐버린 마녀'였던 걸까. 비틀스의 전기작가 헌터 데이비스Hunter Davies는 "존이 요코를 만나면서 비틀스는 끝났다."고 노골적으로 요코를 비난한다. 두 가지 사실만은 확실하다. 다른 멤버들이 모두 요코를 싫어했다는 것. 그리고 존이 요코에 빠져들면서 비틀스에 대한 애정을 송두리째 잃었다는 것.

존은 비틀스 대신 요코를 포함시킨 '플라스틱 오노 밴드Plastic Ono Band'를 결성했다. 비틀스 탈퇴 이후 발표한 존의 솔로 앨범은 대부분 요코와의 공동작업으로 이루어졌다. 〈Out the Blue〉라는 곡에서 존은 이렇게 노래한다. '매일같이 나는 주님과 성모 마리아께 감사한다. 네가 내게로 온 것을, 운명이 두 영혼을 맺어준 것을. 내가 태어난 건 오직 네게로 가기 위함이었고 내가 어른이 된 건 너를 내 아내로 맞이하기 위함이었지.'

이렇게 엄청난 사랑이 과연 가능할까. 그러나 존에게는 그 것이 가능했다. 일찍이 비틀스에도 집념에 가까운 열정을 쏟아 부었던 존이었다. "요코를 만난 순간, 내 건달 같던 삶은 종지부 를 찍었다."라고 존은 말했다. 그는 또 이렇게도 설명했다.

'당신이 만약 당신의 진정한 여자를 만났다고 생각해 보라. 더 이상 바 에 가서 다른 사내들과 당구를 치거나 축구를 구경하고 싶겠는가. 물론 어떤 남자들은 그런 친분을 계속 유지할 수 있을지도 모른다. 그러나 나 는 내 진정한 여자를 만난 순간, 그동안 맺어 왔던 다른 모든 인간관계들 이 다 의미 없어지고 말았다.'

안타깝게도 비틀스를 탈퇴한 존은 비틀스 안에서 이뤄 낸 만큼의 음악적 성과를 보여 주지는 못했다. 비틀스가 공식적으로 '죽은' 1970년, 만 서른 살 때까지 그가 창조해 낸 음악들은 실로 대단한 것들이었다. 물론 이 곡들을 연주해 낸 비틀스의 맨파워, 특히 그와 공동으로 작곡한 폴의 능력도 걸출했지만 궁극적으로 비틀스 음악의 핵심에는 항상 존이 있었다. 존은 젊은이들이 느 끼는 고통이나 갈등, 기쁨을 솔직하게 음악에 담을 줄 아는 뮤지 션이었다. 바로 이 점 때문에 전 세계가 비틀스에게 그토록 열광 했던 것이다.

존은 비틀스를 떠난 후에도 〈Imagine〉, 〈Love〉 등 아름다운 곡들을 만들어 냈고(존은 자신이 만든 모든 곡 중에서 〈Imagine〉 을 최고의 곡으로 꼽았다) 〈Some Times in New York City〉,

〈Walls and Bridges〉등 7장의 앨범을 발표했지만 비틀스 시대만한 인기를 얻지는 못했다. 그의 관심은 이제 음악보다 사회운동이나 영화, 미술 등으로 옮겨 갔고 음악은 그 자체가 목적이기보다 자신의 뜻을 관철하기 위한 수단이 되었다.

존은 비틀스를 떠나며 고향인 영국도 떠났다. 그는 우여곡절 끝에 요코가 성장한 미국 뉴욕에 정착했다. 존은 베트남전에 대한 미국의 개입을 강력하게 비판했으며 〈Give Peace a Chance〉등의 노래로 쉴 새 없이 반전 구호를 외쳤다. 존 레논이라는 이름이 미국 젊은이들에게 주는 영향력은 실로 대단한 것이었다. 미국정부가 그를 추방하려 했다는 사실, 그리고 FBI의 요시찰 인물로 감시를 받았다는 사실만으로도 존이 얼마나 비중 있는 운동가였는지를 알 수 있다.

1975년, 마흔 두 살인 요코가 임신했다. 이미 여러 차례의 유산을 겪었던 요코는 이번에도 출산에 성공할 수 없을 거라 생각했지만 무사히 아들 숀Sean을 낳았다. 존은 굉장히 기뻐하며 전업주부가 되기를 자처했다. 이때부터 5년간 존은 아무 음악도 발표하지 않고 긴 칩거에 들어갔다. 숀이 태어난 이듬해에 존은 4년에 걸친 법적 투쟁 끝에 미국 영주권을 받아 냈다. FBI나 CIA도 더 이상 존을 감시하지 않았다.

1975년부터 1980년까지 존은 전혀 음악을 접하지 않았고 그때까지 알고 지내던 음악인들과도 일체 연락을 끊었다.

'그 5년간 나는 클래식만 들었다. 팝과 록음악을 들으면 기억하고 싶지 않은 일들이 떠올라 진땀이 났다.'

그러나 이 선천적인 뮤지션이 언제까지나 음악을 외면하고 살 수는 없었다. 존은 1980년 11월 중순, 드디어 오랜 침묵을 깨고 요코와 공동작업한 앨범 〈Double Fantasy〉를 발표했다. 이 앨범이 발표된 지 20일 정도 지난 12월 8일, 존은 요코와 함께 잡지 사진을 촬영했다. 촬영 중간에 스튜디오로 이동할 때 마크 데이비드 채프먼Mark David Chapmann이란 남자가 존에게 〈Double Fantasy〉 음반을 내밀며 사인을 요청해 왔다. 존은 그의 사인 요청에 친절하게 응했다. 채프먼은 어린 시절부터 비틀스의 기사를 스크랩하고 온 방을 비틀스 포스터로 도배했던 광적인 팬이었다.

같은 날 밤 10시 조금 넘은 시각, 존은 요코와 집으로 돌아왔다. 누군가가 "미스터 레논!" 하고 자동차에서 내리는 그를 불렀다. 존이 몸을 돌린 순간, 다섯 발의 총탄이 연이어 발사되었다. "존이 총에 맞았어요!" 요코의 비명이 울렸다. 주위 사람들이 총을 쏜 채프먼을 붙들었다.

인근 루즈벨트 병원으로 옮겨졌을 때, 존은 벌써 사망한 상태였다. 워낙 가까운 거리에서 총격을 당해 첫 발부터가 치명상이었다. 현장에서 체포된 채프먼은 '존에게서 "우리는 서로를 잘 아는 친구"라는 텔레파시를 받아 왔다. 이번에도 그에게 총을 쏘라는 텔레파시를 들었다.' 고 진술했다.

미국 언론은 '존 레논은 미켈란젤로가 그렇듯이 영원히 잊혀지지 않는 이름이 될 것'이라고 그의 죽음을 보도했다. 12월 14일 10만 명의 팬들이 센트럴 파크에서 존의 죽음을 애도했다. 같은 시간 영국 리버풀에서는 2만 명의 추도 인파가 세인트 조지 광장에 모였다. 미국과 영국 전역의 TV는 정규방송을 중단하고 이 장면을 생중계로 내보냈다.

존은 실로 극단적인, 그러면서도 모순투성이인 삶을 살았다. 너무 이른 나이에 엄청난 부와 명성을 얻었고 그 명성을 시종일관 경멸했으며 누구보다 강한 척 하면서도 자신보다 더 강한 여자에게 기대 살았다. 이것저것 새로운 일에 뛰어들었다가 제대로 된 결실을 보기도 전에 싫증을 내며 다른 일을 찾아 나섰다. 그는 또 마약과 알코올에서 평생 헤어나오지 못했으며 두 번째 결혼을 위해 첫 아내 신시아와 아들 줄리언을 헌신짝처럼 내팽개친 비열한 남자이기도 했다.

그러나 외부에서 존의 삶이 모순투성이인 것처럼 보이는 것은 어쩌면 존 스스로가 그 모순을 극복하지 못했기 때문일지도 모른다. 존은 숀이 태어난 후 5년간의 칩거를 거치며 비로소 스스로를 알게 된 것 아니었을까. 존은 이 공백기가 '정리의 시간 Clean up time이었다.'라고 말했다. 그는 자신을 돌아보고 재정비할 시간을 필요로 했던 것이다.

〈Double Fantasy〉 발표 이후 존은 '내게 뮤즈가 찾아왔다.'

며 뮤지컬을 작곡하고 순회공연을 시작하겠다는 포부를 내비쳤다. 그러나 그에게 더 이상의 시간은 허락되지 않았다. 모든 혼돈과 모순을 정리하고 진정한 자신으로 돌아가려는 순간, 신은 그의 생명을 거두어 갔다.

혼돈과 모순은 젊음의 훈장이자 멍에다. 그렇다면 존은 영원히 젊은이로 살다 갈 운명이었을지도 모를 일이다.

2003년 7월, 오노 요코가 서울 호암갤러리에서 열린 '에스 오노 요코' 전의 홍보를 위해 한국에 왔다. 기자회견장에서 주최 측은 호기심의 눈을 번득이는 기자들에게 "존 레논에 대한 질문은 하지 말 것"을 특별히 부탁했다.

기자회견장에 나타난 요코는 시종일관 낮고 차분한 어조로 자신의 전시에 대한 설명을 이어 갔다. 세월의 힘일까, 전 세계 비틀스 마니아들로부터 '비틀스를 해체시키고 존 레논을 홀린 마녀'라는 비난을 받던 요코, 긴 머리를 망토처럼 두른 채 존과 함께 호텔 침대에 누워 시위를 벌이던 과격한 행동주의자 요코의 모습은 이제 찾을 길이 없었다. 그녀의 남편 존은 아직도 30대의 모습으로 기억되는데, 이미 요코는 70이 되어 있었다.

비록 주최 측의 부탁이 있었지만 그녀에게 한번 물어보고 싶었다. '당신의 마음속에는 아직도 존 레논의 자리가 있는가. 남자와 여자가 존과 당신처럼 완벽하게 하나가 되는 것이 어떻게

가능했는가.' 라고. 그러면 그녀는 무어라 대답했을까. 짧은 커트
머리에 존 레논의 안경처럼 동그란 선글라스를 쓴 요코의 모습에
서 일순간 존의 얼굴이 스쳐 갔다.

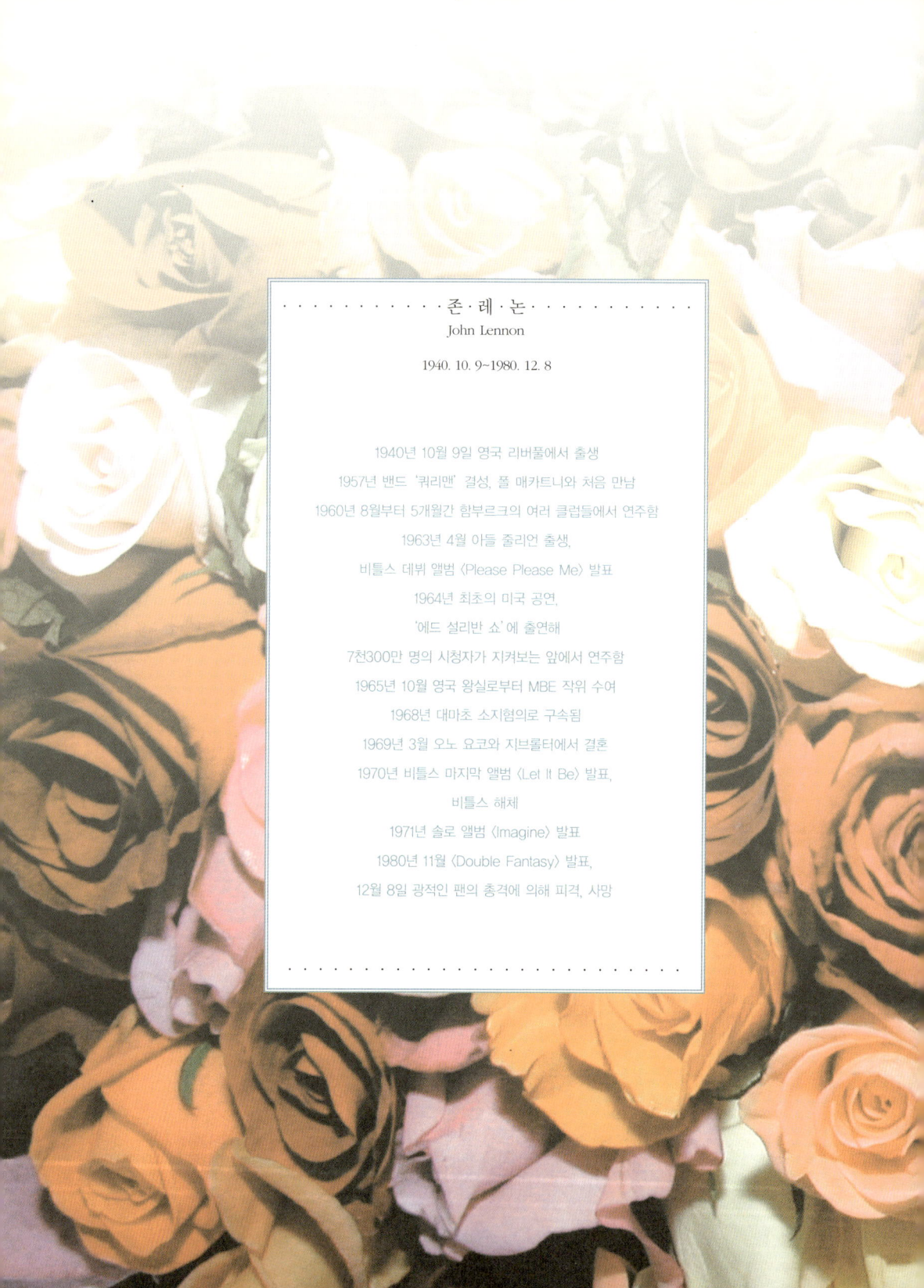

· · · · · · · · 존 · 레 · 논 · · · · · · · ·

John Lennon

1940. 10. 9~1980. 12. 8

1940년 10월 9일 영국 리버풀에서 출생

1957년 밴드 '쿼리맨' 결성, 폴 매카트니와 처음 만남

1960년 8월부터 5개월간 함부르크의 여러 클럽들에서 연주함

1963년 4월 아들 줄리언 출생,

비틀스 데뷔 앨범 〈Please Please Me〉 발표

1964년 최초의 미국 공연,

'에드 설리반 쇼'에 출연해

7천300만 명의 시청자가 지켜보는 앞에서 연주함

1965년 10월 영국 왕실로부터 MBE 작위 수여

1968년 대마초 소지혐의로 구속됨

1969년 3월 오노 요코와 지브롤터에서 결혼

1970년 비틀스 마지막 앨범 〈Let It Be〉 발표,

비틀스 해체

1971년 솔로 앨범 〈Imagine〉 발표

1980년 11월 〈Double Fantasy〉 발표,

12월 8일 광적인 팬의 총격에 의해 피격, 사망

최후의 마스터피스

〈더블 판타지 Double Fantasy〉

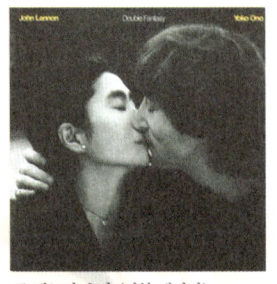

존 레논의 유작 〈더블 팬터지〉.
5년에 걸친 칩거 끝에 발표한
이 앨범은 존 레논의 진지한,
그리고 마지막 자기성찰을 담고 있다
ⓒ EMI MUSIC KOREA

이 앨범은 존의 새로운 시작이자 마지막이 된 운명의 음반이다. 존은 5년간의 긴 칩거 끝에 이 앨범을 발표했지만 음반 발매일인 1980년 11월 16일로부터 한 달도 안 된 12월 8일에 사망했다.

존과 요코가 키스하는 사진을 재킷 커버로 쓴 〈더블 판타지〉는 존 자신을 돌아보는 자기성찰적인 곡들로 채워져 있다. 수록곡들의 타이틀부터가 의미심장하다. 지난 5년의 시간을 회상하는 〈Clean Up Times〉, 새 출발을 알리는 〈(Just like) Starting Over〉, 아들 숀을 위해 쓴 〈Beautiful Boy(Darling Boy)〉 등이 그렇다.

존은 이 음반에 수록된 곡들을 모두 버뮤다에서 보낸 3주간의 휴가기간 동안에 썼다고 한다. 그동안 존은 요트를 타고 바다에 나갔다가 폭풍우를 만나 죽을 뻔한 경험을 했다. 이 극단적인 체험을 통해 존은 오랜 칩거를 깨고 다시금 음악을 만들 수 있는 용기를 얻었다.

그러나 〈Double Fantasy〉에 대한 음악평론가들이나 대중의 반응은 냉랭했다. '40대 이상을 위한 환상곡'이라는 냉소적인 평도 있었다. 존의 전기작가 코린네 울리히 Corinne Ullrich 는 이 같은 반응에 대해 '사람들은 〈Imagine〉이나 〈Happy Christmas〉처럼 평화에 대한 갈망이 담긴 조화롭고 아름다운 곡들보다는 반항아 존을 원했기 때문'이라고 설명했다. 존은 "세상 사람들을 위해서가 아니라 내 자신과 가족을 위해서 음악을 한다."고 반박했지만 예상외의 혹평에 적지 않은 충격을 받았다고 한다.

화가 에곤 실레 화가 에곤 실레 화가 에곤 실레
화가 에곤 실레 화가 에곤 실레 화가 에곤 실레
화가 에곤 실레 화가 에곤 실레
화 · 가 · 에 · 곤 · 실 · 레

Egon Schiele

오스트리아의 화가로 빈 인근의 마을 툴린에서 철도공무원인 부친 아돌프 유겐 실레와 모친 마리 사이의 셋째 아이로 태어났다. 두 살 때부터 그림을 그리기 시작했을 정도로 미술에 천재적인 소질을 보였다.

열여섯 살에 빈 미술 아카데미에 입학해 빈 분리파의 리더였던 화가 구스타프 클림트의 인정을 받는다. 이후 클림트가 사망할 때까지 그와 우정을 나누게 된다. 보수적인 아카데미의 교육과정에 반발해 3학년을 마치고 자퇴, 클림트의 소개로 빈 공방에서 일을 시작한다. 초기에는 의상디자인, 엽서 그림 등을 닥치는 대로 그렸으나 오래지 않아 클림트, 코코슈카와 어깨를 나란히 하는 빈 분리파의 기대주로 인정받게 된다.

1912년 미성년자 유괴 및 춘화 제작 혐의로 투옥, 모두 24일간 구류되는 사건을 겪는다. 유괴사건은 무죄를 인정받았으나 그림 한 점이 포르노라는 이유로 법정에서 불살라진다. 1918년 열린 제 49차 분리파 전시회에서 경이적인 성공을 거둔다. 10월, 임신 6개월이던 아내 에디트가 스페인 독감에 감염돼 숨을 거둔다. 사흘 후 실레 역시 같은 병으로 급사한다. 28년의 생애 동안 3,000여 점의 그림을 남겼다.

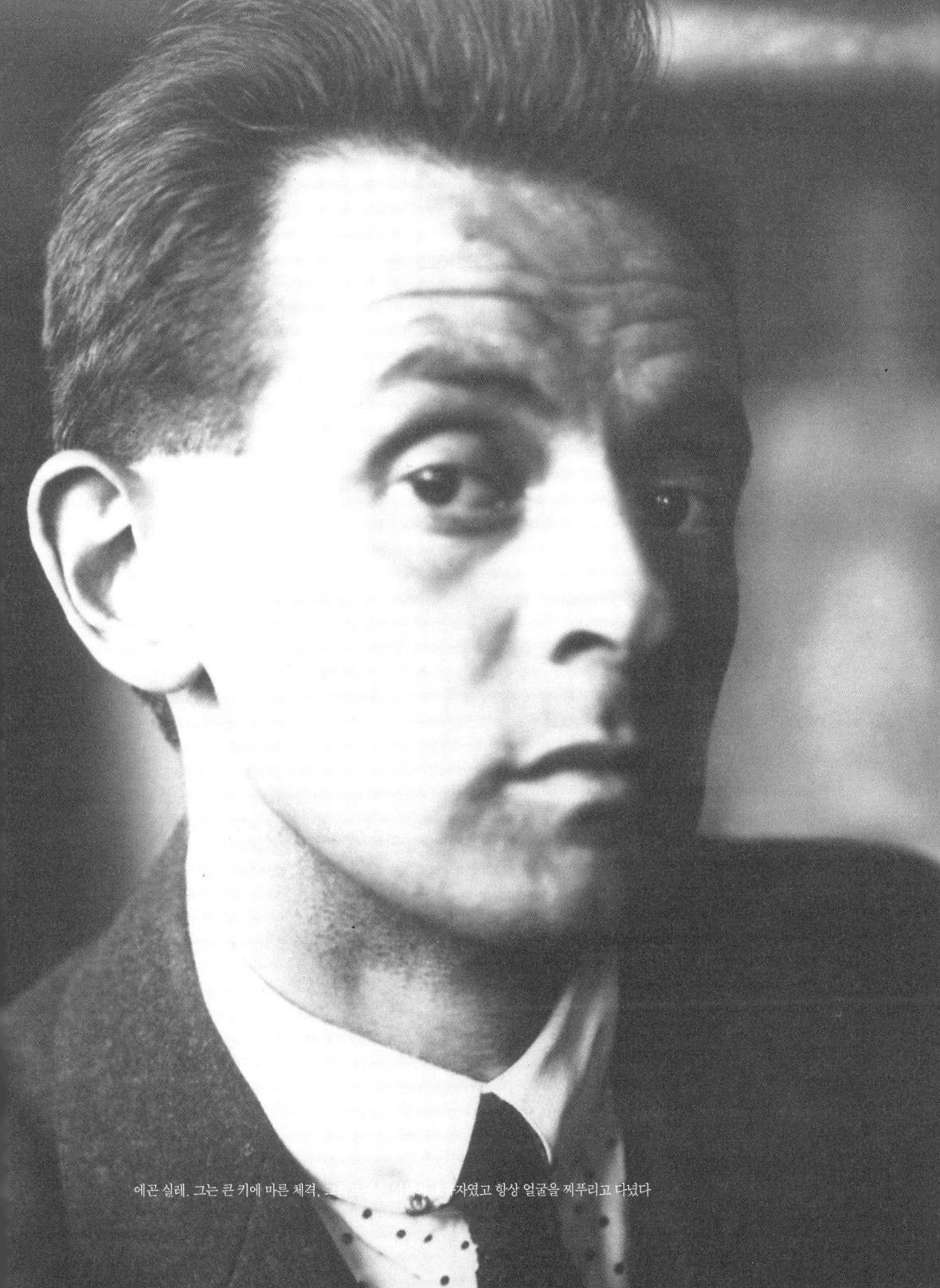
에곤 실레. 그는 큰 키에 마른 체격, 그□□□□□□□□자였고 항상 얼굴을 찌푸리고 다녔다

나르시시즘에 빠진 영원한 아이

유럽을 찾는 여행객들에게 빈Wien은 여전히 낯선 도시다. 화려한 여배우 같은 파리나 수수하지만 예상외로 다채로운 런던, 깨끗하게 풀먹인 시트처럼 정갈한 제네바, 축복처럼 환한 햇살의 로마 등에 비하면 인구 150만의 도시 빈은 여전히 파티의 구석자리에 서 있는 여인 같다. 어쩌다 빈을 찾는 여행자들은 모차르트나 베토벤 등 클래식 음악 애호가들, 그리고 구스타프 클림트Gustav Klimt, 1862~1918의 황금빛 그림이나 지그문트 프로이트Sigmund Freud, 1856~1939의 진찰실을 기웃거리는 사람들뿐이다. 그들은 빈 중심가의 환상도로, 링크Ring를 대강 둘러보고 화급히 다음 목적지로 떠난다.

그러나 여행 중의 2~3일만이라도 빈에 할애해 본 사람들은 알리라. 이 작은 도시에 형언할 수 없는 영광의 흔적이 고이 간직되어 있다는 사실을. 한 세기 전, 그러니까 1900년까지만 해도 빈은 600년의 역사를 자랑하는 합스부르크 제국Habsburg Empire의 수도였다. 빈에는 유럽 유일의 황제, 즉 오스트리아-헝가리 제국의 군주인 프란츠 요제프Franz Joseph, 재위 1848~1916 황제가 거주하였다.

아예 시계를 한 세기 전으로 돌려 1900년의 빈을 찾아가 보자. 이 당시 빈은 말 그대로 제국의 수도이자 유럽 전체의 수도였다. 이미 인구가 200만을 넘었고 문학, 음악, 미술, 의학 등 모든 분야에서 선두를 달리던 유럽의 '문화수도'가 바로 빈이었다. 파리도 런던도 로마도 빈처럼 화려하지는 못했다.

빈에는 모더니즘의 선두주자인 건축가 오토 바그너Otto Wagner와 작가 후고 폰 호프만슈탈Hugo von Hofmannsthal, 아르투르 슈니츨러Arthur Schnitzler, 작곡가 구스타프 말러Gustav Marler와 아르놀트 쇤베르크Arnold Schönberg, 철학자 루트비히 비트겐슈타인Ludwig Wittgenstein, 정신분석학자 프로이트와 융Carl Gustav Jung, 1875~1961, 그리고 화가 구스타프 클림트가 활동하고 있었다. 황제가 건설한 원형의 도로 링크에는 요한 슈트라우스 2세의 왈츠가 넘쳤고 말러가 지휘봉을 잡은 빈 오페라 하우스는 세계 제 1의 오페라를, 그리고 폴크스오퍼는 슈트라우스Johann Strauss, 레하르Franz Lehar 등의 오페레타를 연일 공연하고 있었다. 빈은 파리와 함께 19세기 말부터 제 1차 세계 대전 직전의 좋은 시절, 즉 '벨 에포크Belle epoque' 의 중심지였다.

그러나 이 흥청거림 속에는 기묘한 불안감이 도사리고 있었다. 썩어 가는 냄새를 감추기 위해 잔뜩 향수를 뿌린 듯한 분위기의 도시, 딱 꼬집어 말할 수 없는 음험함이 느껴지는 곳. 그곳이 바로 한 세기 전의 빈이었다.

당시 빈은 중부 유럽에 걸친 오스트리아-헝가리 제국이라는 거대한 '공룡 국가' 의 수도였다. 그런데 문제는 이 공룡이 19세기의 종말과 함께 마지막 숨을 가쁘게 내쉬고 있었다는 사실이다. 합스부르크 왕가의 마지막 황제인 프란츠 요제프 황제는 1848년에 즉위해서 60년 가까이 제국을 다스리고 있었다. 빈에는 독일, 헝가리, 체코, 슬로바키아, 크로아티아, 세르비아, 루마니아, 이탈리아 등 중부유럽의 모든 민족들이 뒤섞여 있었다. 제국의 틀로 묶여 있던 이들 민족들은 20세기 초엽부터 강렬하게 독립을 요구했고 제국은 마지막 힘으로 이들을 억압했다. 합스부르크 왕가는 민족자결주의라는 시대의 흐름을 읽기에는 너무도 완고하고 보수적이었다. 하지만 600년을 견뎌 온 제국은 이미 노쇠의 기미가 짙었다. 1866년에는 프로이센과의 전쟁에서 패했다. 나폴레옹마저 물리친 유럽 최강의 대국 오스트리아로서는 견디기 어려운 치욕이었다.

더구나 합스부르크 왕가의 운명도 바람 앞의 촛불 같았다. 프란츠 요제프 황제의 외아들 루돌프 대공은 1889년 연상의 애인인 남작부인과 권총 자살했고 황후는 1899년 베네치아에서 암살당했다. 황제의 동생 막시밀리안 대공은 멕시코 혁명의 여파로 처형당했다. 왕가의 핏줄은 황제의 조카인 페르디난트 대공으로 아슬아슬하게 이어지고 있었다. 늙고 노쇠한, 그러나 고집 센 프란츠 요제프 황제는 쇠락해 가는 제국을 상징하는 듯 했다.

또 하나 빠뜨릴 수 없는 것이 빈을 지배하던 반 유태주의의 물결이다. 반 유태주의자인 칼 뢰거가 13년간 높은 인기를 누리며 시장을 지냈던 빈은 이미 20세기 중반 히틀러의 등장을 예고하고 있었다.

눈앞에 닥친 종말을 애써 부인하는, 그러나 종말이 선연하게 보이는 상황. 이것이 바로 한 세기 전의 빈을 지배하던 분위기였다. 화려한 거품으로 정치적인 긴장감과 억압을 교묘하게 가리고 있는 쇠락의 도시. 그 속에서 구스타프 클림트가 황금빛 색채로 애욕에 빠진 여인들의 육체를 그렸고 요한 슈트라우스가 흥겨운 왈츠들을 작곡했다. 첫 아이를 잃은 말러는 비탄에 빠져 〈죽은 아이를 그리는 노래〉를 지휘했고 프로이트가 인간의 무의식에 숨겨진 원초적인 본능을 끄집어냈다. 환희와 종말, 애욕과 죽음이 난삽하게 뒤엉켜 있는 이 와중에 에곤 실레가 태어났다. 만 스물의 나이에 이미 죽음을 그렸던 그 복잡한 천재가.

기묘한 가족

에곤 실레는 1890년 6월 12일 오스트리아 남부의 툴린Tulin에서 태어났다. 아버지 아돌프 유겐 실레는 철도역장이었으며 그의 집안은 대대로 기관사, 철도역장 등 철도 관련 일에 종사해 왔다. 아돌프와 마리는 에곤을 포함해 모두 여섯 명의 자녀를 낳았으나 셋은 사산되거나 어려서 죽고 멜라니와 에곤, 게르티 등 셋만 살아 남았다. 아버지 아돌프의 매독 때문이었다. 매독은 당시 오스트리아에서 드문 병이 아니었다.

실레는 어린 시절부터 그림에 천재적인 재능을 보였다. 만두 살이 되기 전부터 그림을 그리기 시작했으며 일곱 살 때는 이미 스케치북에 기차 그림을 가득 채울 정도였다. 그러나 그의 부모는 아들의 남다른 재능에 별 관심을 보이지 않았다. 실레가 십대가 된 1902년 가족들은 빈 근교의 클로스터노이부르크Klosterneuburg로 이사한다. 이때부터 사망할 때까지 실레는 대부분의 삶을 빈 안팎에서 보내게 된다.

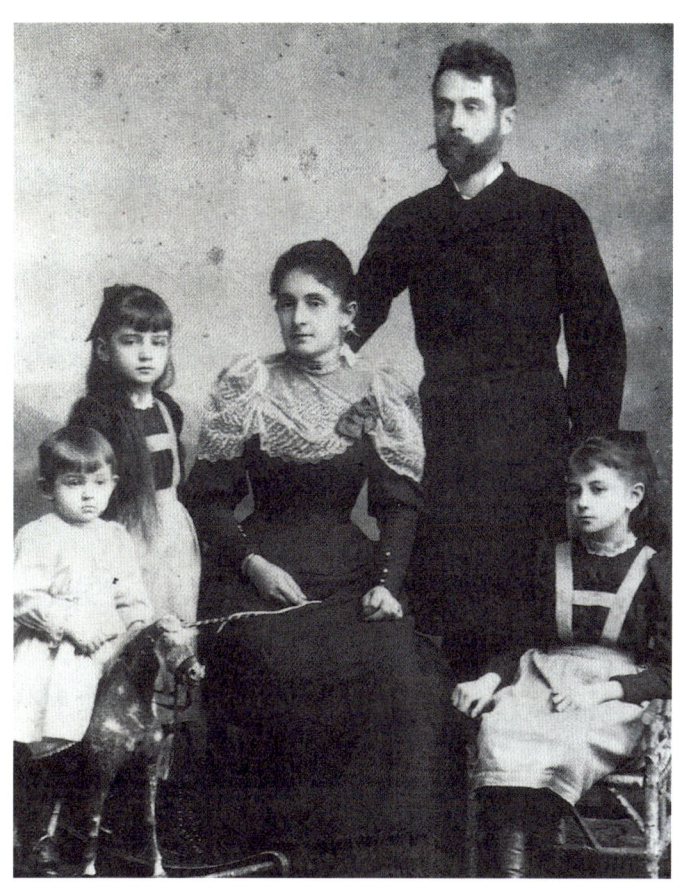

1894년의 실레 일가.
맨 왼쪽이 에곤 실레

이사 후 실레 가족의 삶은 더욱 빈한해 졌다. 가장인 아돌프
가 매독으로 인한 정신병 증세를 보이기 시작한 것이다. 누나인
멜라니는 클로스터노이부르크의 철도역에 취직해 돈을 벌어야
했다. 결국 아돌프는 1905년 첫날 광증의 상태에서 사망한다. 성
性으로 인해 병에 걸린 아버지를 어린 시절부터 보며 자랐다는 사
실, 그리고 결국 그 병으로 인한 아버지의 발작과 죽음은 실레의
그림과 정신세계에 결정적인 영향을 미치게 된다.

실레의 어린 시절을 이야기할 때, 그의 기묘한 가족관계를
빼놓을 수 없다. 실레의 아버지는 아들의 스케치북을 태워 버릴
정도로 아들을 이해하지 못했다. 그러나 실레는 아버지를 우상처

럼 숭배한 반면, 어머니에게
는 몹시 냉담했다. 아버지가
사망했을 때 어머니가 슬퍼하
지 않았기 때문이다. 실레의
어머니는 하나뿐인 아들의 결
혼식에조차 참석하지 않았을
정도였다. 가끔 실레가 어머
니에게 보낸 편지에서도 모자
간의 따스한 정은 찾아 보기
어렵다.

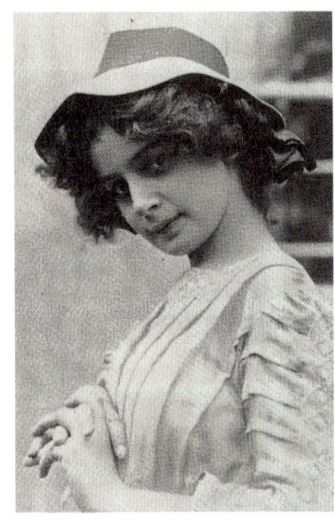

실레의 누이동생 게르티.
실레의 모델이기도 했던
게르티와 실레 사이에는
에로틱한 기류가 흐르고
있었다

'어머니는 내게 낯선 여자일
뿐이야. 어머니는 나를 이해해 주지도, 그리고 사랑해 주지도 않았어. 만
약 어머니가 나를 이해하거나 사랑했다면, 나를 위해 최소한의 희생이라
도 해야 하지 않았을까.' _1913년 친구이자 매제인 안톤 페슈카^{Anton}
Fechuka에게 보낸 편지 중에서

실레와 네 살 연하의 여동생 게르티^{Gerti}와의 관계 역시 기묘
하기는 마찬가지다. 실레는 몹시 아름다운 소녀였던 게르티를 모
델로 한 누드화를 여러 점 그렸다. 둘 사이에는 분명 근친상간에
가까운, 미묘한 기류가 흐르고 있었다. 실레는 열여섯 살 때 게르
티를 데리고 인근 트리에스테로 가서 같은 호텔방에서 하룻밤을
보낸 적이 있었다. 아버지 역시 이들의 관계를 눈치챈 듯, 둘이
함께 있는 방문을 부수고 들어간 적도 있었다고 한다. 실레가 게

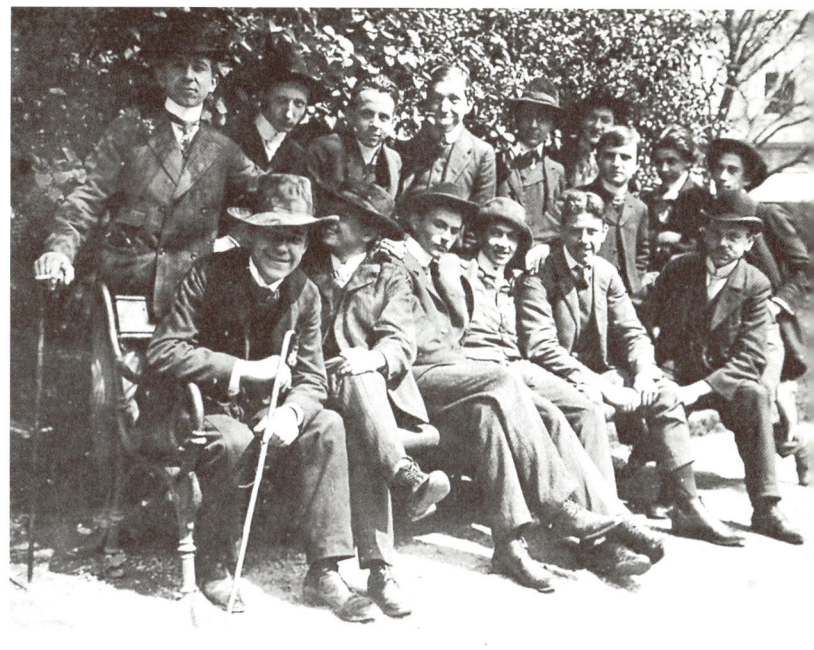

1907년 빈 미술 아카데미
재학 시절의 에곤 실레
(뒷줄 오른쪽에서 두 번째).
그는 3학년을 마치고
이 학교를 자퇴,
클림트가 주도한
빈 분리파에 합류했다

르티를 그린 그림들은 자신의 누이를 모델로 그린 것이라고는 믿
을 수 없을 정도로 자극적이다.

클림트와의 만남

실레는 그림 외에는 어디에도 재능이나 흥미를 보이지 않는 병약
한 소년이었다. 1년을 유급할 정도로 학교 성적 역시 하위권이었
다. 아버지의 뒤를 이어 후견인이 된 삼촌도, 그리고 어머니도 별
로 탐탁치않아 했지만, 1906년 실레는 빈 미술 아카데미의 시험
을 치러 합격한다. 1년 뒤 아돌프 히틀러가 입학시험에서 떨어진
바로 그 학교였다.

　　하지만 실레는 의무적으로 풍경화를 그리게 하는 등, 보수
적인 아카데미 교육과정에 제대로 적응하지 못했다. 교수들 역시
그를 몹시 껄끄러워했다. "악마가 내게 너를 보냈구나!" 크리스
티안 그리펜케 교수가 실레의 그림을 보고 탄식하며 한 말이다.

그러나 1906년부터 1909년까지, 겨우 3년을 채우고 자퇴했던 이 학교는 실레의 인생에 지울 수 없는 커다란 흔적 하나를 남긴다. 바로 빈 분리파Secession와 오스트리아 화가 연맹Federation of Austrian Artists의 리더인 구스타프 클림트를 이 학교에서 만났던 것이다. 당시 45세이던 클림트는 열여섯 소년인 실레의 그림을 본 후 "제게 재능이 있나

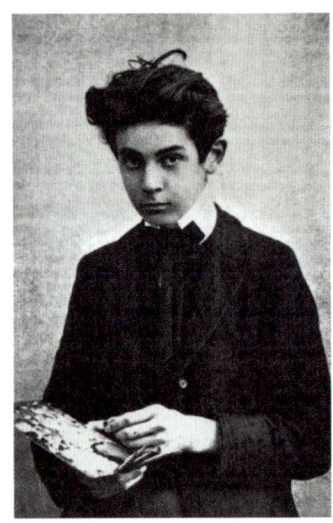

팔레트를 손에 든
15세의 실레

요?"라는 실레의 물음에 이렇게 말했다. "물론이지, 그런데 재능이 너무 많군."

이때부터 클림트와 실레 간의 독특한 우정이 싹트기 시작한다. 클림트는 실레보다 27년이나 연상이었고 이미 빈의 화단에서 독보적인 위치를 확보하고 있었다. 반면 실레는 아직 데뷔전조차 치르지 못한 아카데미 학생에 불과했다. 그러나 실레와 클림트 간의 우정은 사제간의 그것이라기보다는 화가 대 화가의 교분이었다. 클림트는 실레의 드로잉을 사 주었으며 자신의 그림을 그에게 선물하기도 했다. 결정적으로 클림트는 실레에게 빈 공방 Wiener Werkstätte에서 일할 기회를 주었다. 프로 화가의 길을 제공한 셈이다.

　사람들은 흔히 실레를 클림트의 화풍에서 영향받은 화가로 생각한다. 실제로 1907년~1909년 전후 실레의 그림에는 클림트의 영향이 감지되기도 한다. 그러나 스무 살 이후 실레는 클림트와 완전히 화풍을 달리한다. 똑같이 성性을 소재로 해도 클림트가 황금빛으로 넘치는 화폭에 부드러운 곡선으로 귀족 여인들의 풍요로운 관능을 담았다면, 실레는 소녀들의 비틀리고 절단된 육체를 통해 고통과 불안을 바라보고 있다.

　사실 실레는 클림트를 존경하면서도 내심 자신만큼 대단한 화가는 아니라고 평가했을지도 모른다(클림트는 서로의 드로잉을 교환하자는 실레의 제의에 대해 "왜 자네 드로잉과 내 걸 바꾸려고 하지? 자네의 드로잉이 훨씬 더 나은데?"라고 대답한 적이 있다). 실레가 자신과 클림트를 모델로 한 그림인 〈은둔자들〉(1912년)을 보면 그 사실을 확실히 알 수 있다. 두 사람 모두 검은 사제옷을 걸친 이 그림에서 뒤에 선 클림트는 실레를 감싼 채 죽은 사람처럼 눈을 감고 있다. 그러나 순교자처럼 가시 면류관을 쓴 실레는 찌르는 듯 반항적인 눈빛으로 정면을 응시한 채이다. 이 그림 속에서 누가 더 빛나는 존재인지는 말하지 않아도 자명하다.

　"3월까지 나는 클림트를 따라갔지요. 지금 나는 그의 반대편에 서 있습니다……." 실레가 1910년 요제프 체허마크 박사에게 보낸 편지의 일부이다.

　실레는 큰 키에 마른 체격, 그리고 잘생긴 얼굴의 소유자였다. 겉으로 보기에 그는 화가라기보다 최신 유행을 좇는 멋쟁이처럼 보였다. 그는 경제적 여유가 없던 시절, 남들에게 얻어 입은

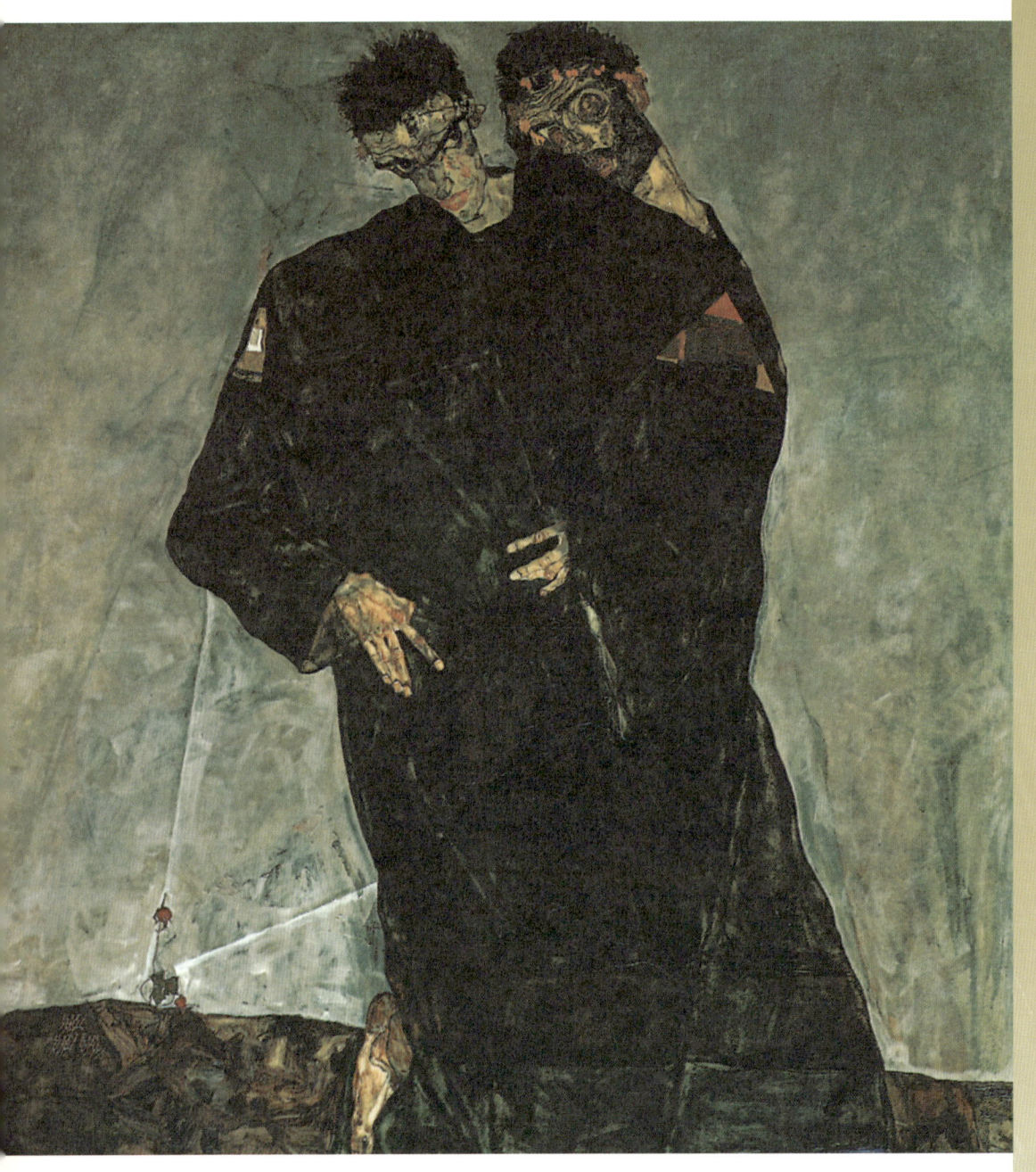

| 〈은둔자들 *The Hermits*〉 | 에곤 실레 | 1912 | 캔버스에 유채 | 루돌프 레오폴트 컬렉션, 빈

옷들이 한결같이 자신에게 맞지 않는다고 불평하곤 했다. 친구인 미술 평론가 아르투르 뢰슬러Arthur Roessler는 실레의 외모를 이렇게 묘사했다.

> '그는 큰 키에 마른 체격, 좁은 어깨의 소유자였다. 팔과 손가락이 모두 길 데다가 말라서 뼈만 남은 것처럼 보였다. 얼굴은 약간 구릿빛으로 그을려 있었고 수염은 기르지 않았다. 그는 짙고 풍성한 갈색 머리카락으로 덮인 이마를 항상 찌푸린 채로 다녔다. 그의 얼굴은 어딘지 모르게 슬프거나, 고통스러워 보였다.'

소녀들, 관음증, 그리고 발리

실레는 클림트의 도움으로 1908년부터 빈 공방에서 의상과 구두 디자인, 엽서 그림 등을 그리기 시작한다. 같은 해에 클로스터노이부르크에서 첫 전시회도 열었다. 그 다음 해인 1909년 실레는 아카데미를 완전히 떠났다. 빈 공방의 공동설립자인 건축가 요제프 호프만Josef Hofmann, 1870~1956도 실레에게 브뤼셀 슈토클레트 저택의 스테인드글라스 디자인-호프만이 설계한 이 저택의 벽화는 클림트가 맡았다-등 갖가지 일거리를 가져다주었다. 프리랜서 화가가 된 실레는 빈에 아파트와 스튜디오를 얻어서 그림을 그렸다. 괴상한 포즈를 취한 아이들, 소녀들의 누드를 그리게 된 것도 이때부터였다. 죽을 때까지 실레를 지배한 성의 욕구가 폭발적으로 터져나오기 시작했다.

실레의 스튜디오는 곧 불량한 소녀들의 아지트가 되었다. 실레와 동년배 화가였던 파리스 폰 구에테르슬로호Paris von Guetersloh는 실레의 아틀리에를 이렇게 묘사했다.

'거기에는 게으른 소녀, 집에서 부모에게 구타당한 아이들, 아무튼 여러 가지 이유로 집에 머무를 수 없는 소녀들이 모여 살았다. 그녀들은 실레의 아틀리에에서 잠을 자고 머리를 빗거나 옷을 입고 구두를 벗기도 했다. 마치 동물들의 우리 같았다.'

치마를 들추고 몸을 드러낸 소녀, 붉은 색이나 검은 색으로 성기를 강조한 누드화들, 에로틱한 포즈로 서로를 껴안고 있는 여인들의 그림에서 빠지지 않는 것은 성에 대한 탐닉과 격정, 그리고 관음증적인 시선이다. 화가는 마치 이 소녀들을 창 밖에서 훔쳐보는 듯한데 거친 선으로 그려진 소녀들의 몸은 아름답기보다는 불안하고도 섬뜩하다.

실레는 성性에 대한 자신의 그림에 큰 자부심을 가지고 있었다. "성을 그린 그림이야말로 진정한 성화聖畵다. 내 그림들은 성당에 전시되어야 한다!" 그러나 현실에서 실레는 이 그림들을 성당 대신 포르노 업자들에게 팔아 생계를 유지했다. 당시 빈에는 포르노 그림에 대한 수요가 넘쳐났다.

실레가 소녀들과 함께 가장 즐겨 모델로 삼았던 대상은 바로 자기 자신이다. 자화상은 실레와 클림트의 차이를 가장 명확

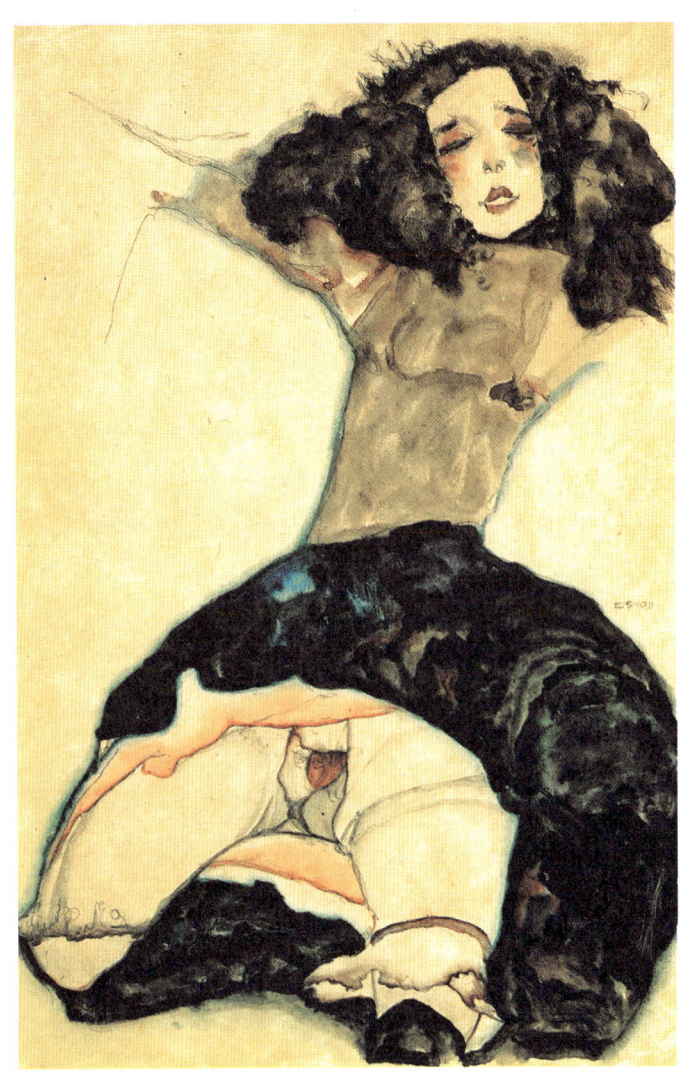

〈스커트를 올린 검은
머리 소녀 *Black-Haired Girl
with Raised Skirt*〉
에곤 실레 | 1911
종이에 연필, 수채, 과슈
루돌프 레오폴트 컬렉션, 빈

하게 드러내는 부분이기도 하다. 클림트는 일생 동안 자화상을
그리지 않았으며 "나는 내 자신에 대해서는 별 관심이 없다. 내가
관심이 있는 대상은 여자들이다."라고 말한 적도 있다.

반면 실레는 아틀리에 한 구석에 커다란 거울을 놓고 끊임
없이 자화상을 그려 댔다. 그는 상반신보다는 전신을 모두 담은
자화상을 즐겨 그렸는데 이 누드 자화상에 담긴 모습들은 일그러

진 표정에 십자가에 박힌 예수처럼 얼룩덜룩한 살덩이, 그리고
팔과 다리가 잘려져 있을 때가 많다. 어떤 자화상의 포즈들은 사
람이라기보다는 차라리 곤충을 연상시키기도 한다. 아르투르 뢰
슬러의 표현대로라면 '피부 바로 밑에 죽음이 도사리고 있는 것
같은' 자화상들이었다. 만 스무 살의 실레가 거울을 통해 본 자신
은 바로 이러한 모습이었다.

    당시 빈을 비롯해 유럽 예술가들은 정신질환, 요절, 도덕적
타락 등을 천재가 의당 갖추어야 할 조건이라 여겼다. 우습게도
키이츠와 쇼팽을 요절하게 만든 폐결핵은 예술가들이 가장 걸리
고 싶어 하는 병이었다. 젊은 나이에 폐결핵에 걸려 피를 토하며
죽어 가는 창백하고 마른 예술가. 이거야말로 마땅히 천재가 가
야 할 숙명이었다. 실레의 그림 속에 담긴 자신의 모습, 뒤틀리고
끔찍한, 수난당하는 예수처럼 깡마른 육체는 바로 그 같은 요절
의 염원을 담고 있는지도 모른다. 그러나 정작 실레 자신도 스스
로가 20대 후반에 급사할 운명을 타고 났다는 사실은 꿈에도 몰
랐으리라.

감옥에 갇힌 '포르노 화가'

1911년 스물한 살이 된 실레는 모델이자 애인인 발레리아 노이첼
Valerie Neuzil과 동거에 들어간다. 실레가 '발리Wally'라고 불렀던 이
여성은 클림트의 모델이었던 소녀로 17세의 미성년자였다. 자신

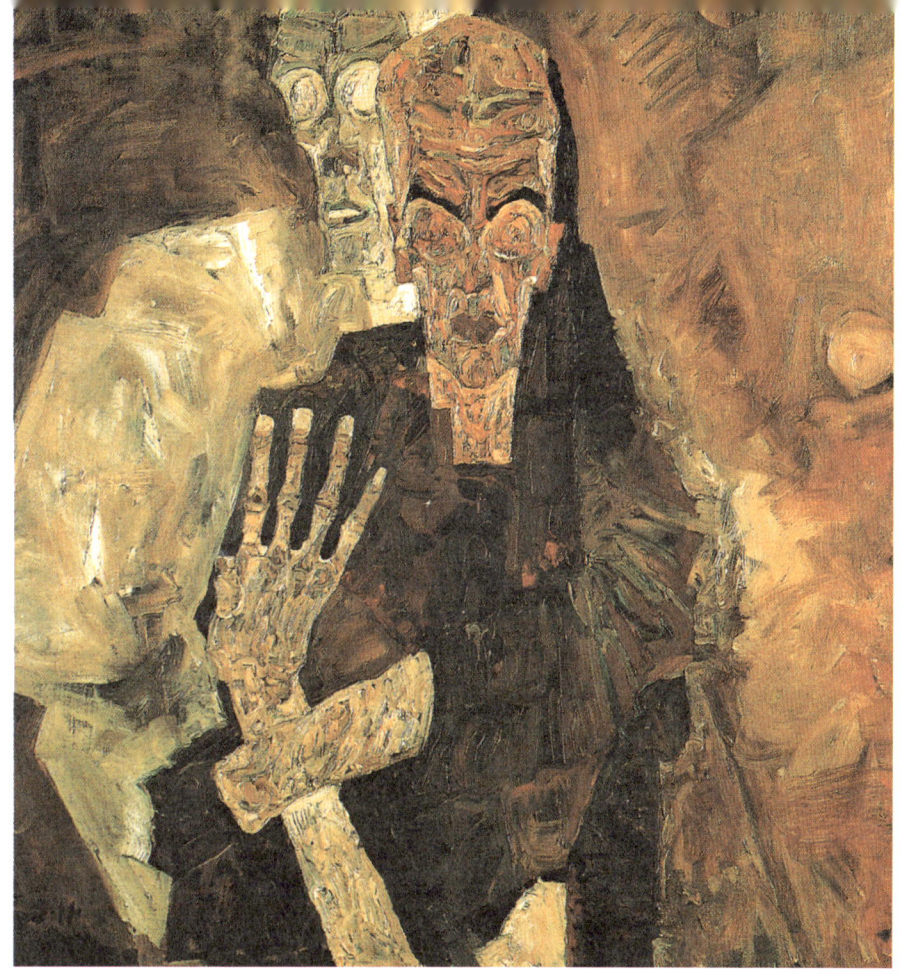

〈자신을 보는 자 II
(죽음과 인간)〉 *The Self-Seers
II(Death and Man)*
에곤 실레 | 1911
캔버스에 유채
루돌프 레오폴트 컬렉션, 빈

의 모델들과 동거하며 그림을 그렸던 클림트가 무슨 경로로 이 소녀를 실레에게 '양도' 했는지, 그리고 어린 나이로 화가와 동거하고 있었던 발리의 과거는 어떠했는지 밝혀진 바가 없다.

아무튼 실레는 이후 4년간 자신에게 헌신적인 사랑을 바치는 동시에 충실한 모델이 되었던 발리와 함께 빈 근교의 작은 마을 크루마우Krumau에 아틀리에를 구한다. 그 전 해부터 실레는 빈을 떠나기 위해 이리저리 궁리를 했다. 실레 자신의 표현에 따르면 빈은 '나를 질투하고 음모를 꾸미는 협잡꾼들로 가득한, 기계와 검은 그림자로 뒤덮인 도시' 였다. 그는 '큰 나무들 사이로 거친 바람이 부는' 보헤미아 숲으로 떠나 그림을 그리고 싶어 했다.

하지만 보수적인 크루마우 사람들은 불량한 소녀들이 드나 드는 젊은 화가의 아틀리에를 못마땅해 했다. 반년만에 크루마우 에서 쫓겨난 실레는 이번에는 크루마우보다 빈에 조금 더 가까운 노이렝바흐Neulengbach로 이주한다. 이제야말로 그림에만 몰두하 려는 결의를 다지면서.

그러나 1912년 4월 13일 이 결심을 모두 무너뜨리는 충격적 인 사건이 터진다. 집에 들이닥친 경관들에게 실레가 연행된 것 이다. 죄목은 미성년자 유괴와 아이들에게 음란한 그림을 보여 준 혐의. 실레 자신의 옥중일기를 통해 당시 상황을 돌이켜 보자.

'두 명의 경관은 아틀리에 안까지 밀고 들어왔다. …… 두 사람은 아틀 리에에서는 문제가 될 만한 그림을 발견하지 못했지만 침실 벽에 걸린 크루마우에서 그린 수채화가 '수상쩍다'고 했다. 나는 그들에게 그 그림 이 전혀 문제가 없으며 프라하의 공식 전시회에 훨씬 더 에로틱한 작품 을 출품했다는 사실을 설명했다. 경찰들이 그 그림들을 아직 보관하고 있느냐고 묻기에 그렇다고 했다. 그들은 교활한 웃음을 지으면서 "그럼 그 그림들을 보여 주시죠."라고 요구했다. 나는 멍청하게도 그림들을 꺼 내 주었다. 그들은 그림을 일일이 조사한 후 내게 말했다. "이 음란화들 을 재판소에 제출하겠소. 당신을 좀 더 상세하게 취조하겠소."

실레는 노이렝바흐 교도소에 수감되었다. 24일간의 구류 끝 에 열린 재판에서 미성년자 유괴 혐의는 무죄로 밝혀졌다. 그러 나 음란한 그림을 소녀들에게 보여준 것에 대해서는 3일간의 구 류가 선고되었다. 실레의 재판을 담당한 슈트펠 판사는 법정의

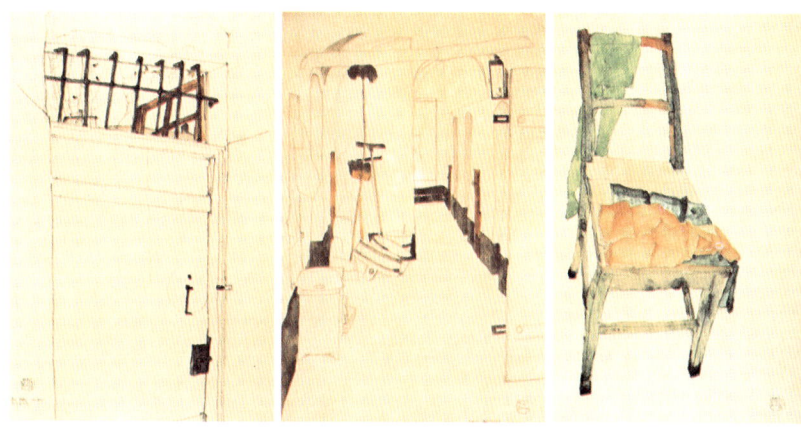

실레가 감옥에서 그린
스케치들 | 1912
수채와 연필
알베르티나 판화 미술관, 빈

청중들 앞에서 실레의 그림 한 점을 촛불로 태웠다. 실레는 이 판
결에 대해 "예술가를 억압하는 건 범죄다. 그것은 막 태어나는 생
명을 살해하는 것이나 마찬가지"라면서 불만을 터뜨렸다. 또 그
는 교도소 내에서 그린 열세 점의 그림 중 한 점에 "나는 처벌받
는 게 아니라 정화되고 있다."고 썼다.

  실레 본인은 이 구류 사건으로 적잖은 충격을 받았지만 화
가로서의 명성에는 별다른 영향을 미치지 않았다. 이 해에 실레
는 뮌헨의 영향력 있는 화상 한스 골츠와 거래하면서 조금이나마
경제적 곤란에서 벗어나게 된다. 또 1913년에는 클림트의 소개로
오스트리아 화가 연맹의 정식 회원이 되었으며 분리파 전시회에
도 참가했다. 실레가 그림에 몰두하는 동안 오스트리아는 전쟁의
소용돌이 속에 휩쓸려 들어갔다. 1914년 6월 28일 제국의 마지막
황태자 페르디난트 대공 부부가 사라예보에서 암살되고 이어 7

월 28일 오스트리아가 세르비아에 전쟁을 선언, 제 1차 세계 대전이 시작되었다. 실레는 필사적으로 군대에 끌려가지 않을 방법을 찾았다. '이 사람은 심신이 허약해 군대에서 근무하기에는 적합치 않습니다.' 라는 의사의 진단서로 1년간 징병을 모면할 수 있었지만, 전황이 오스트리아 측에 불

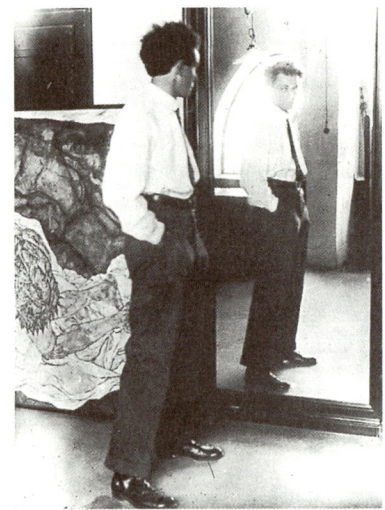

자신의 스튜디오에서 전신 거울을 마주하고 선 24세의 실레. 실레는 이 거울을 무척 애지중지했다

리하게 돌아가던 1915년에는 더 이상 피할 방도가 없었다.

1915년 6월 17일 이웃에 사는 자물쇠 제조업자의 딸 에디트 하름스Edith Harms와 결혼한 실레는 나흘 후, 프라하로 징집되어 떠났다. 그러나 전선에서 총을 들고 싸울 마음은 조금도 없었다. 줄기차게 상부에 건의한 결과로 실레는 러시아 포로 호송부대, 러시아 장교 포로 수용소 등 후방에서만 근무하며 계속 그림을 그렸다. 1916년 군복무 중이던 실레가 여덟 점의 유화를 뮌헨과 베를린 등지의 전시회에 출품한 것만 보아도 그가 얼마나 운이 좋았는지를 알 수 있다. 마침내 1917년 빈의 육군 물자 보급소로 전속됨으로써 그는 빈의 집에서 통근하며 그림을 그리게 되었다.

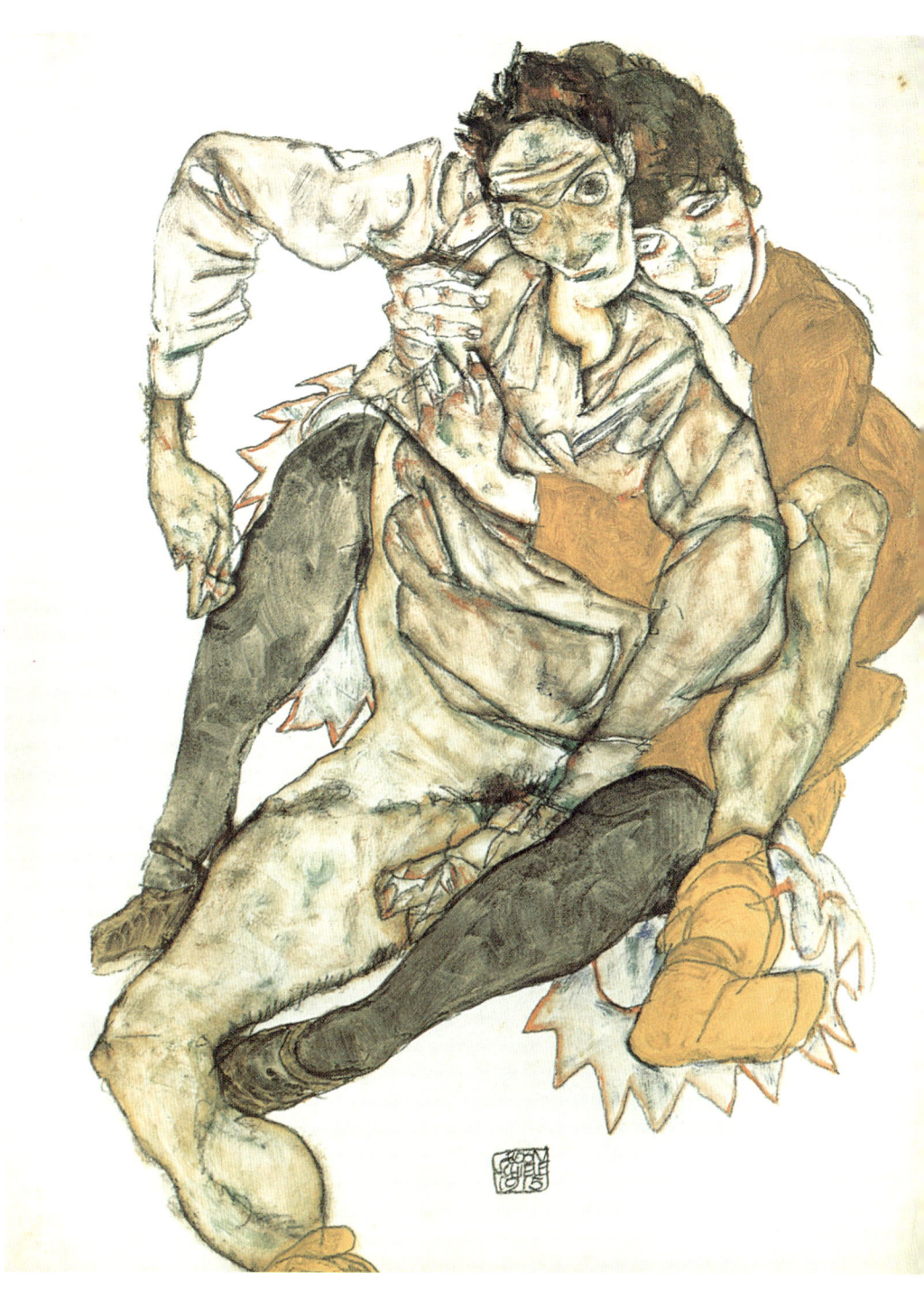

〈포옹(에곤과 에디트 실레)*Embrace(Egon and Edith Schiele)*〉 | 에곤 실레 | 1915 | 과슈와 연필 | 알베르티나 판화 미술관, 빈

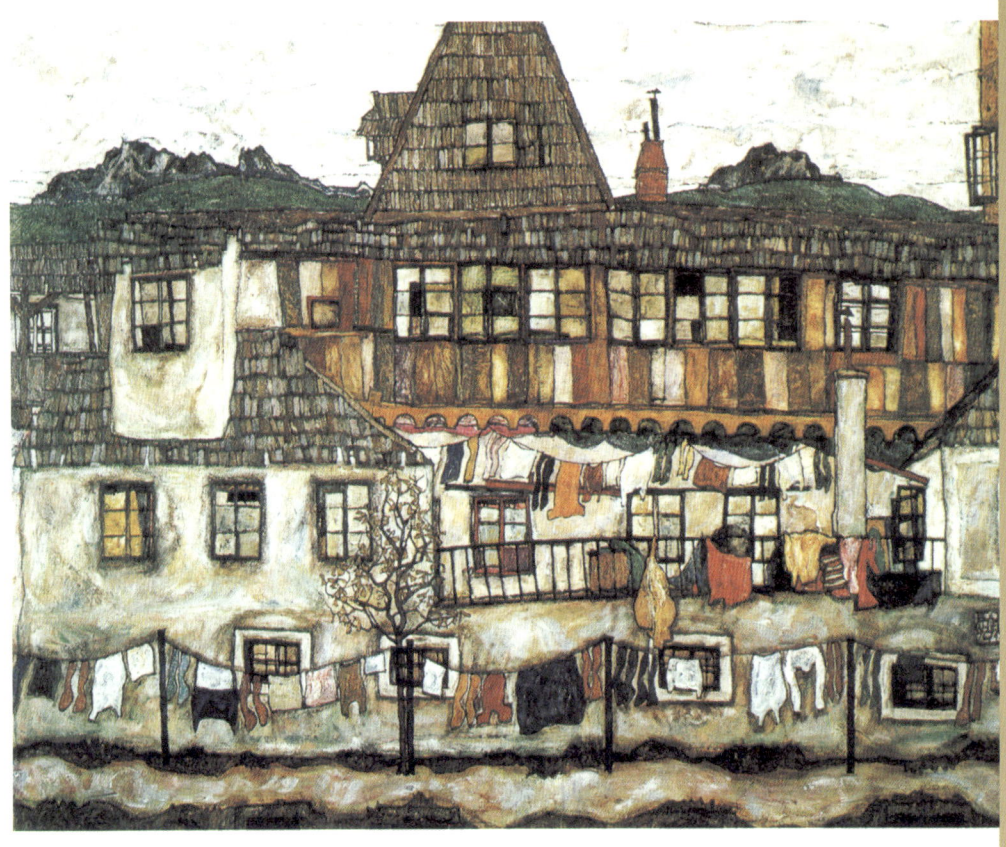

영광과 죽음이 동시에 오다

1918년은 실레에게는 영광의 해이자 죽음의 해였다. 1918년 2월
6일 실레의 영원한 스승이자 친구인 클림트가 뇌일혈로 사망했
다. 임종의 자리에 달려간 실레는 죽음을 맞이하는 클림트의 얼
굴을 스케치했다.

　　그가 그린 클림트의 얼굴은 너무도 평온해서 죽었다기보다
는 잠자는 듯한 얼굴이다. 빈 분리파는 정신적 지주를 잃었다. 참
전한 오스카 코코슈카Oskar Kokoschka, 1886~1980는 1917년에 머리와
가슴에 중상을 입고 드레스덴으로 이송된 상태였다. 삽시간에 실
레는 분리파의 리더로 부상했다. 이 해에 열린 제 49회 분리파 전
시회에서 실레는 놀라운 성공을 거두었다.

실레가 출품한 48점의 그림들은 모두 그전 가격의 서너 배로 팔려 나갔다. 출품작 중 한 점인 〈앉아 있는 에디트 실레〉는 오스트리아 국립미술관 디렉터인 프란츠 마르틴 하베르디츨Franz Martin Haberditzl에게 팔렸고 취리히, 프라하, 드레스덴에서 전시 요청이 왔다.

실레는 그토록 갈망하던 부를 움켜쥐었다. 전쟁도 이제 끝나 가고 있었다. 실레 부부는 빈의 히에르칭 구에 있는 넓은 스튜디오로 이사했다. 젊은 화가의 앞날에는 서광만이 비추는 것 같았다. 그러나 이 영광은 채 1년을 가지 못했다. 1918년 가을 전세계가 '스페인 독감'이라는 인플루엔자에 휩쓸렸다. 이 독감으로 인한 희생자의 수는 제 1차 세계 대전 전사자의 두 배에 달했다. 실레 부부는 외출을 삼가고 사람을 만나지 않는 등 극도로 조심했으나 10월 에디트가 먼저 독감에 걸렸다.

'9일 전 에디트가 독감에 걸렸습니다. 그 사람은 지금 임신 6개월인데 상태는 아주 절망적입니다. 저는 최악의 사태에 대한 마음의 준비를 하고 있습니다.'

_실레가 어머니에게 보낸 편지 중

10월 28일 에디트가 사망했다. 그로부터 3일 후인 10월 31일 아침, 실레도 독감으로 숨을 거두었다. 겨우 28년의 짧은 생이었다. 마르타 페인이 죽은 화가의 얼굴을 촬영했고 안톤 샌드그가 데드 마스크를 떴다.

실레의 장례식이 치러진 1918년 11월 3일, 오스트리아는 연합군 측과 휴전 협정을 맺었다. 900만 명의 목숨을 앗아간 제 1차 세계 대전은 이날로 종식되었다. 오스트리아는 7/8에 달하는 인구와 영토를 잃고 유럽 중부의 소국으로 쪼그라들었다. 600년에 달했던 합스부르크 제국이 영원한 종말을 맞는 순간이었다.

지독한 나르시시즘

에곤 실레라는 한 인간에게 매력을 느끼기는 쉽지 않다. 그의 삶에는 치열한 드라마도, 또 안타까운 파국도 없었다. 선배 화가 클림트처럼 벽화가 파괴되는 비극을 겪지도 않았고 24일간 감옥에 갇혔던 때를 제외하면 짧은 생애 동안 엄청난 사건도 없었다. 임신 6개월인 아내를 병으로 잃고 그 자신도 급사한 것은 충격적인 일이지만, 1918년 당시 스페인 독감으로 사망한 사람은 전세계적으로 2,000만 명에 달했다. 실레 부부는 그 2,000만 명 중의 두 사람이었을 뿐이다.

극단적으로 말해 실레의 인생은 예술가적인 처절함이나 투쟁보다는 비겁함과 오만으로 점철되어 있었다. 예를 하나 들어 보자. 제 1차 세계 대전이 발발했을 때 동료화가인 코코슈카는 최전방으로 달려간 반면 실레는 끝까지 징병을 피하려 했다. '예술가는 전쟁에 소모되기에는 너무 귀중한 존재'라는 실레의 신념이 딱히 잘못되었다고 할 수는 없지만 신체장애자까지 전쟁터로 끌려가던 당시의 상황에서 그의 행동이 칭찬받을 만한 것이 아님은 분명하다.

여자 문제는 또 어떠했는가. 실레는 자신에게 헌신적인 사랑을 바쳤던 발리를 버리고 중산층의 딸인 에디트와 결혼했다. 실레는 1915년 2월 뢰슬러에게 보낸 편지에서 이렇게 썼다.

'나는 결혼할 작정입니다. 다행스럽게도 발리는 아니지만요.'

발리가 옥중에 있던 실레에게 했던 행동만 놓고 보더라도 이런 말은 정말 가혹한 것이다. 실레가 노이렝바흐 교도소에 갇혀 있던 24일 동안 발리는 하루도 거르지 않고 교도소를 찾았다. 미결수인 실레를 면회할 수는 없었지만 발리는 교도소 뒤로 돌아가 실레가 갇혀 있던 감방의 창문을 향해 과일이나 선물, 편지 등을 던져 넣곤 했다. 실레가 교도소 안에서 그린 그림 중에 이 같은 방법으로 발리에게서 받은 오렌지가 그려져 있는 그림도 있다.

실레의 결혼을 발리에게 알린 것도 실레 본인이 아닌 에디트였다. 대신 실레는 집 근처의 카페 '아이히베르거'로 발리를 불러내 편지 한 통을 건넨다. 이 편지에는 '에디트와 결혼하기는 하지만 매년 여름의 휴가는 너와 보내고 싶다.'는 어처구니없는 제안이 들어 있었다. 물론 발리는 이 제안을 거절하고 실레를 떠난다. 그 후 발리는 제 1차 세계 대전에 참전해 간호사로 일하다 1917년 연말, 달마치아 육군 병원에서 성홍열로 사망했다.

실레의 오만은 1918년 제 49회 분리파 전시회의 포스터를
그리며 절정에 다다른다. 〈최후의 만찬〉을 본뜬 이 포스터에서
실레는 식탁에 둘러앉은 분리파 멤버 중 자신을 예수의 자리에
앉혀 놓았다. 얼마나 지독한 나르시시즘인가. 실레는 1910년 아
카데미 시절의 친구이자 훗날 게르티와 결혼한 안톤 페슈카에게
보낸 편지에서 이렇게 쓰고 있다.

'이 세상에는 셀 수 없이 많은 훌륭한 사람과 앞으로 훌륭하게 될 사람
들이 있겠지. 그렇지만 나는 나의 훌륭함이 마음에 들어.'

너무 길었던, 화가로서의 삶

실레의 삶과 그림은 극도로 다른 길을 달려갔다. 그는 채 서른도
되지 않은 나이에 급작스레 사망했다. 지상에 자신의 혈육 한 점
도 남기지 못한 그의 죽음은 전형적인 요절이었다. 그러나 화가
로서의 삶을 볼 때, 실레는 결코 짧은 인생을 살다 간 게 아니다.
3,000여 점에 달하는 작품량은 차치하고서라도 그의 그림은 이미
20대에 충분히 완성된 수준이었다. 그의 삶은 짧았으나, 그의 예
술은 충분히 길었다. 아니 지나치게 길었는지도 모른다.

실레의 그림이 만개한 것은 1910년, 만 20세 때다. 실레는
그 다음 해 발리와 동거를 시작했고 1912년에 미성년자 유괴 죄
로 수감되었다. 그리고 1915년 결혼하기까지 실레는 실로 대단한

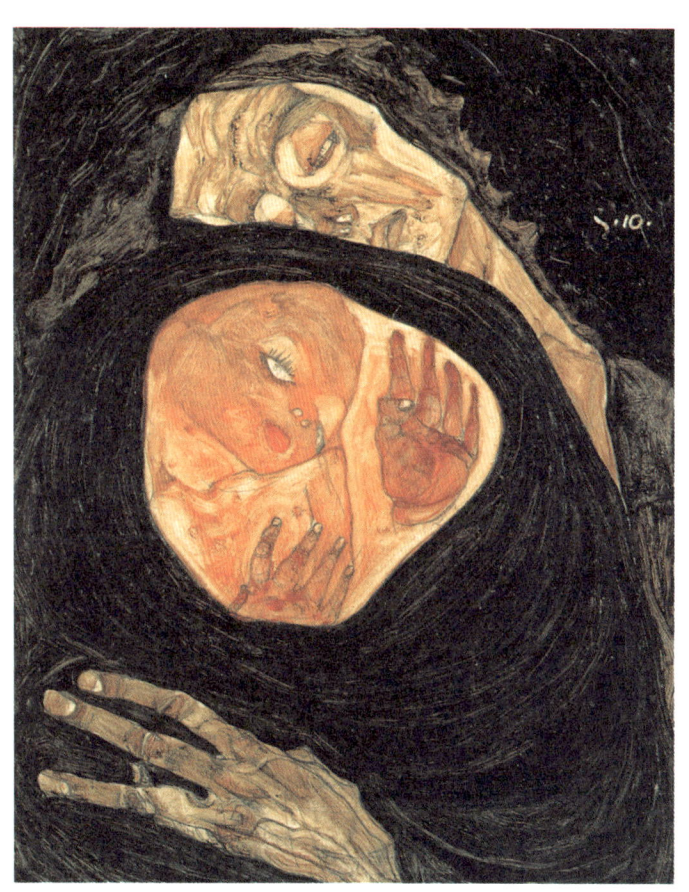

〈죽은 어머니 I
Dead Mother I〉| 에곤 실레
1910 | 유채와 연필
루돌프 레오폴트 컬렉션, 빈

그림들을 쏟아 냈다. 1910년에 그려진 〈죽은 어머니 I 〉(1910)를
보자. 아이를 잉태한 어머니의 표정에는 이미 죽음의 그림자가
짙게 드리워져 있다. 어머니를 위해 손을 뻗어 올린 태아 역시 비
정상적인 상태이다. 이 그림에는 '모든 것이 살아 있으면서 죽어
있다.'는 실레 자신의 글이 남아 있다.

　　　이 그림에서 짙게 느껴지는 것은 실레 부모의 그림자다. 실
레에게 죽음은 낯설지 않았다. 아버지의 매독으로 인해 세 명의
형제자매가 사산되거나 어려서 죽었고 아버지의 죽음도 목격했
다. 그 죽음은 바로 성性에서 온 것이다. 실레에게 애욕과 죽음은
같은 뿌리에서 피어난 꽃이었다.

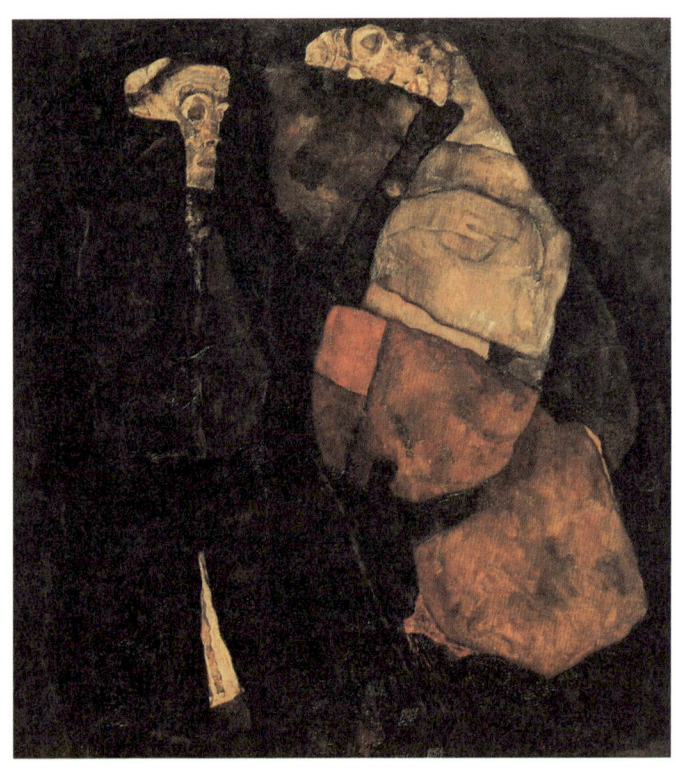

〈임신한 여자와 죽음
Pregnant Woman and Death〉
에곤 실레 | 1911
캔버스에 유채
나로드니 갤러리, 프라하

　1년 후인 1911년에 그려진 〈죽음과 인간〉 역시 마찬가지다. 죽은 화가를 한 남자가 등 뒤에서 끌어안고 있는 이 그림은 실레 자신의 죽음을 예견하고 있는 듯 하다. 뒤에 선 남자 역시 죽은 화가처럼 영혼이 없는 표정을 짓고 있다. 이외에도 〈임신한 여자와 죽음〉(1911), 〈죽음과 소녀〉(1915) 등 적지 않은 그림에 죽음의 그림자가 드리워져 있다.

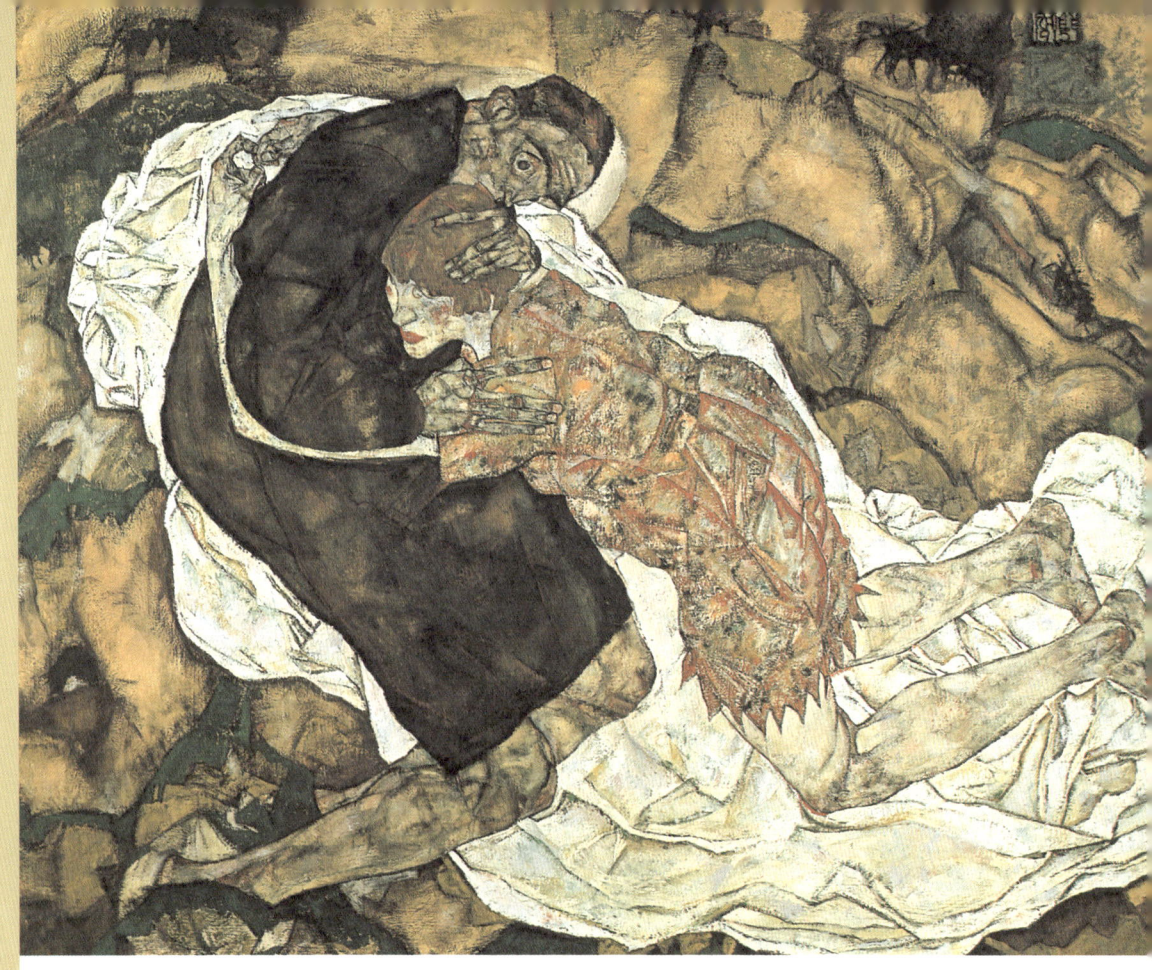

〈 죽음과 소녀 *Death and the Maiden*〉| 에곤 실레
1915~1916
캔버스에 유채
오스테레이키쉬 갤러리. 빈

그러나 에디트를 만나 결혼생활을 시작한 1915년부터 이처럼 위험하고 비관적인 시선들은 사라진다. 에디트는 이상야릇한 포르노 그림들을 그리는, 더구나 투옥된 경력까지 있는 화가를 깊이 사랑했던 것이 분명하다. 갓 결혼한 새신부였던 그녀는 남편이 징집된 프라하와 뮐링의 병영까지 따라갔다. 더구나 그녀는 결혼을 앞두고 '발리와의 관계를 정리하라.'고 단호하게 요구하는 야무진 면도 있었다.

실제로 1915년에 그린 〈에디트 실레〉나 같은 해의 〈줄무늬 드레스를 입은 에디트 실레의 초상〉, 또 1917년의 〈화가의 아내〉 같은 그림들에는 아틀리에를 드나들던 소녀들, 또 1913년의 〈발

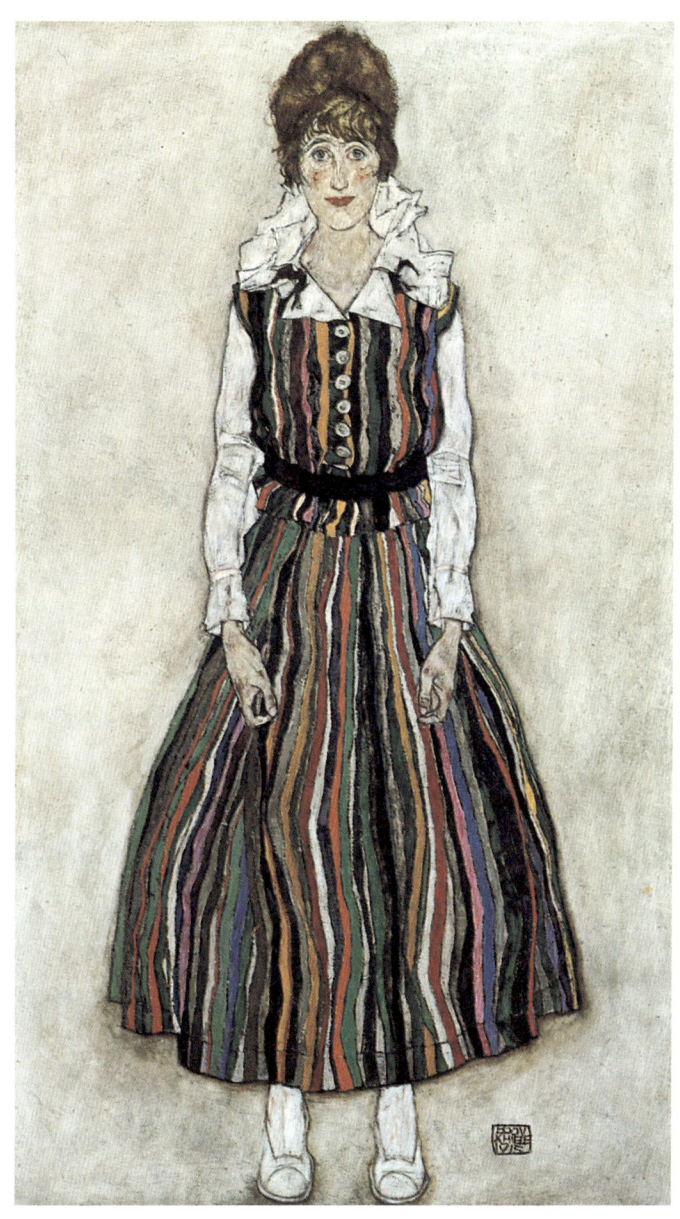

<줄무늬 드레스를 입은
에디트 실레의 초상 *Edith
Schiele im Gestreiften Kleid*〉
에곤 실레 | 1915~1916
캔버스에 유채
헤이그 현대미술관

레리에 노이첼〉 등에서 극명하게 드러나던 아슬아슬함, 절박하고
도 거친 성욕, 음습한 관음증 등을 더이상 찾아볼 수가 없다. 화
면 속의 에디트는 안온하고 평화롭다. 실레는 비로소 그림을 통
해 행복을 표현하는 법을 배운 듯 하다. 1917년과 1918년에 실레

는 처음으로 '가족'이라는 주제를 그림에 담기 시작한다. 실레의 내적 변화를 표면적으로 읽을 수 있는 부분이다.

역설적으로 실레가 그 불안하고 날카로운 시선을 버리자 세속적인 성공이 찾아왔다. 제 49회 분리파 전시회에서 전쟁에 지친 관객들은 실레의 그림에 열광적인 찬사를 보냈다. 만약 실레가 1910년부터 1912년까지 그려 댔던 작품들을 분리파 전시회에 출품했다면 관객이 실레에게 그토록 큰 호응을 보냈을까.

실레는 끝까지 인생을 직시하지 않는, 자기중심적인 '영원한 아이'로 살다 죽었다. 반면 그는 자신의 예술세계를 완숙하게 완성해 놓고 떠났다. 그의 생애 최대의 걸작들은 대부분 1915년 이전에 그려졌다. 실레는 너무 짧은, 그리고 동시에 너무 긴 생을 살다 간 것이다.

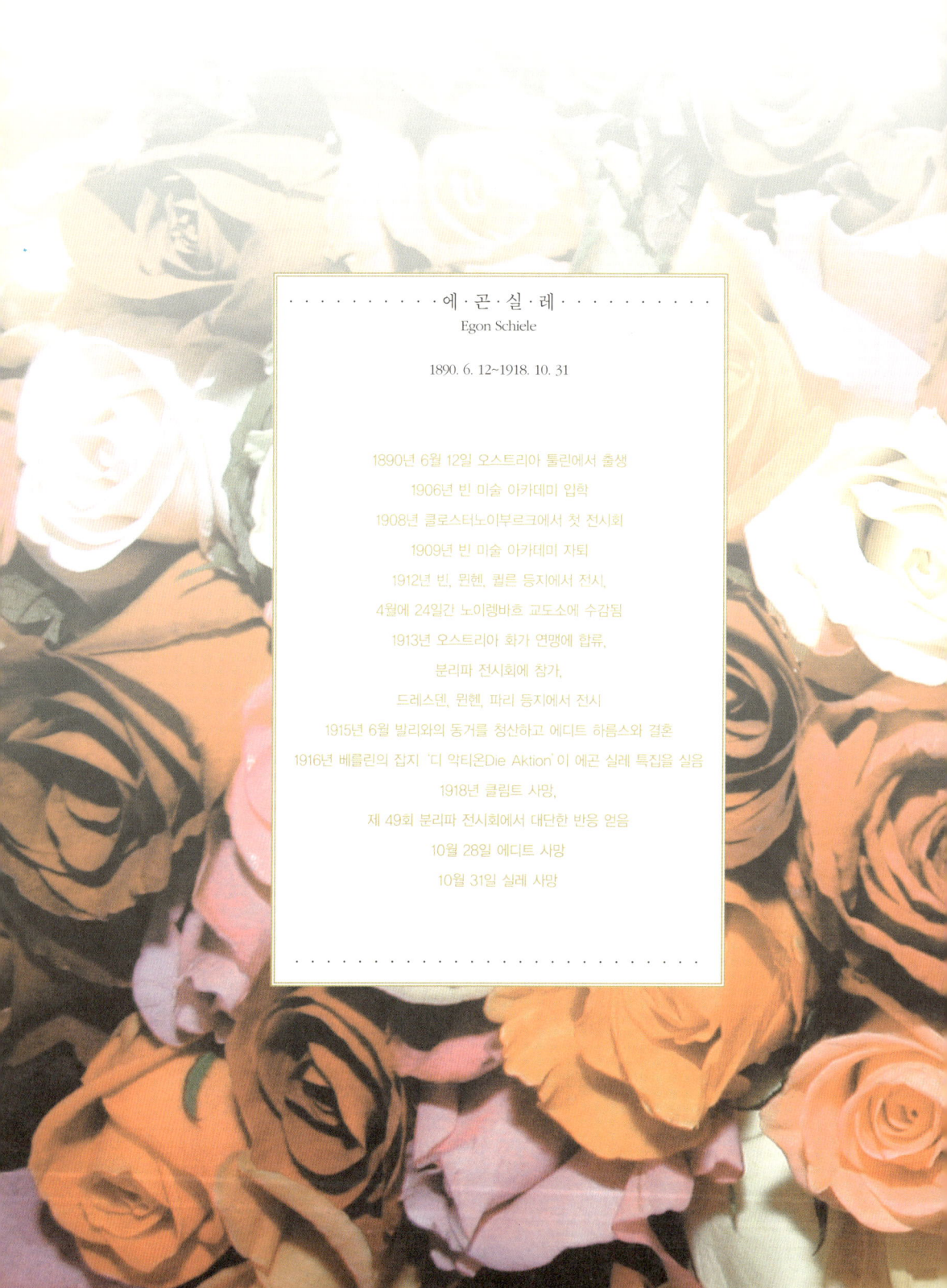

· 에 · 곤 · 실 · 레 · · · · · · · · · ·

Egon Schiele

1890. 6. 12~1918. 10. 31

1890년 6월 12일 오스트리아 툴린에서 출생

1906년 빈 미술 아카데미 입학

1908년 클로스터노이부르크에서 첫 전시회

1909년 빈 미술 아카데미 자퇴

1912년 빈, 뮌헨, 쾰른 등지에서 전시,

4월에 24일간 노이렝바흐 교도소에 수감됨

1913년 오스트리아 화가 연맹에 합류,

분리파 전시회에 참가,

드레스덴, 뮌헨, 파리 등지에서 전시

1915년 6월 빌리와의 동거를 청산하고 에디트 하름스와 결혼

1916년 베를린의 잡지 '디 악티온Die Aktion'이 에곤 실레 특집을 실음

1918년 클림트 사망,

제 49회 분리파 전시회에서 대단한 반응 얻음

10월 28일 에디트 사망

10월 31일 실레 사망

최후의 마스터피스

〈죽기 직전의 에디트 실레〉

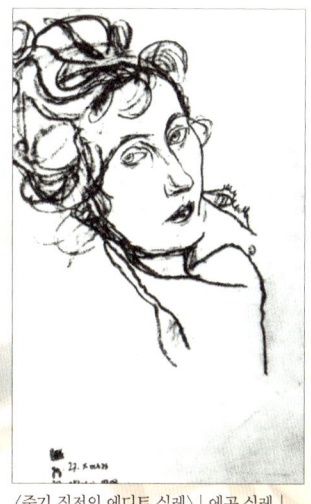

〈죽기 직전의 에디트 실레〉 | 에곤 실레 | 1918 | 검은 크레용

이 그림은 말 그대로 실레가 그린 3,000여 점의 그림 중 맨 마지막에 그려진 드로잉이다. 검정색 초크로 스케치한 그림 속의 에디트는 죽음에 직면한 자신의 상태를 알고 있는 듯, 체념한 눈빛으로 화가를 돌아보고 있다. 눈동자는 이미 생기를 잃었고 병에 시달린 듯, 얼굴에는 광대뼈가 튀어나와 있으며 입술에도 윤기가 없다. 화면의 왼쪽 아래에는 '27일 오후 10시' 라는 글귀가, 그리고 그 밑에는 에디트가 사망한 날짜인 '1918년 10월 28일' 이라는 메모가 보인다.

죽음은 실레가 줄기차게 그려 온 주제였지만 죽음에 이른 아내의 모습을 그리며 그는 어떤 생각을 했을까. 정작 진짜 죽음 앞에 직면한 이 그림은 과장 없이 그저 담담할 뿐, 어떤 슬픔이나 회한도 드러나 있지 않다. 아내의 죽음이라는 통한의 순간에조차 그에게는 그림이 우선이었다.

기묘하게도 3일 후 죽은 실레 본인의 모습에서도 별다른 종말의 이미지는 감지되지 않는다. 마르타 페인이 촬영한 사진 속의 실레는 왼팔로 머리를 괴고 오른손을 턱 밑에 댄 채 고개를 한쪽으로 기울이고 있다. 마치 편안하게 한낮의 오수를 즐기는 듯한 실레의 죽은 모습은 어딘지 모르게 실레 자신이 그렸던 죽은 클림트의 초상을 연상시킨다.

무용가바슬라프니진스키무용가바슬라프니진스키

무용가 바슬라프 니진스키

무 · 용 · 가

바 · 슬 · 라 · 프 · 니 · 진 · 스 · 키

Vaslav Nijinsky

발레의 신으로 불리는 러시아의 발레리노 겸 안무가. 폴란드 출신의 무용수 부모에게서 태어나 러시아 황실 마린스키 발레학교를 졸업했다. 재학 시절부터 뛰어난 테크닉으로 이름을 떨쳤으며 졸업 후 마린스키 황실극장의 주역무용수로 활약하다 디아길레프, 포킨, 바크스트 등이 조직한 '발레 뤼스'에 합류, 〈레 실피드〉로 파리 무대에 데뷔했다. 이후 〈장미의 정〉, 〈목신의 오후〉, 〈카르나발〉, 〈유희〉 등에 출연, 초인적인 테크닉을 선보이며 유럽 전역에 쟁쟁한 명성을 떨쳤다.

그러나 스물네 살이 되던 해, 갑작스럽게 치른 결혼으로 디아길레프와의 사이가 틀어지고 이어 발레 뤼스에서도 해고된다. 해고의 충격과 아내의 출산, 제 1차 세계 대전 등의 복잡한 상황에서 정신착란을 일으켜 긴 시간을 요양원에서 보내다 1950년 런던에서 사망했다.

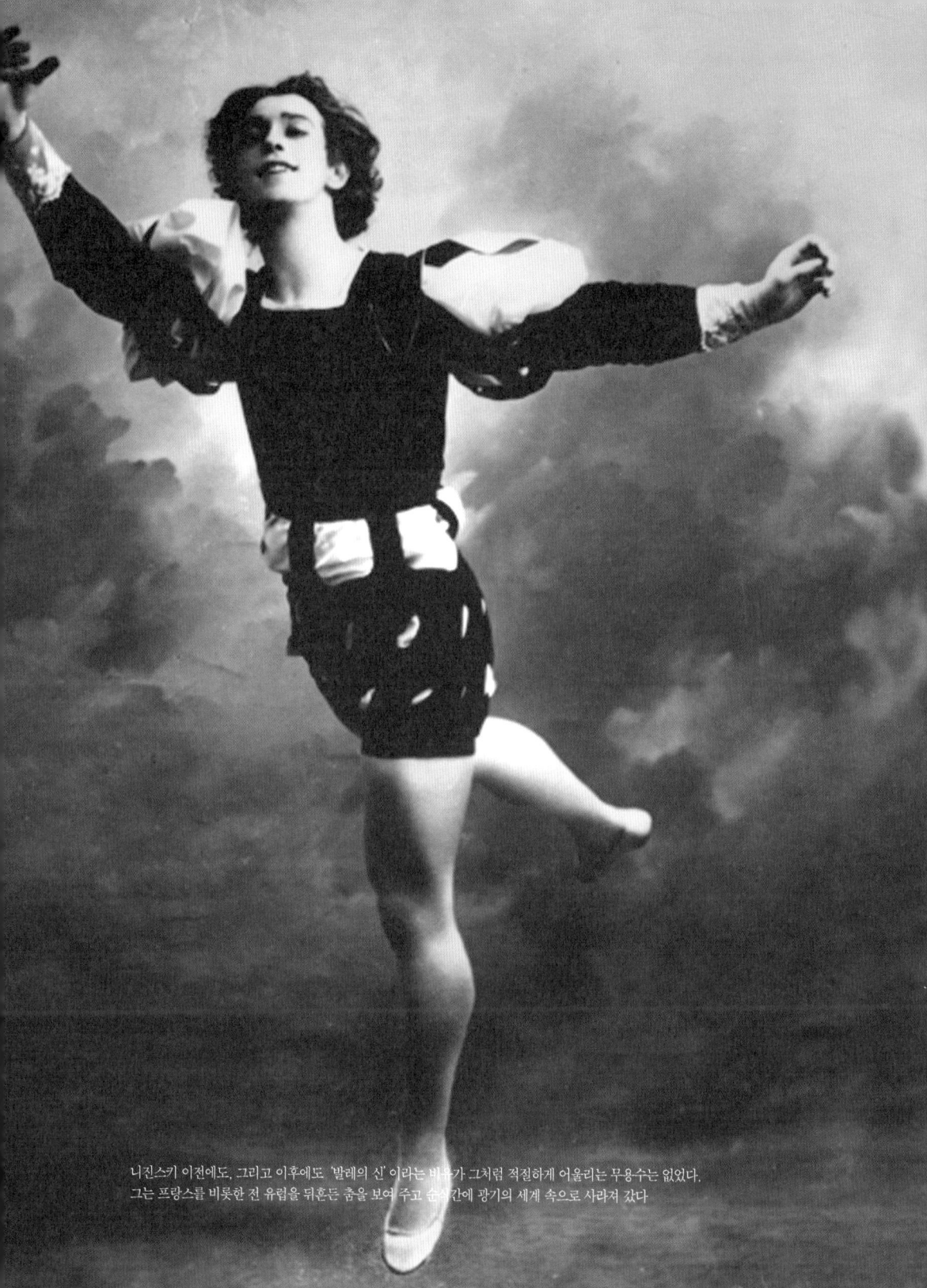

니진스키 이전에도, 그리고 이후에도 '발레의 신'이라는 비유가 그처럼 적절하게 어울리는 무용수는 없었다.
그는 프랑스를 비롯한 전 유럽을 뒤흔든 춤을 보여 주고 순식간에 광기의 세계 속으로 사라져 갔다

광기 속으로 뛰어든 발레의 신

천재와 광기. 사람들은 흔히 이 두 단어 사이에 어떤 함수관계가 있을 것으로 생각한다. 이 같은 추측은 범인들이 감히 근접할 수 없는 천재의 능력에 분명 어떤 마술적인 힘이나 악마적인 위력이 연관되어 있을 것이라는 생각에서 기인한 것이다. 분명 그럴지도 모른다. 많은 경우 천재성은 한 개인에게 축복이라기보다는 벗어날 수 없는 고통스러운 운명으로 작용하기 때문이다. 혹 악마는 천재와 '너에게 믿을 수 없는 능력을 주마. 그러나 그 능력을 다 써 버린 후에는 내게 그 대가를 치러야 한다.'는 모종의 계약을 맺은 것은 아닐까.

진위 여부를 떠나 이런 사람들의 호기심에 니진스키처럼 잘 부합되는 천재는 없다. 10대에 이미 전설적인 무용수로 불렸던 인물, 중력의 제한을 받지 않는 듯 무궁무진하게 솟구치던 도약, 갓 스물의 나이에 이뤄 진 센세이셔널한 파리 데뷔, 로댕을 비롯한 쟁쟁한 예술가들의 총애를 한몸에 받았던 위대한 발레리노, 그리고 불과 스물다섯에 찾아든 정신착란과 이후 30년이 넘는 긴 세월 동안 암흑과도 같이 헤매야 했던 광기의 세계.

니진스키의 일생은 이렇게 이루어져 있다. 리처드 버클 Richard Buckle의 표현대로 그는 '10년간 성장하고, 10년간 배우고, 10년간 춤추고, 30년간 나락에 떨어져 있었다.' 사실 니진스키는 요절은 커녕 만 61세라는 적지 않은 나이에 타계했다. 불과 이십 대 후반, 아니면 삼십대 중반에 생을 접어야 했던 이 책의 다른 예술가들에 비해 지루할 만큼 긴 생을 살았던 셈이다. 그러나 뒤집어 생각해 보면 니진스키만큼 짧은 생을 살았던 예술가도 드물

다. 그의 전성기는 1909년부터 1913년 무렵까지 5
년 남짓에 불과하다. 그는 이 짧은 시간 동안 실로
인간의 동작이라고는 믿을 수 없는 경이적인 춤들
을 보여 주었고 삽시간에 무대에서 사라졌다. 마치
'천재의 숙명이란 바로 이런 것'이라는 사실을 보
여 주기라도 하듯이.

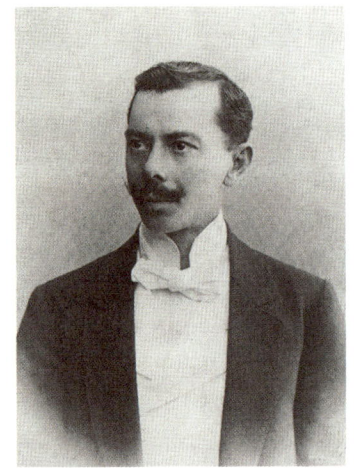

부모의 이혼, 미쳐버린 형

니진스키의 국적은 러시아지만 그의 혈통은 러시
아계가 아니다. 니진스키의 부모인 토마스 니진스
키Thomas Nijinsky와 엘레오노라 베레다Eleonora
Nicolaevna Bereda는 모두 폴란드인 발레 무용수였다.
스물 두 살의 뛰어난 발레리노였던 토마스는 다섯
살 연상의 발레리나 엘레오노라에게 첫눈에 반해
그녀를 끈질기게 쫓아다녔다. 심지어 엘레오노라
를 권총으로 위협하기까지 했다. 이런 극단적 행동
을 피할 길이 없었던 엘레오노라는 1884년 봄 토
마스와 결혼했다. 이들 사이에는 두 아들과 딸 하
나가 연이어 태어났다. 줄줄이 태어난 아이들을 데
리고 순회 공연을 다녀야 했던 무용수 부부의 고단한 생활은 굳
이 말할 필요가 없으리라.

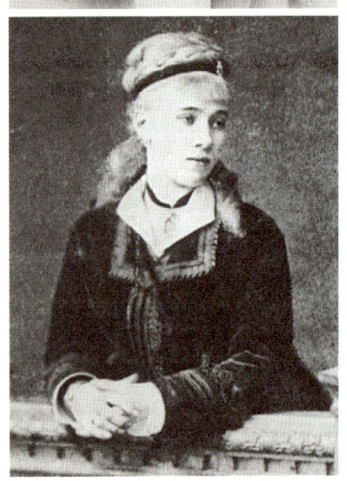

위 니진스키의 아버지인
토마스 니진스키
아래 니진스키의 어머니
엘레오노라. 그녀는 토마스
보다 여섯 살 연상이었다

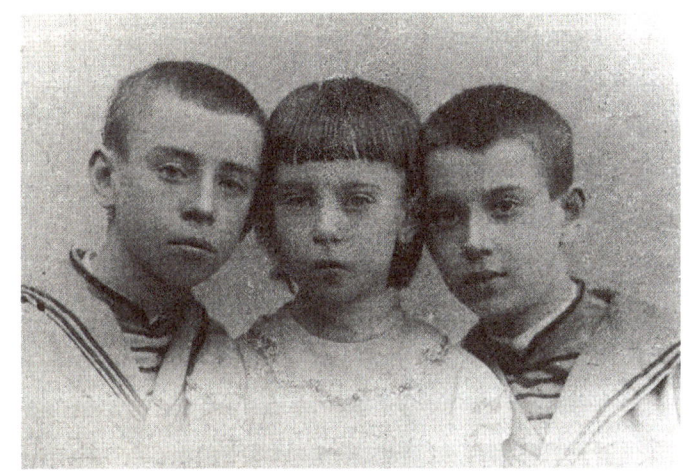

니진스키의 형제들인
스타니슬라프(왼쪽)와
브로니슬라바(가운데).
여동생 브로니슬라바는
훗날 니진스키와 함께
발레 뤼스에서 활동했다

　　세 아이 중 둘째였던 바슬라프 니진스키는 1889년 3월 12일
(일설에 의하면 1890년 3월 12일)에 키예프에서 태어났다. 이 즈
음 니진스키 부부는 고국을 떠나 러시아에 정착해 있었다. 부모
의 자질을 물려받은 세 아이들은 모두 치열한 경쟁을 뚫고 마린
스키 황실 발레학교에 합격했다. 특히 네 살 무렵부터 부모에게
서 레슨을 받았던 니진스키가 가장 탁월했는데 그는 이미 네 살
때 부모와 함께 부활절 축하무대에 섰을 정도였다.

　　그러나 빈말이라도 니진스키의 어린 시절이 행복했다고는
할 수 없을 것 같다. 그가 아직 어렸을 때 형 스타니슬라프가 4층
창에서 돌바닥으로 추락하는 사고가 일어났다. 이때의 뇌손상으
로 스타니슬라프는 중증의 정신질환을 얻었고 이후 그는 평생 동
안 폭력적인 정신병 환자로 살게 되었다.

두 번째 불행은 니진스키가 여덟 살 무렵에 일어났다. 아버지 토마스가 다른 여자 무용수와 사랑에 빠져 가족을 버린 것이다. 다른 여자를 사귀게 되면서부터 엘레오노라에게 부쩍 자주 손찌검을 했던 토마스는 가족에게 두렵고 버거운 짐이 되었다. 가장의 부재로 니진스키 가족은 심각한 빈곤상태에 빠졌다. 이렇듯 가난, 폭력, 정신병 등 삶의 어두운 그늘을 연이어 목격하며 성장한 소년 니진스키는 자폐에 가까운 말더듬이가 되어 버렸다.

니진스키는 마린스키 발레학교 시절부터 단연 눈에 띄는 학생이었다. 폴란드계 부모로부터 물려받은 이국적인 용모-그는 '일본 꼬마'라는 달갑지 않은 별명으로 불렸다-에 163센티미터 정도인 단신의 키, 불균형할 정도로 긴 목과 탄탄한 허벅지, 무엇보다 타의 추종을 불허하는 경이적 도약 실력으로 어디서나 화제를 불러일으켰다. 그가 한번 무대에서 뛰어오르면 언제까지나 낙하하지 않고 공중을 부유할 것 같았다고 한다. 심지어 그의 뼈가 새의 뼈와 흡사하다는 루머가 나돌 정도였다.

당시 발레학교의 몇몇 우등생들은 졸업하기 전 마린스키 황실 극장 무대에 설 수 있었다. 니진스키 역시 그중 하나였다. 발레를 제외한 다른 학과목 성적은 심각할 정도로 엉망이었고 동급생들과의 사이도 극도로 나빴지만 니진스키의 뛰어난 테크닉은 이 모든 문제들을 덮어 주기에 충분했다. 니진스키는 열여덟 살이 되기 전 당대 최고의 발레리나 안나 파블로바Anna Pavlova, 1881~1931의 상대역으로 발탁되기도 했다.

1907년 4월 29일 니진스키는 마린스키 발레학교를 졸업했다. 졸업공연 도중 니진스키의 손가락이 의상의 구슬장식에 걸려 손이 찢어지면서 피로 의상이 물들었다. 어딘지 모를 불길한 징조였다.

학교를 마친 니진스키는 월급 65루블을 받는 마린스키 황실 극장 무용수로 취직했다. 러시아 무용수로는 최고의 엘리트 코스에 들어선 것이다. 그러나 니진스키의 성공은 이제 겨우 시작일 뿐이었다. 유럽 최고의 무대인 파리 오페라 극장과 그 무대로 니진스키를 인도할 거인 세르게이 디아길레프Sergei Pavlovitch Diaghilev, 1872~1929가 기다리고 있었으니 말이다.

디아길레프, 그의 주인 그의 창조자 그의 폭군

세르게이 디아길레프는 무용수가 아니었다. 한때 림스키-코르사코프Nikolai Rimsky-Korsakov, 1844~1908 밑에서 작곡을 배우기도 했고 마린스키 황실극장에서 일한 경력도 있지만 대학에서는 법학을 전공했다. 디아길레프의 진정한 능력은 예술이나 법학이 아닌 '추진과 조직력'에 있었다. 그는 뛰어난 예술가를 알아보는 감식안이 있었고, 모래알처럼 흩어져 있는 예술가들을 한데 모아 하나의 작품을 창조해 내는 조직력이 있었으며, 이 작품을 서방세계에 상품화할 수 있는 '영업능력'까지 갖춘 사내였다. 그는 안무가인 미하일 포킨Michel Fokine, 디자이너 알렉상드르 브노아Alexandre Benois, 극작가 레옹 바크스트Leon Bakst, 작곡가 이고르 스트라빈스키Igor Stravinsky, 1882~1971, 베이스바리톤 표도르 샬리아핀Fyodor Shalyapin, 1873~1938, 발레리나 안나 파블로바와 타마라 칼사비나Tamara Kalsavina 등을 그러모아 일군의 러시아 예술가 그룹을 만든 후, 이들을 이끌고 파리 무대에 진출했다.

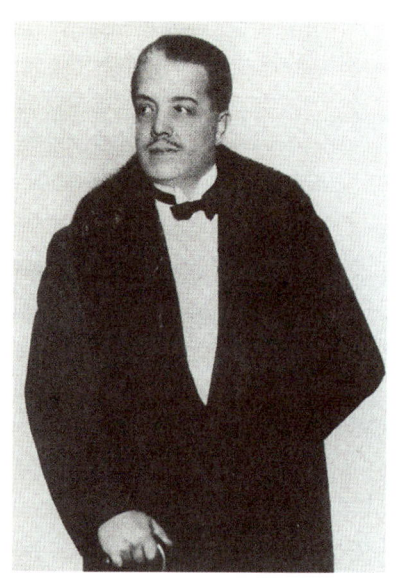

세르게이 디아길레프. 그는 니진스키의 애인이자, 신, 그리고 감시자였다

처음에 성악, 오페라, 미술 전시 등 러시아 예술을 전반적으로 소개했던 디아길레프는 곧 생각을 바꿔 러시아 발레단, 즉 '발레 뤼스Ballet Russes'를 조직한다. 다양한 분야에 걸쳐 예술가들의 능력을 한 무대에 총집결시키는 데는 발레만 한 장르가 없다는 판단 때문이었다. 러시아 황실은 자국의 예술을 선진국에 수출하는 디아길레프 그룹을 후원해 주었다. 예술가들 역시 국제적인 명성과 부를 쌓을 수 있는 파리 무대를 기피할 이유가 없었다. 결정적으로 새로운 예술에 목말라 있던 파리의 관객은 이국적이고도 전위적인 요소로 가득한 발레 뤼스의 춤에 열광했다.

디아길레프는 과거의 전통을 답습하는 작품들을 단호히 거부하고 새로운 춤을 추구했는데 이 같은 경향은 이제 막 세기초로 들어선 파리의 분위기와 문화 수도로서의 자부심으로 넘치던 이 도시의 지식인들에게 딱 들어맞는 것이었다. 또 발레 뤼스의 공연은 당시 전세계를 주름잡던 이사도라 던컨Isadora Duncan, 1877~1927의 새로운 무용과도 일맥상통하는 점이 있었다.

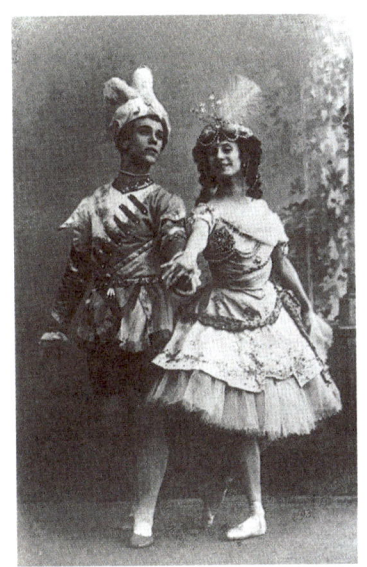

안나 파블로바와 함께
춤추는 18세의 니진스키.
니진스키는 당시 발레학교
학생 신분이었으나 최고의
발레리나 파블로바의
상대역으로 발탁될 정도로
실력을 인정받았다

그러나 발레 뤼스에도 문제는 있었다. 파블로바, 칼사비나 등 여성 무용수들에 비해 수석 남자무용수이던 미하일 포킨은 안무 능력은 뛰어났지만 그리 탁월한 무용수는 못 되었다. 젊고 새로운 남성무용수를 찾던 디아길레프의 정보망에 니진스키가 걸려든 것은 당연한 일이었다. 마린스키 발레단에 입단한지 얼마 되지 않아 니진스키는 파리로 건너와 디아길레프를 만나게 된다. 두 사람의 첫 만남은 한 호텔 방에서 이루어졌다. 니진스키는 1936년 출판된 일기에서 이때의 만남을 다음과 같이 표현하고 있다.

'나는 그의 목소리부터가 싫었다. 지나치게 자신에 찬 목소리였다. 그러나 나는 행운을 찾아 여기에 온 처지였다. 그리고 그 행운을 지금 발견한 것이다. 그게 내가 그 자리에서 그를 사랑하게 된 이유이다. 사시나무처럼 몸을 떨면서.'

참으로 측은하기 짝이 없는 기록이다. 특히 '사시나무처럼 몸을 떨었다.' 같은 문장은 어디로 보나 약자인 니진스키가 디아길레프에게 어쩔 수 없이 몸을 내맡겼다는 추측을 가능케 하는 부분이다. 더구나 니진스키의 아내 로몰라의 회고록에는 '그 자리에서 내가 그를 사랑하게 된 이유다.' 라는 문장이 '그가 나에게 성행위를 하도록 내버려 두었다.' 라고 고쳐져 있다. 디아길레프가 동성애자라는 것은 유명한 사실이었다. 발레 뤼스의 남성무용수 중 한 명은 항상 디아길레프의 애인이었다. 그러나 니진스키 역시 디아길레프를 만나기 전부터 러시아의 유력한 귀족 파벨 류포프Prince Pavel Lvov 공과 내연 관계를 맺고 있었다. 당시 러시아의 귀족들이나 재력가들이 자기 취향에 맞는 젊은 남자가수나 무용수를 애인으로 데리고 있는 것은 드물지 않은 일이었다. 마린스키 황실 발레단 소속의 무용수 대부분은 이러저러한 사정의 '스폰서'를 남몰래 숨겨 두고 있었다.

니진스키도 예외가 아니었다. 그는 대단한 부자인 류포프 공이 아낌없이 제공하는 재정적 도움에 기꺼이 몸을 의탁했다. 아버지가 떠난 후, 어머니를 비롯한 니진스키 가족에게 류포프 공의 도움은 절대적이었다. 심지어 류포프 공은 매음굴에 드나들다 성병에 걸린 니진스키에게 저명한 의사를 소개해 주기까지 했다. 그리고 니진스키에게는 류포프 공 외에도 '폴란드인 백작' 등 두어 명의 남자 애인이 더 있었다. 정확하게 말하면 니진스키는 양성애자였다.

디아길레프가 니진스키를 좌지우지했던 것은 분명하지만 두 사람의 연인 관계에서조차 디아길레프가 제멋대로 굴었던 것만은 아니다. 니진스키의 여동생이며 오빠와 함께 발레 뤼스에서 활약한 브로니슬라바 니진스카Bronislava Nijinska의 회고록에 따르면, 디아길레프와 니진스키는 한때 파리의 보석상 카르티에에서 맞춘 백금 반지를 나란히 끼고 다니기도 했다. 니진스키는 이 반지를 무대에 설 때를 제외하고는 결코 뺀 적이 없었다고 한다.

아무튼 두 사람은 열일곱 살의 나이 차이에도 불구하고 곧 연인이 되었고 디아길레프는 니진스키에게 남자 경호원을 붙였다. 1908년 봄부터 니진스키는 마린스키 극장에 적을 둔 상태에서 간간이 발레 뤼스를 위해 공연을 하게 된다. 타고난 기획자인 디아길레프는 자신의 휘하에 있던 예술가들의 역량을 총집결시킨 발레 작품들을 속속 탄생시켰고 파리 관객들은 언제나 이 러시안 예술가 그룹에 기대 이상의 호응을 보냈다. 그리고 그 환호성의 중심에는 '세계의 여덟 번째 불가사의'인 발레리노 니진스키가 있었다.

세계의 여덟 번째 불가사의

앞서 말한 것처럼 니진스키는 백계 러시안의 외모가 아닌, 동양적 느낌을 풍기는 외모를 지니고 있었다. 비교적 키가 작았으며 몸매는 슬림했고 목이 길었다. 니진스키의 외모는 파리의 관객들에게 어딘지 모르게 중성적인, 그리고 야성적이며 섹시한 느낌을 주었는데 이 같은 니진스키의 신체적 특성은 〈잠자는 숲 속의 미녀〉나 〈백조의 호수〉에서 볼 수 있는 전형적인 발레 주인공이 아닌 보다 특별하고 새로운 역할에서 더욱 빛을 발했다.

발레 〈세헤라자데Schéhérazade〉가 바로 그런 경우였다. 림스키-코르사코프가 작곡하고 포킨이 안무한 이 이국적 발레의 부제는 '아라비안 나이트'였다. 발레는 아라비안 나이트의 서두 부분, 즉 하렘의 남자 노예들과 부정한 관계를 맺은 술탄의 왕비가 분노한 술탄의 칼에 살해되는 내용을 담고 있다. 니진스키는 이 발레에서 왕비의 불륜 상대인 황금 노예 역으로 등장했다. 그는 온몸에 황금 칠을 하고 머리에는 터번을 쓴 채로, 그리고 허리와 발목 부분을 타이트하게 묶은 헐렁한 바지 차림이었다. 벗은 어깨와 팔뚝 부분에는 정교한 보석 장식을 달고 있었다. 이런 니진스키의 모습이 무대에 나타나기만 해도 관객은 반쯤 자지러졌다. 브노아의 표현에 따르면 황금 노예로 분장한 니진스키는 '반은 고양이 같고, 반은 뱀 같은' 모습이었다. 그 외에도 '파충류의 꿈틀거림 그 자체', '이렇게 섹시한 아름다움을 본 적이 없다.' 등 비평가들의 찬사가 쏟아졌다.

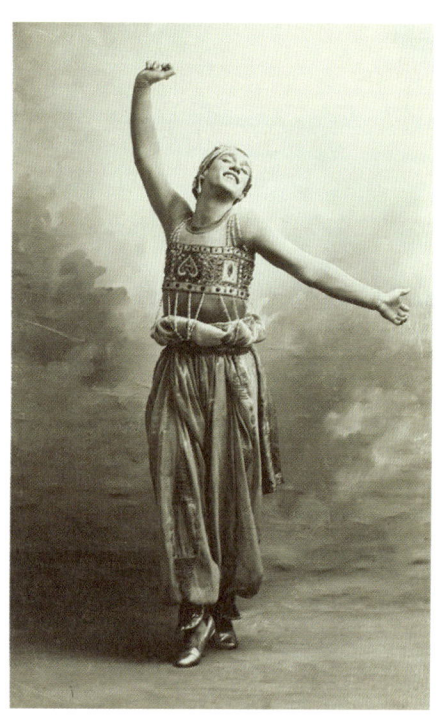

발레 〈세헤라자데〉의 황금 노예역으로 출연한 니진스키의 모습

〈세헤라자데〉의 절정은 황금 노예가 왕비와의 밀애 현장을 들켜 그 자리에서 술탄의 칼에 맞아 죽는 장면이다. 술탄에게 쫓겨 무대를 가로지르던 황금 노예는 그의 칼에 거꾸러지며 마치 요즈음의 브레이크 댄스처럼 머리를 바닥에 댄 채 거꾸로 회전 pirouette한다. 즉 〈세헤라자데〉는 오르가즘의 절정이 바로 죽음과 맞닿아 있다는 사실을 극명하게 보여 주는 발레였다. 이렇듯 성

적 흥분에서 미처 깨어나지 못한 채 무섭
게 경련하다 죽는 노예 역을 춤출 수 있
는 발레리노는 니진스키밖에 없었다. 런
던의 비평가 시릴 보몽트Cyril Beaumont는
언제나 이 장면이 '폭풍과도 같은 환호성
과 기립 박수'를 불러일으켰다고 적고 있
다. 작가 장 콕토Jean Cocteau, 1889~1963는 "이
원숭이 같은 사내가 어째서 격렬한 환호
를 몰고 다니는지 도저히 이해할 수가 없
다."며 시기 어린 글을 쓰기도 했다.

'스타 니진스키'를 위한 발레로는
이 작품 외에도 〈장미의 정Le Spectre de la
Rose〉을 들 수 있다. 칼 마리아 폰 베버Carl
Maria von Weber, 1768~1826의 관현악곡 〈무도
회로의 초대〉를 음악으로, 그리고 낭만주

〈장미의 정〉 출연 모습.
니진스키는 이 발레에서
믿을 수 없는 도약으로
일대 센세이션을
일으켰다

의 시인 테오필 고티에Théophile Gautier, 1811~1872의 동화를 극본으로
한 이 단막 발레는 노골적인 섹스 어필을 과시하는 〈세헤라자데〉
와는 달리 환상적 낭만주의의 전형과도 같은 작품이다. 무도회에
다녀온 소녀는 아직 좀 전의 흥분이 가시지 않은 상태에서 방의
의자에 앉아 잠이 든다. 그때 소녀의 가슴에 꽂힌 장미에서 정령
이 뛰어나와 소녀와 함께 황홀한 춤을 춘다. 한동안 춤을 추던 정
령은 방의 창을 통해 연기처럼 사라지고 소녀는 그때서야 잠에서
깨어난다.

니진스키와 타마라 칼사비나가 주연으로 출연
한 이 발레에서 다시 한번 그는 환상 아닌 환상을 창
조해 낸다. 발레 자체는 10여 분이 약간 넘는 짧은
단막 발레였지만, 소녀와 춤을 춘 후 창을 통해 사라
지는 마지막 장면에서 니진스키는 예의 경이적 도약
을 선보였던 것이다. 관중은 이 마지막 장면을 볼 때
마다 비명 같은 감탄사를 터뜨렸다. 장미꽃잎으로
장식된 코스튬에 마치 곤충의 머리 모양 같은 머리
장식을 쓴 니진스키는 사람이 아닌 요정, 아니면 지
상에 존재하지 않는 거대한 날개 달린 곤충처럼 보
이기도 했다.

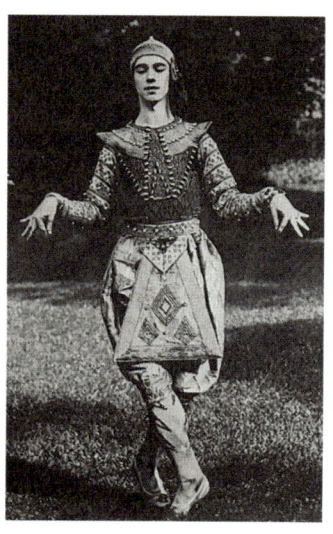

1910년에 열린
한 가든파티에서
발레 의상을 입고
포즈를 취한 니진스키

관중들은 베버의 낭만적인 음악에 취한 채 창을 통해 사라
진 니진스키가 땅에 내려앉지 않고 어디론가 영원히 날아가 버렸
을 것 같은 달콤한 착각에 빠졌다. 물론 현실 속의 니진스키는 기
진맥진한 채 무대 뒤에 깔린 매트리스나 자신의 경호원이자 감시
자인 바실리 주이코프Vasili Zuikov의 억센 팔 위로 떨어졌지만 말이
다. 또 다른 극성 관객들은 무대 뒤로 몰려와 니진스키의 코스튬
속에 도약을 도와 주는 기계 장치 같은 것이 없는지 조사하기까
지 했다.

알렉상드르 브노아는 니진스키가 무대 리허설을 하는 장면
을 보는 것만으로도 그의 타고난 천재성을 실감할 수 있었다고
말한다. 처음 리허설을 할 때만 해도 니진스키는 무언가 모자란

듯, 자신 없어 하면서 주춤거리기가 일쑤였다. 그러나 수석 안무자이자 마린스키 발레학교 시절의 교사이기도 했던 미하일 포킨이 동작을 시연하면 니진스키의 태도는 이내 달라졌다. '마치 혼수상태에서 깨어나듯' 니진스키의 몸에는 생기가 돌고 눈빛이 달라졌다. 그리고 바로 마법처럼, 그는 완벽한 동작들을 재창조해내기 시작했다. 브노아는 '그것은 실로 무의식적인 본능이 움직이는 광경이었다. 리허설을 본 사람이라면 그 누구라도 니진스키의 천재성을 인정하지 않을 수 없을 것'이라고 기록하고 있다.

과연 그는 뛰어난 안무가였나

1911년 1월 니진스키는 마린스키 황실극장을 사직했다. 마린스키 측은 니진스키의 급료를 올려 주면서 그를 붙잡으려 애썼지만 소용없었다. 니진스키는 발레 뤼스의 주역 무용수로, 또 안무가로서의 역할에만 몰두하기로 마음먹었다. 그러나 아이러니하게도 니진스키가 발레 뤼스에만 전념하기 시작하자 그때까지 아무 문제 없었던 몇몇 갈등이 표면으로 불거지게 되었다.

첫 번째 문제는 수석안무가인 미하일 포킨과의 갈등이었다. 원래부터 니진스키에게 열등감을 가지고 있었던 포킨은

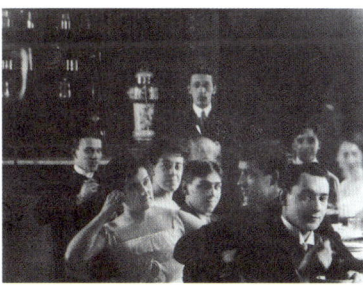

1910년 상트 페테르부르크에서 촬영한 사진. 뒷줄 왼쪽이 니진스키, 그리고 뒷줄 가운데 서 있는 사람이 작곡가 스트라빈스키다

디아길레프가 니진스키의 안무 능력을 과대평가하고 있다며 반발했다. 포킨의 주장은 어느 정도 사실이었다. 니진스키의 안무 능력은 무용수로서의 능력에 비하면 그리 센세이셔널한 것은 아니었다. 20분짜리 단막극인 〈목신의 오후〉에서는 어느 정도 성공을 거두었지만, 그보다 긴 대작 발레인 〈봄의 제전〉이 과연 잘 짜여진 발레인가에 대해서는 아직도 이견이 분분하다. 그러나 디아길레프로서는 발레 뤼스의 스타이자 자신의 애인인 니진스키를 다른 단원들에 비해 편애할 수밖에 없었다.

포킨과 니진스키 간의 갈등은 1912년, 스물 셋이 된 니진스키가 발레 〈목신의 오후 L'Après-midi d'un Faune〉를 통해 안무가로 데뷔하면서 표면으로 불거졌다. 스테판 말라르메 Stéphane Mallarmé, 1842~1898의 시를 발레로 만든 이 작품은 그리스 신화 속의 목신 판이 물의 님프들을 유혹하려는 장면을 담고 있다. 니진스키는 이 작품의 안무를 위해 디아길레프와 함께 루브르 박물관의 그리스관에서 많은 시간을 보냈다.

〈목신의 오후〉에서 니진스키는 무용수들에게 그리스식 의상을 입히고 발레의 대명사 같은 토슈즈를 벗게 했다. 그리고 발레의 전통적인 동작들, 즉 팔을 둥글게 안으로 구부리는 동작이 아닌, 바깥으로 뻗는 동작들로 작품을 구성했다. 물론 주인공인 판으로는 니진스키가 출연했다. 몸에 염소처럼 얼룩덜룩한 반점을 그리고 머리에는 뿔이 돋은, 반은 신이고 반은 짐승인 목신의 역할을 니진스키 외에 달리 누가 해 낼 수 있겠는가.

관객들은 이 새로운 작품에 어리둥절했지만 그래도 니진스키의 시도에 대해서는 대부분 긍정적인 평가를 내렸다. 이미 1909년에 이사도라 던컨이 이와 비슷한 춤을 선보였기 때문에 〈목신의 오후〉가 풍기는 그리스적 색채가 완전히 낯선 것만은 아니었다. 조각가 오귀스트 로댕Auguste Rodin, 1840~1917은 이 작품에 대단한 찬사를 퍼부었고 니진스키를 모델로 한 새로운 조각을 탄생시키기도 했다.

그러나 공연시간 40분이 넘는 대작 〈봄의 제전Le Sacre de Printemps〉에서는 관객과 발레 뤼스 간의 충돌을 도저히 피할 길이 없었다. 원시 러시아 시대의 봄의 제전, 즉 대지의 여신에게 처녀를 산 제물로 바쳐서 겨울의 기운을 쫓고 봄을 불러들이는 광기 어린 의식을 재현한 이 발레에서 니진스키는 무용수들이 고개를 기울여 뺨에 대고 덜덜 떨며 경련을 일으키는 실로 기상천외한 동작들을 안무했던 것이다.

원래 다른 사람에게 자신의 의사를 잘 전달하지 못하는 니진스키는 안무 도중 몇 번이나 발작에 가까운 신경질을 터뜨렸고 무용수들은 니진스키의 안무를 거부하기에 이르렀다. 평소 니진스키와 발레단 사이의 중재 역할을 했던 브로니슬라바가 임신으로 잠시 발레 뤼스를 떠나 있게 되어 갈등은 더욱 커져 갔다. 결국 디아길레프는 보조 안무자까지 초빙해 가며 니진스키와 발레단 사이의 갈등을 무마했다. 우여곡절 끝에 〈봄의 제전〉은 1913년 5월 29일 파리 샹젤리제 극장에서 초연되었다.

〈봄의 제전〉 초연 당시의 소란은 지금도 예술사에 유명한 해
프닝으로 기록되어 있다. 관객들은 스트라빈스키의 거친 음악과
무대 위 무용수들의 괴상한 동작에 경악을 금치 못했다. 아래층
을 메운 신사숙녀 귀족들은 미친 듯한 야유를, 그리고 위층의 젊
은 관객들은 열렬한 환호를 보냈는데 결국 극장 안은 대혼란 상
태가 되어 버렸다.

한 관객이 뺨을 손등에 댄 채 기우뚱하니 서 있는 무용수들
을 향해 "저건 뭐야, 의사도 아니고!"라고 소리치자 다른 관객은
"의사가 아니라 치과의사야, 치과의사라고!"라고 소리쳤다. 점잖
은 귀족들과 예술가들이 서로에게 욕설을 퍼부으며 주먹다짐을
하는 동안 무용수들은 박자를 잃지 않기 위해 진땀을 흘리며 춤
을 추었고 공연이 끝날 즈음-니진스키는 이 작품에는 출연하지
않았다-무대 옆에 있던 니진스키는 기절 직전에 이르렀다.

이 뒤죽박죽한 초연이 끝난 후 디아길레프도 니진스키의 안
무 능력에 대해 회의를 품지 않을 수 없었다. 평소 우호적이었던
비평가들 역시 이 작품에 대해서는 감히 평가하기를 꺼려했으며
작곡가인 스트라빈스키도 니진스키의 안무를 마음에 들어 하지
않았다. 결국 디아길레프는 〈봄의 제전〉을 발레 뤼스의 정규 레
퍼토리에서 빼 버렸다. 그는 브로니슬라바에게 "니진스키를 이대
로 두면 발레 뤼스를 다 망치고 말 거야!"라며 불만을 터뜨렸다.

그러나 발레단에는 니진스키 외에는 다른 안무자가 없는 형
편이었다. 이미 포킨은 '니진스키와는 같은 발레단에서 일할 수
없다.'고 못 박고 1912년에 발레단을 떠나 버렸다. 더구나 발레

단의 다른 무용수들도 니진스키가 안무 도중 시도 때도 없이 일
으키는 발작과 무용수들에게 쏟아지는 모욕을 더 이상 감내하지
못하겠다고 벼르는 형편이었다. 디아길레프는 궁여지책으로
1913년 시즌을 위해 보리스 로마노프Boris Romanov, 알렉산드르 고
르스키Alexander Gorsky 등 객원 안무가들을 초빙했고 이 사실을 안
니진스키는 "그가 나를 속였다."며 격렬하게 반발했다.

그런데 이 갈등은 참으로 의외의 사태에 의해 폭발하고 만
다. 바로 니진스키가 결혼을 해 버렸던 것이다.

괴상한 결혼

1913년 8월, 니진스키는 발레 뤼스 일행과 함께 남아메리카 행
아봉 호에 승선했다. 남아메리카 일대에서 열리는 발레 뤼스 순
회공연 길이었다. 디아길레프는 이 여행에 동행하지 않았다. 미
신을 믿었던 디아길레프는 한 집시 노파의 예언-물 위에서 죽을
것이다-때문에 선박 여행을 유난히 두려워했다. 그는 새로운 남
자 애인과 함께 베니스에 머물렀다. 이미 그 전 해부터 디아길레
프와 니진스키의 연인 관계는 틀어져 있었던 것이다.

순회 공연에 오른 발레 뤼스 단원 중 로몰라 풀스츠키Romola
Pulszky라는 신참 단원이 있었다. 헝가리의 귀족 출신인 이 아가씨
는 댄서가 아닌 극 중간의 마임 등을 맡는 배우 자격으로 입단한
상태였다. 그러나 그녀의 진정한 목적은 연극이나 발레가 아니라
바로 스타 중의 스타 니진스키와의 결혼이었다.

로몰라가 니진스키라는 인물에게 왜 그리 집착했는지는 현재도 정확하게 알 수 없다. 다만 그녀가 말러, 그로피우스, 코코슈카 등과 연달아 결혼한 알마 말러Alma Marler나 니체, 릴케 등의 연인이었던 루 살로메Lou Andreas-Salome 같은 여성들을 동경했을 것이라고 추측할 뿐이다. 발레의 신과 연인이 된다는 것은 얼마나 근사한 일인가! 로몰라는 오로지 이 목적을 이루기 위해 부다페스트의 귀족 약혼자까지 버리고 발레 뤼스에 입단한 터였다. 심지어 니진스키가 동성애자라는 사실을 듣고도 충격을 받기는커녕 '그렇다면 여자 애인은 없을 테니 내게 가능성이 있는 것이 아닌가'라고 자신에게 유리하게 해석할 정도였다.

당시 니진스키는 프랑스어를 거의 하지 못했다. 로몰라는 헝가리어를 비롯해 프랑스어, 독일어, 영어를 모두 유창하게 했지만 러시아어만은 못했다. 두 사람은 통역을 통해야만 이야기할 수 있는 상황이었다. 그런데도 불구하고 이십 여일 간의 선박 여행 중 니진스키와 로몰라는 사랑에 빠졌다. 아봉 호는 1913년 9월 6일 아르헨티나에 도착했고, 19일 니진스키 커플은 부에노스아이레스에서 결혼했다. 발레단원들이 '니진스키가 미친 게 분명하다.'고 수군거릴 정도로 초 스피드의 결혼식이었다.

디아길레프는 니진스키의 갑작스러운 결혼에 격노했다. 발레단원에게 결혼은 치명적이었으며, 그보다 비록 연인관계를 정리했다고는 해도 디아길레프에게 니진스키는 자신의 '소유물'이었던 것이다. 니진스키 역시 성급한 결혼에 혼란을 느꼈던 듯 '결혼은 내 실수였다. 그러나 그 실수는 돌이킬 수 없는 종류의 것이었다.'는 기록을 남겨 놓았다.

정말로 결혼은 돌이킬 수 없는 행동이었다. 순회 공연 중 로몰라는 임신했고 이를 안 니진스키는 한층 신경질적인 반응을 보이며 '머리가 아파 춤을 출 수 없다.'고 불평했다. 결국 유럽으로 돌아가기 직전의 공연지였던 리우 데 자네이로의 〈카르나발 Carnaval〉 공연에서 그는 두통을 핑계로 무대에 서지 않았다.

당시 유럽에 있던 디아길레프는 단원들의 1914~1915년 시즌 계약을 체결하고 있었다. 당연히 재계약을 의심치 않았던 니진스키에게 의외의 편지가 날아들었다. 리우 공연에 서지 않았기 때문에 향후 시즌에는 계약을 하지 않겠다는 발레단 행정 담당자의 편지였다.

이미 조금씩 우울증 증세를 보여 왔던 니진스키에게 이 편지는 사형선고와도 같은 것이었다. 니진스키는 1913년 연말, 스트라빈스키에게 이런 내용의 편지를 보냈다.

'세르주(디아길레프)가 내게 한 행동은 단순히 비열한 짓으로 끝나는 것이 아니야. 그는 지난 2년 동안 내게 제대로 월급을 준 적도 없었어. 안무에 대한 대가도 나는 받은 적이 없어. 난 그를 믿었기 때문에 아무 계약도 없이 발레 뤼스를 위해 일해 왔던 거야. 만약 세르주가 더 이상 나와 일하기를 원치 않는다면, 난 모든 걸 다 잃어버린 거나 마찬가지야.'

　　니진스키가 갈 곳은 없었다. 러시아로 돌아간다면 최소한 3년간의 군복무를 이행해야 했다. 디아길레프는 니진스키의 대타로 열일곱 살의 러시아 출신 무용수 레오니드 마신Léonide Massine를 영입했다. 니진스키는 런던의 한 보드빌 극장과 수석무용수 겸 안무가로 계약을 맺었지만 무용수들은 아무도-심지어 친누이인 브로니슬라바까지도!-니진스키의 변덕과 신경질을 감내하지 못했다. 자기의 마음에 들지 않는다고 리허설 중인 무용수를 걸어차 넘어뜨리는가 하면, 무대 뒤 대기실에서 코스튬을 찢어 버리고 객석에까지 들리도록 고함을 질러대기도 했다. 불면증, 우울증, 가슴의 이유 없는 통증 등이 계속 그를 괴롭혔다. 결국 니진스키는 보드빌 극장과의 재계약을 스스로 포기하고 말았다.

광기의 세계로 뛰어들다

1914년 6월 19일, 로몰라가 아기를 낳았다. 딸이었다. 아들을 기대하고 있던 니진스키는 몹시 실망했다. 이즈음 니진스키 부부는 전쟁의 그림자를 피하기 위해 로몰라의 친정인 헝가리로 돌아가 있었다. 같은 해 연말, 갈 곳을 몰라 방황하던 니진스키에게 좋은 소식이

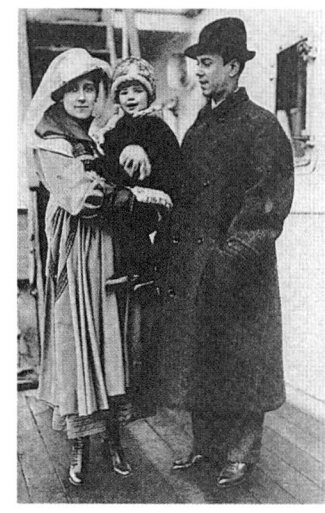

아내 로몰라,
딸 키라와 함께 한
1916년의 니진스키

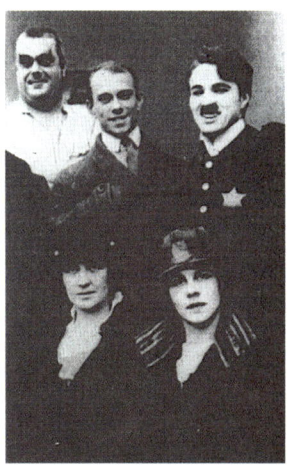

니진스키(뒷줄 가운데)는 미국 방문 중 찰리 채플린(뒷줄 오른쪽)을 만났다

전해졌다. 디아길레프가 발레 뤼스의 미국 순회 공연에 동행하자고 제의해 온 것이다.

1915년은 니진스키에게 희망의 해였다. 유럽과는 달리 미국에는 제 1차 세계 대전의 포화가 미치지 않은 상태였다. 신대륙의 관객들은 전설적인 발레 스타 니진스키에게 큰 환호를 보냈으며 니진스키는 찰리 채플린Charles Chaplin, 1889~1977, 엔리코 카루소Enrico Caruso, 1873~1921, 프리츠 크라이슬러Fritz Kreisler, 1875~1962 등 많은 스타들을 만났다. 유럽으로 돌아와서도 그의 앞날에는 아무 문제도 없어 보였다. 프란츠 요제프 스페인 국왕의 초청을 받는가 하면, 화가 오스카 코코슈카가 그를 모델로 그림을 제작하기도 했다. 디아길레프는 리스트의 〈메피스토 왈츠〉를 음악으로 사용한 파우스트 전설에 대한 발레를 안무해 달라고 요청했다.

문제는 니진스키의 정신상태가 이미 정상 궤도를 벗어나 있었다는 사실이다. 불면증이 날로 심해졌으며 농부처럼 옷을 입고 나타나는가 하면, 갑자기 격심한 무대공포증 증세를 보였다. 누가 봐도 니진스키에게는 휴식과 안정이 필요했다. 그런데도 불구하고 니진스키는 계속 무대에 섰다. 간신히 발레 뤼스로 되돌아

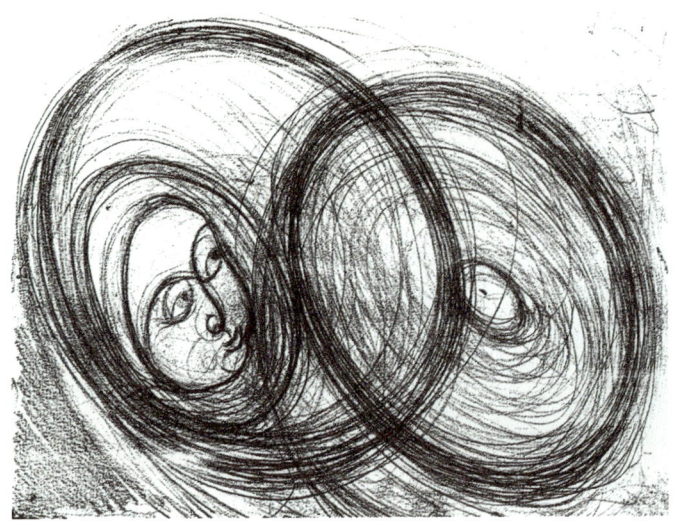

1918년 생 모리츠에서
요양 중이던 니진스키가
그린 그림. 원형을 수없이
그린 그림에서 정신병적
징후가 느껴진다

온 데다 귀족인 로몰라의 사치스러운 생활을 감내하기 위해 점점 더 많은 돈이 필요했다.

1917년 9월에 이르러서야 니진스키는 스위스의 생 모리츠로 휴양을 떠났지만 모든 것은 너무 늦은 상태였다. 누가 봐도 그는 제정신이 아니었다. 로몰라를 비롯한 주위 사람들에게 함부로 폭력을 휘둘렀으며 길거리에 나가 사람들에게 "교회에 가는 길이오?"라고 묻기도 했다. 그리고 알 수 없는 그림들을 계속 그려 댔다. 그의 증세는 어린 시절부터 보아 온 형 스타니슬라프의 광증과도 흡사했다. 그는 또 노트에 "나는 신이며 예수 그리스도의 현신이다."라고 적었다. 이즈음 그의 노트에는 '신'과 함께 '디아길레프'라는 단어가 가장 많이 등장하였다.

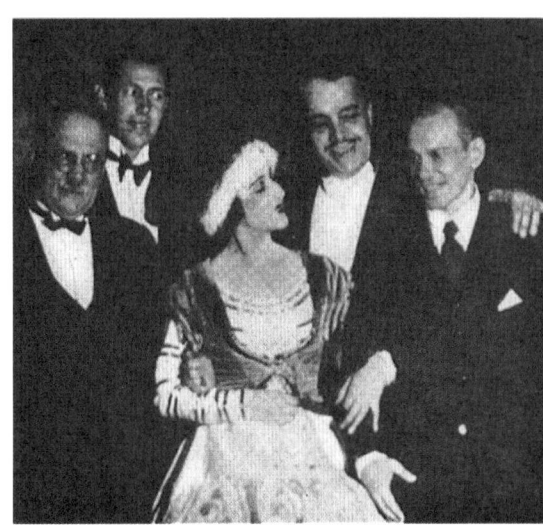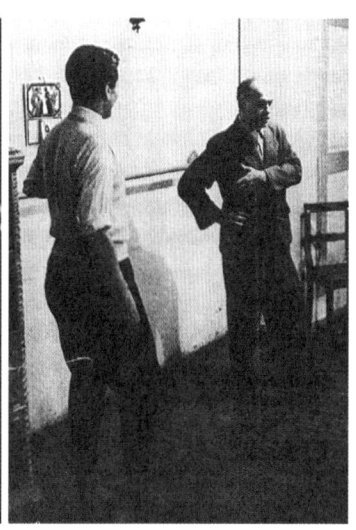

왼쪽 40세의 니진스키
(맨 오른쪽). 파리 오페라
무대에서 찍은 사진이다.
니진스키의 어깨에 손을
올리고 있는 사람이
디아길레프다
오른쪽 세르주 리파가
정신병원에 있는 니진스키
(오른쪽)를 방문했다

1919년 3월 취리히에서 그를 진찰한 유겐 블로일러Eugen
Bleuler 박사는 로몰라에게 말했다. "부인, 마음을 단단히 먹으십시
오. 남편 분은 불치의 정신분열증에 걸렸고 매우 위험한 상태입
니다. 남편을 요양소에 보내셔야만 하겠습니다." 니진스키의 나
이 꼭 서른이 되었을 때의 일이었다.

니진스키는 이때부터 생의 후반 전부인 예순한 살까지 광기
의 어둠 속에서 살았다. 간혹 기분이 좋아질 때는 멀쩡하게 시가
를 피우며 담소를 나누기도 했으나 난폭해질 때는 도저히 로몰라
혼자 당해낼 수 있는 상대가 아니었다. 때문에 남자간호원 겸 경
호원이 언제나 니진스키 옆을 지켜야 했다. 로몰라는 니진스키를
고치기 위해 루르드의 성모상을 찾기도 하고 칼 구스타프 융이나
은퇴한 프로이트의 진찰까지 받는 등, 가능한 모든 방법을 강구

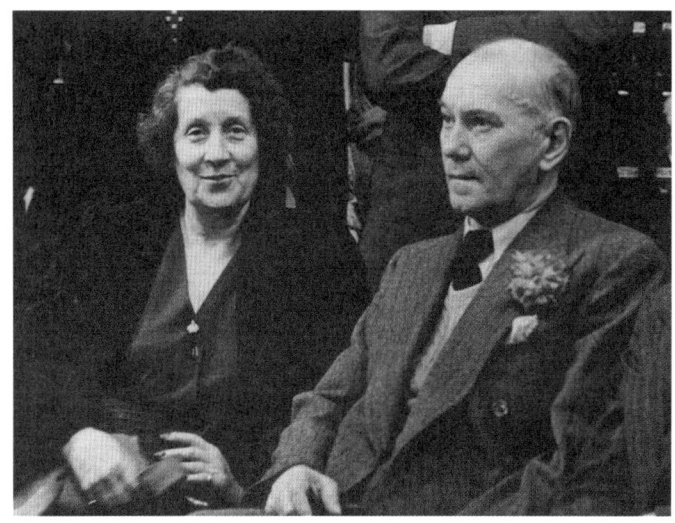

로몰라와 함께 한 만년의
니진스키. 1950년 61세
의 나이로 사망하기 얼마
전에 촬영된 사진이다

했다. 그러나 누구도 니진스키의 상태를 되돌릴 수는 없었다.

니진스키는 1950년 4월 심장병으로 죽었다. 니진스키의 상
태가 위중해지자 로몰라는 스위스 취리히의 심장 전문의 로어Rohr
교수에게 진찰을 받으러 서둘렀지만 하필 그가 휴가 중이어서 연
락이 닿지 않았다. 영국 국영방송인 BBC는 정규방송을 중단하고
로어 교수는 즉시 니진스키가 입원해 있는 런던 클리닉으로 연락
해 달라는 호소문을 전유럽에 방송했다. 3일간 의식불명 상태에
빠져 있던 니진스키는 잠시 의식을 되찾았을 때 러시아어로 '엄
마?'라고 중얼거렸다. 그는 4월 8일 로몰라의 팔에 안겨 운명했
다. 아니, 그의 죽음은 삼십여 년 전 스위스 생 모리츠에서 발작
을 일으켰을 때 이미 이루어진 것이나 다름없었다.

30년이 넘는 긴 시간 동안 니진스키의 의식은 한 번도 깨어 나지 않았다. 발레 공연을 보러 가도, 디아길레프를 비롯한 옛 친구들을 만나도 그는 아무 것도 기억하지 못했다. 제 2차 세계 대전이 끝난 후, 레오니드 마신이 런던 근교에 살고 있는 니진스키의 집으로 찾아간 적이 있었다. 마신이 〈무도회로의 초대〉에 맞추어 그 유명한 〈장미의 정령〉 앞부분을 추자, 니진스키는 잠시 뒤뚱거리며 포르 드 브라Port de Bras-발레의 팔 동작를 따라해 보았다. 마신은 계속 춤을 추었지만 니진스키는 곧 주저앉고 말았다. 그리고 더 이상 춤에도, 음악에도 흥미를 보이지 않았다. 그 자리에는 '발레의 신神' 대신 어느새 살이 찌고 머리가 벗겨진, 반쯤 미친 한 노인이 서 있을 뿐이었다.

그를 사로잡은 광기는 악마와의 계약이라고 해도 과언이 아닐 만큼 지독하고도 치밀한 어둠이었다. 신의 영역이라고밖에는 설명할 수 없었던 경이적인 테크닉과 완벽주의, 자폐에 가까운 말더듬, 어린 시절 내내 지켜보아야 했던 형의 발작. 마치 신처럼 그를 옭아맸던 디아길레프라는 존재. 어찌 보면 니진스키를 둘러 싼 상황은 이미 필연적인 파국을 내포하고 있었다. 그러나 그 파국이 이토록 비극적이고 드라마틱할 줄은 그 누구도 몰랐을 것이다. 때로 현실은 그 어떤 픽션보다 더 극적이며 가혹하다.

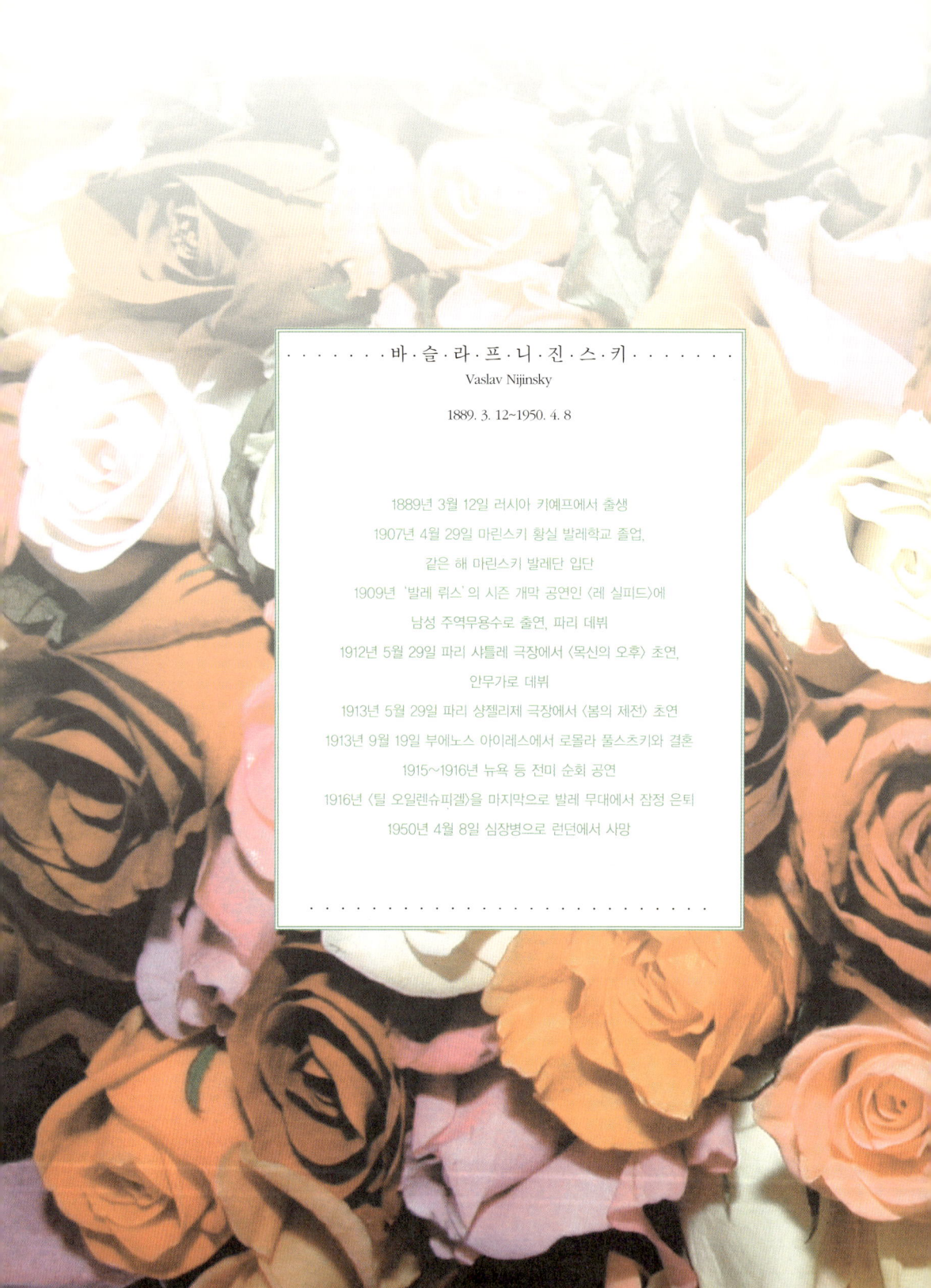

· · · · · · 바 · 슬 · 라 · 프 · 니 · 진 · 스 · 키 · · · · · ·

Vaslav Nijinsky

1889. 3. 12~1950. 4. 8

1889년 3월 12일 러시아 키예프에서 출생

1907년 4월 29일 마린스키 황실 발레학교 졸업,

같은 해 마린스키 발레단 입단

1909년 '발레 뤼스'의 시즌 개막 공연인 〈레 실피드〉에

남성 주역무용수로 출연, 파리 데뷔

1912년 5월 29일 파리 샤틀레 극장에서 〈목신의 오후〉 초연,

안무가로 데뷔

1913년 5월 29일 파리 샹젤리제 극장에서 〈봄의 제전〉 초연

1913년 9월 19일 부에노스 아이레스에서 로몰라 풀스츠키와 결혼

1915~1916년 뉴욕 등 전미 순회 공연

1916년 〈틸 오일렌슈피겔〉을 마지막으로 발레 무대에서 잠정 은퇴

1950년 4월 8일 심장병으로 런던에서 사망

· ·

최후의 마스터피스

〈페트루슈카 Petrushka〉

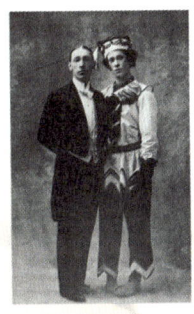

발레 〈페트루슈카〉 의상을
입은 니진스키와
스트라빈스키

스트라빈스키의 음악, 브노아의 대본, 포켕의 안무로 이루어진 이 발레는 아직까지도 '니진스키를 위한, 바로 니진스키 그 자체를 보여 주는' 작품으로 일컬어진다.

주인공 페트루슈카는 밀짚으로 만들어진 피에로 인형이다. 그는 무어인 인형, 발레리나 인형과 함께 자신의 주인인 마법사와 함께 장터를 돌며 공연을 펼친다. 페트루슈카는 발레리나를 짝사랑하지만, 무어인에게 그 감정을 들키고 만다. 질투에 눈먼 무어인은 공연 도중 페트루슈카를 쫓아가 그의 몸뚱이를 칼로 두동강 내고 이 광경을 본 관객들은 놀라 소리 지른다. 그러자 마법사는 '모든 것들은 다 인형일 뿐'이라며 짚더미로 만들어진 페트루슈카의 몸뚱이 속을 보여 준다. 그러나 사실 페트루슈카는 발레리나를 사랑할 수 있는 영혼의 소유자였다. 발레는 인형극이 공연되는 천막의 지붕 위에서 페트루슈카의 영혼이 슬픈 표정으로 손짓하는 장면으로 끝난다.

이 발레를 본 사람들은 본능적으로 '니진스키=페트루슈카', 그리고 '마법사=디아길레프'라는 상관관계를 떠올리지 않을 수 없었다. 발레뿐만 아니라 실생활에서도 디아길레프는 니진스키를 좌지우지하는 마법사가 아니었는가. 니진스키의 영혼은 죽어 자유를 얻을 수 있었을까. 니진스키의 슬픈 운명을 예견한 듯한 발레 〈페트루슈카〉는 1911년 시즌 개막작으로 모나코의 몬테카를로 극장에서 초연되었다.

첼리스트 자클린느 뒤 프레 첼리스트 자클린느 뒤 프레

첼리스트 자클린느 뒤 프레 첼리스트 자클린느 뒤 프레

첼 리 스 트 자 클 린 느 뒤 프 레

첼·리·스·트·자·클·린·느·뒤·프·레

Jacqueline Du Pré

영국의 여성 첼리스트. 다섯 살 때부터 첼로를 배우기 시작해, 이후 파블로 카잘스 Pablo Casals, 1876~1973, 므스티슬라프 로스트로포비치 Mstislav Rostropovich, 1927~ 등에게 마스터클래스를 통해 사사했다. 별다른 정규교육 없이 10대 초반에 바로 프로 무대에 데뷔한 전형적 천재였다. 1967년 아르헨티나 출신의 피아니스트 겸 지휘자인 다니엘 바렌보임 Daniel Barenboim, 1942~과 결혼했다.

1970년대 초반부터 나타난 손가락 마비 증세로 연주활동을 간간이 중단하다 1973년 다발성 경화증으로 은퇴했다. 이후 전신마비 상태로 휠체어 신세를 지다 1987년 10월, 42세를 일기로 타계했다. 그녀의 비극적 삶을 줄거리로 한 연극 〈하나를 위한 이중주〉, 영화 〈힐러리와 재키〉 등이 제작되기도 했다.

1970년대 초반에 연주활동을 중단한 자클린느 뒤 프레를 아직도 음악팬들이 잊지 못하는 것은 여성이라는 사실을 믿을 수 없을 정도로 스케일 크고 활달한 연주를 보여 주기 때문이다. 특히 존 바비롤리 John Barbiroli, 1899~1970, 런던 심포니와 협연한 엘가 Edward Elgar, 1857~1934의 〈첼로 협주곡 E단조, Op.85〉는 타의 추종을 불허하는 명반으로 꼽힌다.

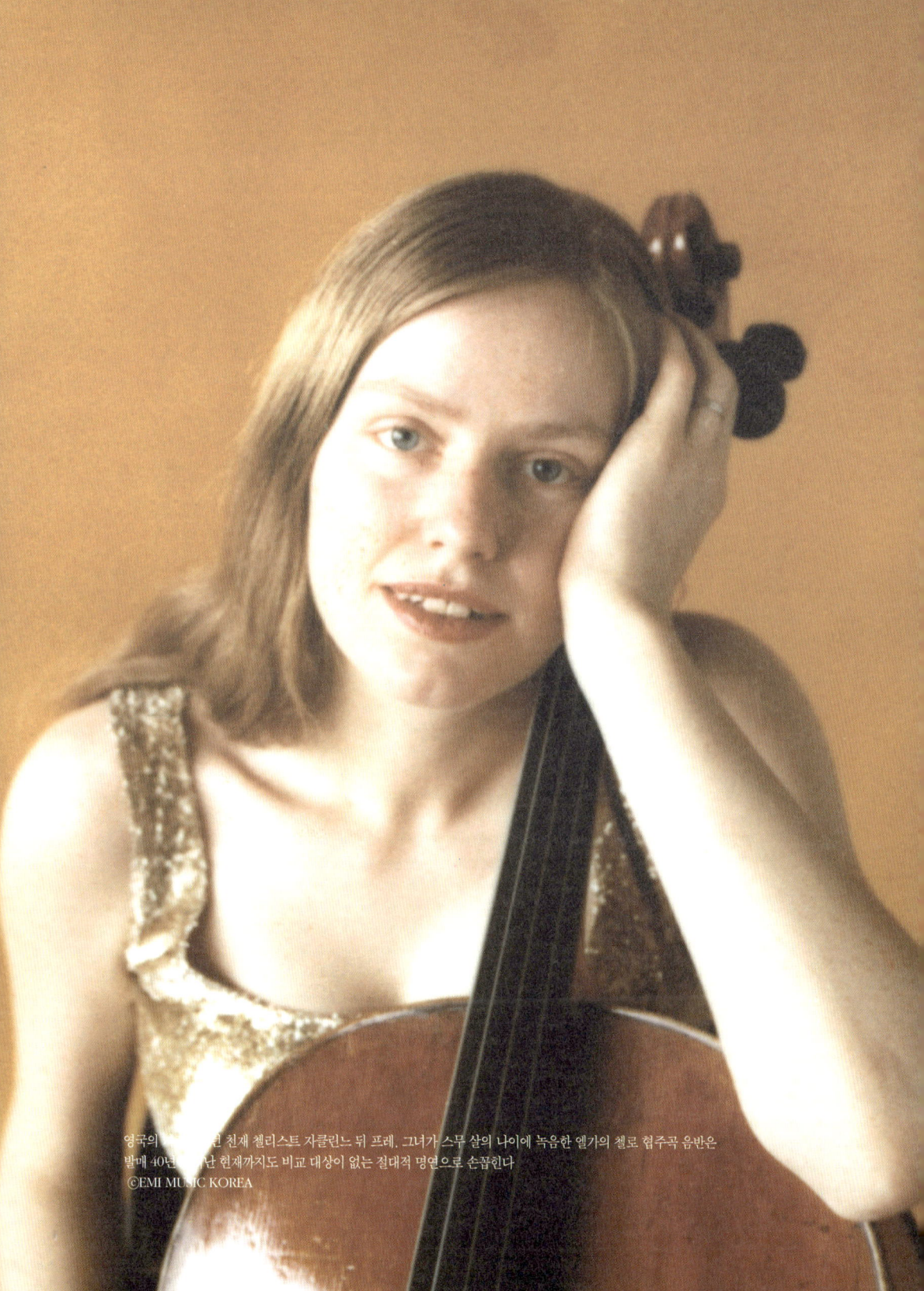

영국의 ⋯⋯⋯ 천재 첼리스트 자클린느 뒤 프레, 그녀가 스무 살의 나이에 녹음한 엘가의 첼로 협주곡 음반은
발매 40년 ⋯⋯난 현재까지도 비교 대상이 없는 절대적 명연으로 손꼽힌다
ⒸEMI MUSIC KOREA

천재적 재능이 파멸시킨 불행한 여자

20세기가 낳은 영국 최고의 여성은 과연 누구일까. 살아생전 끊임없는 화제를 뿌린 것이나, 비극적 죽음을 맞은 점, 그리고 아직도 영국인들의 가슴에 짙은 그늘을 드리우고 있는 여성을 꼽으라면 단 두 사람, 바로 다이애나 왕세자비와 첼리스트 자클린느 뒤 프레일 것이다.

'한 세기에 한 명 나올까말까 한 탁월한 재능의 첼리스트'였던 자클린느 뒤 프레의 일생은 정말로 다이애나의 그것과 흡사하게 닮아 있다. 영국인 특유의 금발과 수줍은 듯 밝은 표정을 가진 이 두 여성은 십대 후반의 젊은 나이에 언론의 스포트라이트 속에서 화려하게 등장해 대중의 사랑을 한몸에 받다 뜻하지 않게 이른 죽음을 맞았다. 누구보다 행복해 보였지만 실은 불행한 결혼생활을 감내해야 했다는 점, 그리고 영국인들이 아직까지도 이들을 잊지 못한다는 점에서 두 여자는 닮은꼴이다.

마치 천재의 대명사와도 같던 첼리스트 자클린느 뒤 프레, 큰 체구의 그녀가 풍성한 금발머리를 휘날리며 성큼성큼 무대로 걸어 나와 함박웃음을 터뜨릴 때면, 청중은 이미 그녀에게 사로잡힐 준비가 되어 있었다. 거침없이 시원시원한 보잉, 샘물처럼 넘쳐흐르는 에너지, 연주 중에 첼로 선을 끊을 정도의 박력, 그러면서도 시리도록 예민한 감수성……. 영국인들은 이 놀라운 천재 소녀에게 아낌없는 사랑을 보냈다.

그러나 영국인들이 그녀를 사랑할 수 있는 시간은 너무 짧았다. 미처 서른이 되기도 전에 자클린느의 몸은 다발성 경화증

이라는 전신마비 증세로 시들어 가기 시작했다. 이후 15년이라는
시간 동안 그녀는 첼로를 잃고, 음악을 잃고, 마침내는 말까지
잃어버린 채 휠체어에 갇혀 서서히 죽음을 향해 흘러갔다. 그 넘
쳐흐르던 에너지, 빛나는 생기를 모두 잃어버린 채.

'열여섯의 첼로 천재 나타나다.'

자클린느는 제 2차 세계 대전의 막바지였던 1945년 1월 옥스퍼
드에서 삼남매 중 둘째로 태어났다. 아버지 데렉 뒤 프레Derek Du
Pré는 옥스퍼드 대학의 교수였고 어머니 아이리스Iris는 피아노 교
사였다. 아이리스는 아이들을 키우며 항상 피아노를 치거나 손뼉
을 치며 노래를 부르곤 했다. 덕분에 아이들은 모두 음악에 소질
이 뛰어났다.

그중에서도 둘째 자클
린느의 재능은 단연 탁월한
것이었다. 네 살 때의 어느
날, 자클린느는 어머니와 함
께 라디오의 어린이 프로그
램을 듣고 있었다. 방송에서
는 오케스트라의 악기 소리
가 차례로 흘러 나왔다. 첼로
소리가 들리자 자클린느는

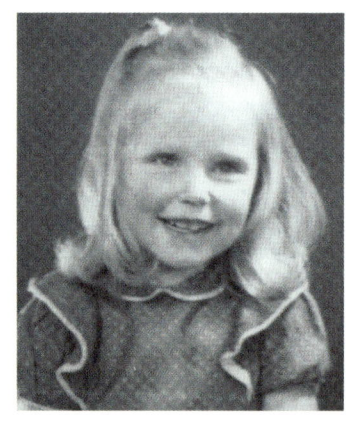

3세 때의 자클린느
뒤 프레

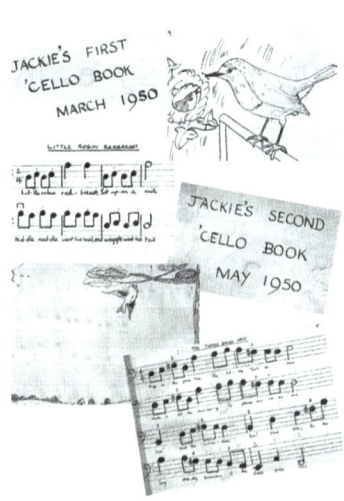

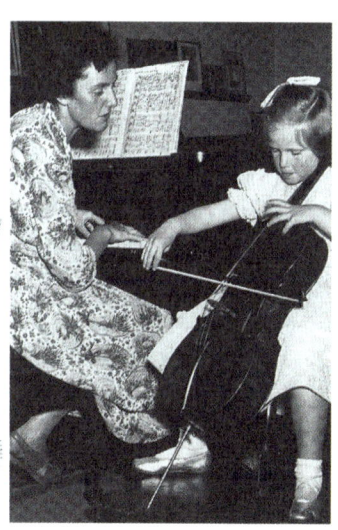

"엄마, 저 윙윙거리는 소리를 내고 싶어."라고 말했다. 다섯 살이
되던 생일날 3/4 사이즈의 첼로를 받은 자클린느는 그 자리에서
악기의 D선을 활로 그어 제대로 된 소리를 냈다.

적당한 어린이용 교재를 찾지 못한 아이리스는 직접 그림과
악보를 그려 가며 자클린느를 위한 교재를 만들었다. 매일 아침
자클린느는 눈을 뜨자마자 간밤에 어머니가 그려 놓은 새로운 악
보를 찾아 아래층으로 뛰어내려 갔다. 아이리스는 자클린느가 다
른 두 자녀들-언니 힐러리와 남동생 피어스-보다 훨씬 더 뛰어
난 재능을 가지고 있음을 알아차렸다.

여섯 살 때부터 런던 첼로 스쿨에 다니며 '첼로 아빠' 윌리
엄 플리스William Pleeth, 1916~1999를 7년간 사사한 것 외에는 자클린

느의 정규 교육과정은 전무하다시피 하다.

　　열다섯 살에 런던 길드홀 음악원을 졸업한 후로는 간헐적으로 폴 토르틀리에(Paul Tortelier, 1914~1990), 파블로 카잘스, 므스티슬라프 로스트로포비치 등 유명 첼리스트의 마스터클래스를 다닌 것이 자클린느가 받은 교육의 전부이다. 사실상 자클린느의 스승은 윌리엄 플리스 한 사람뿐이었던 것이다. 10대 중반에 이미 자클린느는 정상급 첼리스트였기 때문에 더 이상 배울 필요가 없는 상태였다.

　　음악신동들이 난무하는 요즘의 시선으로 보아도 자클린느의 성장 속도는 놀라울 뿐이다. 일곱 살 때 처음 공개연주회를 열었고 열 살 때는 수지아 국제 첼로 콩쿠르에서 우승했으며 열두 살과 열세 살 때 연속으로 BBC 오케스트라의 협연 무대에 등장했다. 청중들은 풍성한 금발머리에 주근깨 가득한 콧잔등을 가진 이 전형적 영국 소녀에게 열광하기 시작했다. 예로부터 음악가들의 열렬한 후원자였으면서도 정작 자국 출신의 뛰어난 음악가는 배출하지 못한 영국인들은 이 탁월한 재능에 사로잡히지 않을 수 없었다.

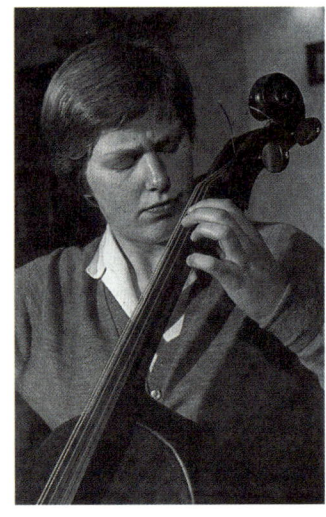

무아지경에 빠져 연주하고 있는 자클린느. 열여섯 살 때 무렵의 모습이다

'데일리 텔레그라프Daily Telegraph'의 리뷰는 왜 영국인들이 자클린느에게 그처럼 환호했는지를 여실히 보여 주고 있다.

'사실 영국 출신의 세계적인 연주자를 찾기란 쉽지 않다. 그러나 뒤 프 레야말로 세계에 내놓을만한 영국의 첼리스트임에 틀림없다.'

영국의 모든 청소년들이-심지어 찰스 왕세자까지도- 자클 린느를 따라 첼로를 배우기 시작했다. 한 무명의 독지가는 이 소 녀에게 1673년산 스트라디바리 첼로를 선물했다.

이 첼로를 선물 받았던 1961년 자클린느는 위그모어홀 독주 회를 통해 런던, 아니 세계 무대에 정식으로 데뷔했다. '더 타임 스The Times'는 '열여섯의 놀라운 첼로 천재'라는 제목의 기사에서 '그녀의 연주에 대해 리뷰라는 명목으로 왈가왈부하는 것 자체가 말이 안 된다. 뒤 프레는 이미 자신의 악기인 첼로를 완전히 지배 하고 있다. 그녀의 나이가 열여섯 살이라는 사실을 도저히 믿을 수가 없다.'고 썼다.

1965년 만 스무 살이 된 자클린느는 뉴욕 카네기홀 무대에 서 엘가의 첼로 협주곡을 협연해 영국인들뿐만 아니라 미국인들 까지도 자신의 포로로 만들었다. 같은 해 8월 19일, 자클린느는 런던 킹스웨이홀에서 존 바비롤리가 지휘하는 런던 심포니와 함 께 아직까지도 '누구와의 음반과도 감히 비교할 수 없는 불세출 의 명연'인 엘가의 첼로 협주곡을 녹음하게 된다.

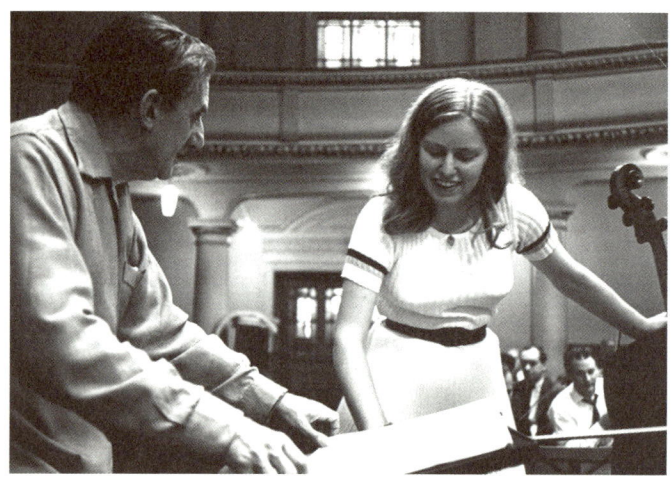

EMI 스튜디오에서 녹음
도중 자클린느가 지휘자
존 바비롤리 경과
무언가를 상의하고 있다
ⓒEMI MUSIC KOREA

스무 살에 남긴 불세출의 명연 – 엘가 첼로 협주곡

엘가 첼로 협주곡의 여러 음반 중에서도 특히 자클린느의 연주가
명반으로 손꼽히는 이유는 작곡가 에드워드 엘가Sir Edward Elgar,
1857~1934와 자클린느 사이의 공통점 때문일 것이다. 영국 중부 옥
스퍼드셔에서 태어나 옥스퍼드와 런던을 오가며 생활한 자클린
느처럼, 엘가 역시 우스터셔에서 태어나 평생 동안 우스터, 버밍
엄, 런던을 오가며 살았다. 또한 자클린느처럼 엘가 역시 음악가
인 부모 밑에서 태어나 별다른 교육 없이 독학으로 음악을 익힌
사람이었다. 엘가는 〈위풍당당 행진곡〉, 〈수수께끼 변주곡〉, 〈사
랑의 인사〉 등 우리 귀에 익숙한 명곡을 많이 남겼지만 그중에서
도 영화음악을 연상케 할 만큼 낭만적 선율로 가득한 이 첼로 협
주곡은 그의 대표작으로 꼽힌다.

엘가는 아내가 사망한 1920년 이후 작품을 거의 쓰지 않고 은둔하다 1934년 타계했다. 제 1차 세계 대전의 와중에 작곡된 〈첼로 협주곡 E단조 Op.85〉는 작곡가 최후의 대작인 셈이다. 보통 3악장으로 이루어진 여느 협주곡과 달리 이 곡은 4악장 형식을 취한 대곡이다. 전체적으로 우울한 분위기가 깔려 있지만 결코 슬프거나 암담하지 않은 이 곡에서 애호가들이 가장 인상적으로 꼽는 악장은 3악장 아다지오이다. 웅장한 오케스트레이션을 바탕으로 노래처럼 흐르는 첼로의 선율이 압권이다. 작곡가 자신도 "이 곡은 내가 쓴 것이 아니라 숲과 나무들의 노랫소리를 악보에 옮긴 것뿐"이라고 말한 적이 있다.

엘가에게 첼로 협주곡 탄생의 영감을 제공한 것은 전쟁에 휩쓸린 유럽대륙과는 달리 평온하면서도 아름다운 영국의 전원 풍경이었다. 영국인들은 이 곡을 들으며 자신도 모르게 부드럽게 펼쳐진 영국의 시골풍경과 로빈훗이 숨어 있던 전설의 셔우드 숲을 떠올렸다. 그리고 자클린느는 바로 그 같은 전원에서 태어나고 자라난, 건강하고 아름다운 영국의 소녀였다. 엘가의 음악 속에 담긴 영감을 본능적으로 받아들일 수 있었다는 것. 약관 20세의 나이에 자클린느가 엘가 첼로 협주곡의 최고봉으로 손꼽히는 음반을 녹음할 수 있었던 것은 바로 이런 이유 때문이었다.

자클린느는 정식으로 런던 무대에 데뷔한 1961년부터 음반 녹음을 시작했다. 짧은 연주자 생활에도 불구하고 자클린느의 음반이 적지 않게 제작된 것은 이처럼 이른 나이에 녹음을 시작했기 때문이다. 대부분의 음반은 EMI 음반사에 남아 있으며 CBS-콜럼비아 음반사에도 몇 장의 음반이 있다. 드보르자크, 보케리니, 슈만, 생상스, 하이든의 첼로 협주곡, 헨델의 첼로 소나타, 브루흐의 〈콜 니드라이〉, 브람스의 첼로 소나타 1, 2번 등 바흐의 무반주 첼로 모음곡 전곡을 제외하고는 대부분의 첼로 레퍼토리가 자클린느의 연주로 남았다. 자클린느의 팬들에게는 그나마 불행 중 다행이라고나 할까. 그중에서도 피아니스트 스티븐 비숍 코바체비치Stephen Kovacevich, 1940~와 함께 한 베토벤 첼로 소나타 녹음이 수작으로 손꼽힌다.

동년배인 스티븐과 자클린느는 많은 연주 무대에서 함께 했다. 스티븐은 자클린느가 큰 무대를 앞에 두고도 긴장하지 않고 명랑한 웃음을 짓는 것을 부러워했다. 자클린느는 자신이 남다른 재능의 소유자라는 사실을 잘 알고 있었고 더구나 천성적으로 밝은 성격의 소유자였다. 둘은 연습을 하다 가끔 의견이 엇갈리곤 했는데 신중한 스티븐에 비해 자클린느는 빠른 스피드를 선호했기 때문이다. 그러면 자클린느는 동전을 꺼내 들었다. 동전던지기에서 이긴 사람이 그 악장의 템포를 마음대로 끌고 나가는 것이었다.

그렇다면 남다른 천재소녀와 함께 살아야 하는 가족의 삶은 어떠했을까. 언니 힐러리Hilary는 자클린느가 타계한 후 출판한 회고록 〈우리 가족 속에 있던 천재A Genius in the Family〉에서 다음과 같이 말한다.

'나와 피어스^{Piers}는 언제나 재키 뒤에 있어야 했다. 재키가 깨어나지 않은 아침에는 다들 발소리를 죽여 살금살금 걸어다녔다. 가족 중에 그 누구도 재키에게 "안 돼."라고 말하지 못했다. 그 애는 천재였으니까. 그 한마디로 모든 것은 다 당연시되었다.'

그러나 힐러리의 기억 중 가장 가공할 만한 것은 어린 시절 자클린느가 남겼다는 한마디 말이다.

'내가 열두 살이고 재키는 아홉 살 때로 기억한다. 여느 때처럼 우리는 둘만의 장소인 울타리 밑에서 놀고 있었다. 갑자기 재키가 강렬한 눈빛으로 나를 바라보며 속삭였다.

"내가 비밀 하나 이야기해 줄까?"

"뭔데?"

"이거 엄마한테 말하면 안 돼……. 내가 어른이 되면 말이야, 난 아마 팔도 다리도 못 움직이게 될 거야……그럴 거 같아……."

나는 아무 말도 하지 못했다. 우린 그저 서로를 쳐다보고만 있었다.'

자클린느는 자신의 재능이 얼마나 위험한 것인지를 본능적으로 감지하고 있었는지도 모른다.

세기의 결혼, 그리고 불화

자클린느의 본격적인 연주활동 기간은 10년 남짓에 불과하다. 그

중 국제 무대에서 활약한 기간은 1965년부터 1971년경까지 6년 정도에 그쳤다. 그녀는 스물일곱이라는 젊은 나이에 다발성 경화증에 걸려 서서히 온몸이 마비되어 갔다. 첼리스트로서의 삶도 포기할 수밖에 없었다.

왜 자클린느가 이 병에 걸렸는지에 대해서는 정확하게 알수 없다. 언론에 공개된 그녀는 언제나 건강하고 쾌활하며 연주에서나 삶에서나 거침없는 모습이었다. 실제로 무대에 선 자클린느는 첼로 줄을 연주 중에 끊어 먹을 만큼 힘이 넘치는 연주자였다. 그녀가 은퇴한지 40년이 지난 지금도 그만한 박력의 첼리스트는 찾기 힘들다. 자클린느는 여자치고는 상당히 큰 체구의 소유자였고 그만큼 건강했다. 슈베르트의 피아노 5중주 〈송어〉 등 BBC TV의 다큐멘터리로 남아 있는 녹음현장에서도 자클린느는 시종 환한 웃음을 지으며 녹음을 리드하고 있다.

자클린느의 성격은 연애와 결혼에서도 잘 드러난다. 그녀는 1966년 크리스마스에 지휘자이며 피아니스트인 다니엘 바렌보임 Daniel Barenboim, 1943~과 불 같은 사랑에 빠졌다. 두 사람은 피아니스트 후 총Fou Ts'ong의 집에서 열린 크리스마스 파티에서 처음 만나 함께 브람스의 첼로 소나타 F장조를 연주했는데, 이때 두 사람 모두 범상치 않은 음악적 교감을 느꼈던 것이다. 자클린느는 그녀 자신처럼 다니엘 역시 음악과 인생이 분리될 수 없는, 천부적인 음악가임을 알아차렸다. 그리고 둘은 즉시 서로를 사랑하게 되었다. 다니엘이 스물넷, 자클린느가 스물한 살 때의 일이었다.

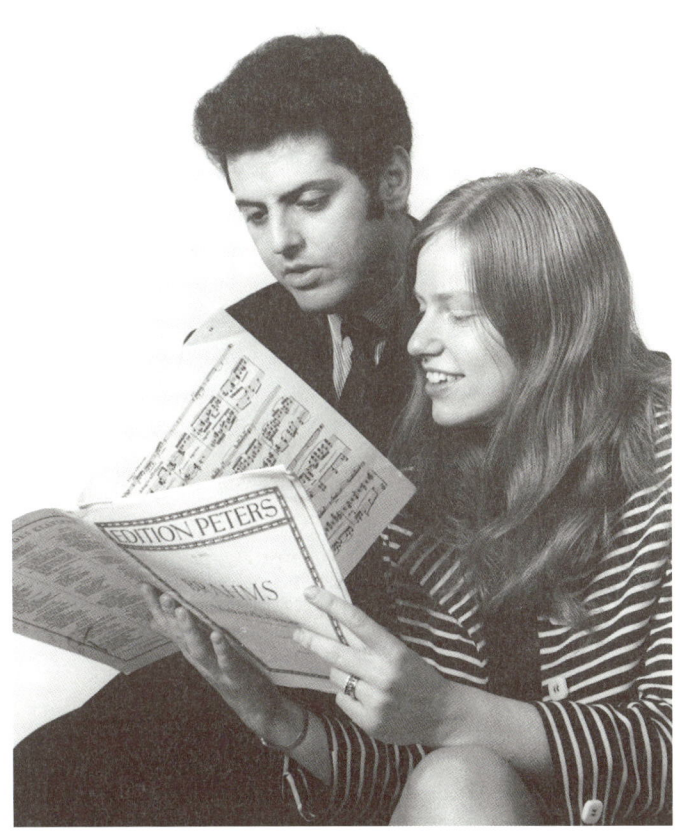

1966년 크리스마스 파티
에서 다니엘 바렌보임을
만난 자클린느는 곧 그와
불 같은 사랑에 빠졌다
ⓒEMI MUSIC KOREA

　그 다음날인 크리스마스 새벽, 자클린느는 언니 힐러리의
집에 전화를 걸었다. 힐러리가 "여보세요."하고 말을 꺼내기도
전에 자클린느는 외쳤다. "언니, 나 사랑하는 사람을 만났어!" 그
녀는 이듬해 1월, 연주여행 도중 다니엘과 미국에서 만나 비밀리
에 약혼했다.

자클린느의 남동생 피
어스 뒤 프레는 자클린느가
바렌보임을 처음 가족에게
소개했던 때를 이렇게 기억
하고 있다.

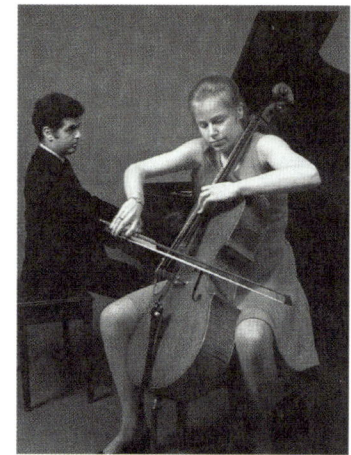

다니엘과의 연주 장면.
두 사람은 음악적으로도
최상의 파트너십을
이루었다

'1967년 3월 마지막 날, 재
키는 다니엘을 데리고 집으
로 오겠다고 전화했다. 그녀
가 오기 일 주일 전부터 온
가족이 얼마나 집을 청소했
던지 약속한 날에는 집안 구석구석마다 반짝거리지 않는 곳이 단 한 곳
도 없었다. …… 재키는 저녁 무렵에 보드카 한 병을 든 채 미니스커트
를 입고 나타났다. 그녀가 그런 옷을 입은 것을 본 적은 그때가 처음이었
다. 다니엘은 재키보다 훨씬 작았다. 마치 큰누나가 막내동생의 손을 잡
고 온 것 같았다. 거실에 있는 그랜드 피아노를 본 다니엘은 즉흥적으로
피아노를 연주하기 시작했다. 곧 집안은 아주 인상적인 음악으로 가득
찼다. 어머니는 흥분한 나머지 자신도 모르게 그 멜로디를 따라 노래하
고 있었다.'

다니엘 바렌보임은 자클린느 못지 않은 천재였다. 5개 국어
를 말하고 베토벤의 피아노 소나타 서른 두 곡을 모두 외워서 칠
수 있는 다니엘은 자클린느에게 이상적인 배우자감으로 보였다.
거기다 이십대 초반의 젊은 나이에 다니엘은 이미 지휘자로서도

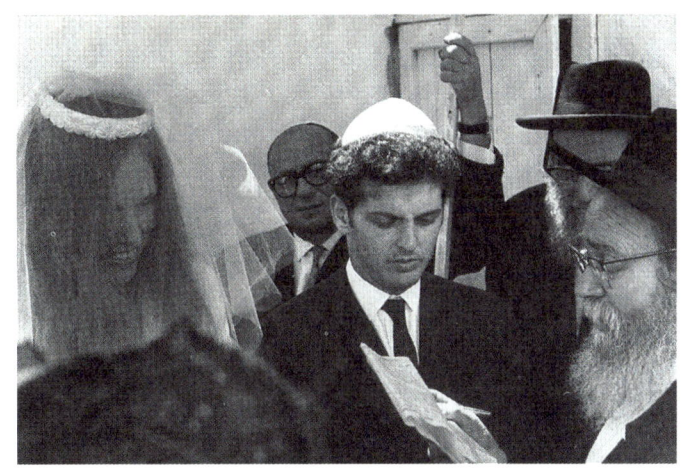

예루살렘에서 열린
다니엘과 자클린느의
결혼식. 다니엘과의 결혼
을 위해 자클린느는
유태교로 개종했다

국제적인 커리어를 쌓아 가고 있었다. 다니엘이 아르헨티나 출신
유대인이라거나, 신부의 키가 신랑보다 15cm나 크다는 것은 그
들에게 별달리 심각한 문제로 보이지 않았다. 두 사람은 1967년
6월 14일 6일 전쟁 중인 텔아비브에서 듀엣 연주회를 열었고 그
다음 날 예루살렘에서 유대교 식으로 결혼했다. 자클린느는 남편
을 따라 유대교로 개종했다. 신혼 살림은 연주활동의 중심인 런
던에 차렸다.

이들의 결혼은 가히 '세기의 결혼'이라 할 만했다. 신문에는
다니엘의 품에 안겨 파안대소하고 있거나 함께 음악을 연주하는
자클린느의 사진이 가끔 실렸다. 다니엘은 한계를 모르는 사람이
었다. 그가 이끄는 대로 자클린느는 승승장구했다. 연주회마다
대성황을 이루었고 언론의 평은 언제나 흥분된 찬사 일색이었다.

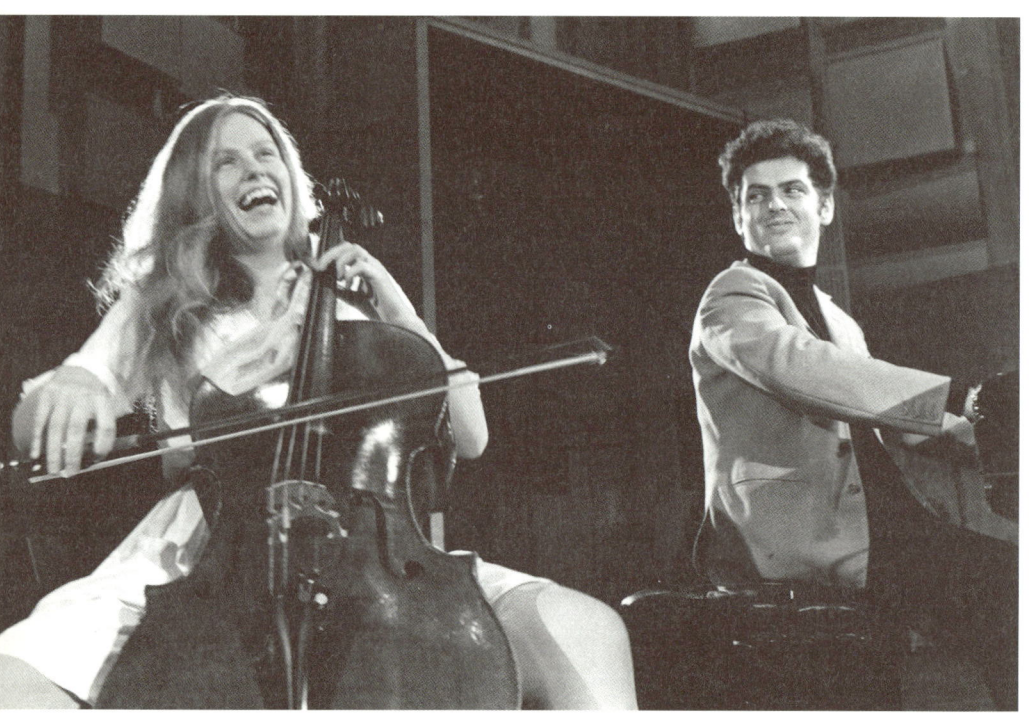

두 사람은 시카고 심포니, 뉴 필하모니아, 클리블랜드 오케스트라 등 다니엘이 지휘하는 오케스트라와 함께 드보르자크Antonin Dvorak, 1841~1904의 첼로 협주곡 등 여러 장의 음반을 녹음하기도 했다. 물론 자클린느가 첼로 소나타를 연주할 때면 만능 음악가인 다니엘은 피아노 반주자로 변신했다. 핀커스 주커만Pinchas Zukerman, 1948~, 이자크 펄만Itzhak Perlman, 1945~, 주빈 메타Zubin Metha, 1936~ 등 다니엘 또래의 유태인 연주자들과 함께 한 실내악 연주들도 빼놓을 수 없다. 눈부신 음악 천재들의 빛나는 결합이었다.

바렌보임과 연주하는 자클린느
ⓒEMI MUSIC KOREA

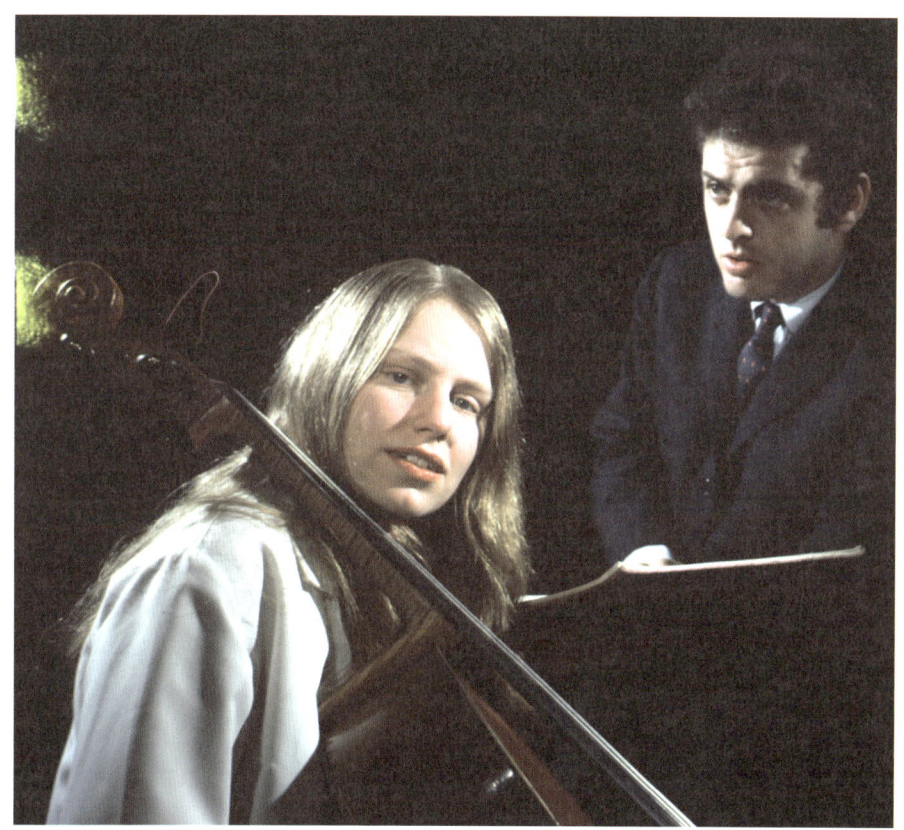

두 사람의 결혼은 '세기의 결혼'으로 불릴만큼 큰 화제를 모았다. 그러나 결혼 직후부터 이들의 결합에는 균열이 가기 시작했다
ⒸEMI MUSIC KOREA

　　과연 자클린느는 행복했을까. 실상 두 사람의 허니문은 그리 길지 않았던 것 같다. 언론은 항상 자클린느를 완벽한 연주자이자 완벽한 여성으로 묘사했지만 언론에 비친 자클린느의 모습은 실제 그녀의 모습과는 많이 달랐다. 일상의 자클린느는 신문에 나오는 사진처럼 예쁘지도 날씬하지도 않았다. 자클린느는 수줍고 뚱뚱했으며 인터뷰를 위해 기자와 만나는 것을 아주 싫어했다. 대중매체에 공개된 생활이 주는 연속적인 긴장감에 남편과의 불화까지 겹쳐지면서 자클린느는 생기를 잃어 가기 시작했다.

　　전신의 신경이 마비되는 다발성 경화증의 징후는 1971년 말부터 나타났다. 손가락과 손의 힘이 빠져서 첼로를 들 수 없거나 거리에서 갑자기 쓰러지는 일이 빈발했던 것이다. 하지만 2년 전부터 자클린느는 이미 진정제를 상용해야 하는 심각한 우울증 환자가 되어 있었다. 그녀는 도저히 다니엘의 스피드를 따라가지 못했다. 다니엘 역시 멍하니 앉은 채 시간을 죽이거나 보드카에 취해서 주정을 해 대는 아내를 이해하지 못했다.

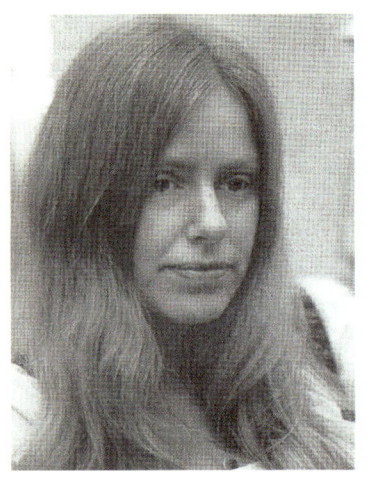

1971년 미국에서. 자클린느가 심각한 우울증 증세를 보이고 있을 때다

1971년 봄, 힐러리는 한밤중에 요란스레 울리는 전화벨에 잠을 깼다. 미국에서 걸려온 자클린느의 전화였다. 수화기 너머로 들려오는 목소리는 분명 정상이 아니었다. 그녀는 신경질적으로 흐느껴 울었다. "다니엘이 날 정신병원에 집어넣으려고 해⋯⋯. 도와줘, 당장 와 줘⋯⋯."

아마 그녀가 진정제를 먹는 것을 다니엘이 발견한 것 같았다. 그녀는 계속 지금 호텔로 와서 자기를 데려가라고 횡설수설했다. 그러나 곧 다니엘이 전화를 뺏어 들었다. 그는 무척 화가 난 목소리로 '왜 우리들의 결혼에 당신들이 간섭하느냐, 당신이 나나 의사보다 더 자클린느를 잘 아느냐.'고 소리쳤다. 힐러리는 동생의 결혼에 간섭할 생각은 전혀 없으며 다만 자클린느가 정상이 아닌 듯 하니 미국으로 가 동생의 얼굴만 보고 오겠다고 말했다. 전화는 요란한 소리를 내며 끊어졌다.

얼마 후 자클린느는 혼자 도망치듯 영국으로 돌아와 언니의 집으로 왔다. 다니엘과는 만나거나 전화하려 하지도 않았다. 그녀는 남편을 몹시 증오하고 있었고 결혼생활은 완전히 끝장난 듯 보였다. 우울증이 너무 심해서 종일 큰 소리로 울 때도 많았다.

자클린느의 우울증을 치료하기 위해 힐러리 부부는 프랑스 해안가로 함께 여행을 떠나기로 했다. 여행은 처음에는 성공한 듯 보였다. 명랑해진 자클린느는 도버 해협을 건너며 배의 갑판 너머로 진정제 병을 던져 버렸다. 그러나 다니엘이 프랑스로 건너오면서 그녀의 증세는 다시 악화되었다. 자클린느는 남편을 필사적으로 피했다. 그를 무서워하는 것 같기도 했다. 결국 아무런 성과 없이 다니엘이 떠난 후, 자클린느의 정신상태는 완전히 허물어졌다.

'괴로운 나날이 계속되던 어느 날 아침, 눈을 뜨니 재키가 사라지고 없었다. 우리는 재키를 빨리 찾지 않으면 위험하다는 사실을 알고 있었다.…… 남편이 재키를 언덕 뒤편에서 찾아 냈다. 그녀는 발가벗은 채 올리브 나무 덤불에 몸을 숨기고 있었다. 멍하니 눈을 뜬 채 부들부들 떨고 있는 동생은 미친 사람처럼 보였다. 재키가 자신의 삶에 걸린 무거운 부담들에서 벗어나지 못한다면 그녀는 정말 미쳐버릴 게 틀림없었다.'

두 번 끝난 삶

언론은 자클린느 뒤 프레가 과도한 연주일정으로 인한 신경쇠약에 시달리고 있으며 1972년까지 공식적인 연주를 중단할 예정이라고 발표했다. 그 기간 동안 자클린느는 애쉬마스워드에 있는 힐러리 부부의 농장에 머물렀다. 어릴 때부터 자클린느는 가족이란 무한정 사랑을 베푸는 존재로만 알고 있었다. 우울증에 시달

리던 이 16개월 가량의 요양기간 동안 그
녀가 힐러리에게 입힌 괴로움은 말로 다
할 수가 없었다. 그러던 중 자클린느는 아
무 말도 없이 자신의 짐과 함께 사라졌고
힐러리는 그녀가 남편과 화해했으며 무
대에도 복귀했다는 사실을 신문을 통해
알았다.

　자클린느는 다시 다니엘의 시계추
같은 스케줄에 맞추어 흔들리기 시작했
다. 연주회와 늦은 저녁식사, 호텔과 장거
리 여행. 이 모든 것들은 그녀가 "견딜 수 없어."라고 소리치며
울던 것들이 아닌가. 과연 자클린느가 또 다시 이 생활을 버틸 수
있을까.

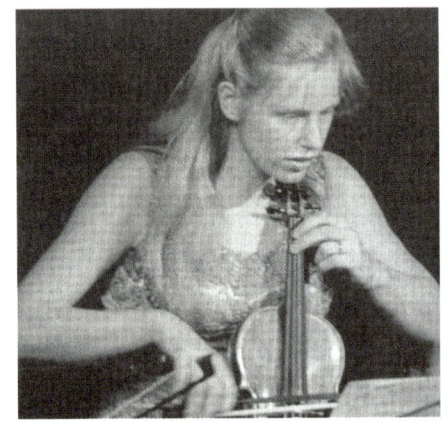

바이올린으로 첼로 연주를
흉내 내는 자클린느.
크리스토퍼 누펜의
다큐멘터리에 담겨 있는
모습이다

　1973년 2월, 자클린느의 공식적인 재기 콘서트가 영국 최대
의 연주회장인 로열 앨버트홀에서 열렸다. 연주곡은 자클린느의
장기인 엘가의 첼로 협주곡이었고 지휘는 다니엘과 자클린느의
친구인 주빈 메타가 맡았다. 그러나 이날 객석에 앉아 있던 관중
들 중 몇몇은 연주를 지켜보며 자클린느에게 무언가 문제가 있다
는 사실을 분명히 감지했다.

　자클린느가 첼로를 높이 들고 뛰는 듯한 걸음으로 무대에
등장할 때만도 이상한 조짐은 전혀 없었다. 환호성과 휘파람이
홀 전체를 울렸다. 무대에 선 그녀는 무척 밝았고 여유로와 보였

다. 정적 속에서 연주를 시작한 자클린느는 곧 깊은 집중력 속으로 빨려 들어갔다. 그녀가 머리를 뒤로 젖히면서 활을 긋자 강렬한 영혼의 울림이 홀 안을 꿰뚫었다.

그러나 첫 소절 이후로 자클린느의 연주는 서서히 느려졌다. 예상치 못했던 오케스트라는 첼로 연주를 조금씩 앞서 나가기 시작했다. 상황을 알아챈 주빈 메타는 오케스트라의 템포를 느리게 하려 애썼다. 그의 팔이 마치 오케스트라를 잡아당기듯이 움직였다. 2악장 끝 무렵에 가서야 예민한 청중들은 자클린느의 변화를 알 수 있었다. 그날의 연주에는 과거의 그녀를 가득 채웠던 자발적인 즐거움이 사라지고 없었다. 무대의 자클린느는 순교자처럼 괴롭게 한 소절 한 소절을 연주해 나가고 있었다.

그 밤의 연주는 무척이나 길고 힘들었다. 마침내 연주가 끝나고 관객들은 기립박수를 보냈다. 자클린느는 웃음으로 온 얼굴을 일그러뜨리며 자신에게 환호하는, 그러나 자신을 이해하지 못하는 청중들에게 답례했다. 이 무대가 자클린느의 마지막 엘가 첼로 협주곡 연주가 되었다.

얼마 후 자클린느는 힐러리 부부를 점심식사에 초대했다. 힐러리의 남편에게 소금통을 건네주던 자클린느의 팔이 갑자기 식탁 중간에서 구부러졌다. 자클린느의 얼굴이 파래졌다. 신음 같은 한마디가 흘러 나왔다. "안 돼, 팔이 안 움직여……."

'다발성 경화증'이라는 낯선 병명을 진단 받은 자클린느는 치료를 위해 뉴욕으로 건너갔다. 비행기에 오를 때만 해도 그녀는 그럭저럭 혼자 걸어 올라갈 수 있었다. 그러나 얼마 후 피어스가 뉴욕에서 만난 자클린느의 모습은 매우 참담했다.

"의사들이 내가 죽을 거라고 했어." 자클린느는 울면서 말했다. "난 이제 걸을 수도 없어. 그 사람들이 죽기 전에 먼저 정신이상이 온다고도 했어. 난 이미 미쳤는지도 몰라." 자클린느는 벌써 죽음의 문턱에 와 있었다. 원래 건강했기 때문에 병세가 다른 사람보다 훨씬 빨리 진행되고 있었다.

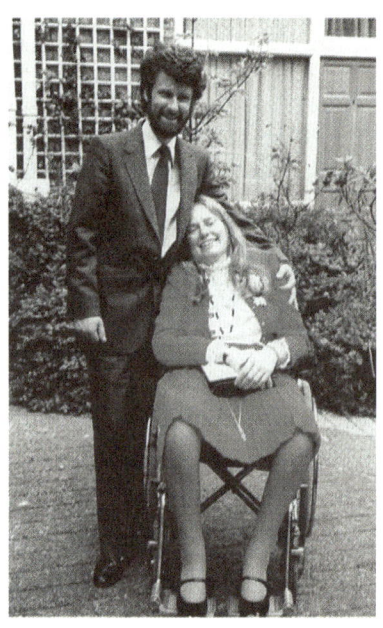

자클린느의 삶은 두 번 끝났다. 한 번은 물론 육체적인 생명의 끈이 끊어진 1987년 10월이다. 그러나 그녀의 생명이 진정 멈춘 순간은 다발성 경화증을 진단받은 1973년일 것이다. 이때부터 1987년까지, 꼭 15년간 자클린느는 내내 병원과 휠체어를 벗어나지 못했다.

은퇴 후 몇 년간은 어느 정도 몸을 움직일 수 있어서 학생들을 위한 마스터클래스를 열었고 다니엘이 지휘한 프로코피예프 Sergei Prokofiev, 1891~1953의 모음곡 〈피터와 늑대〉 음반의 해설자로 나서기도 했다. 전 세계의 첼로 신동들이 이 정상급 첼리스트에게 배우기 위해 런던으로 모여들었다. 이때 자클린느가 가르쳤던 학생 중에는 요요 마Yo-Yo Ma, 1955~와 린 하렐Lynn Harrel도 끼어 있다. 자클린느가 연주하던 두 대의 스트라디바리를 현재 요요 마와 린 하렐이 사용하는 것은 이때의 인연 때문이다.

28세에 다발성 경화증을 처음 진단받은 지 2년 만에 자클린느는 일어설 수 없게 되었다.
첼리스트 모레이 웰쉬와 함께 한 자클린느
ⓒEMI MUSIC KOREA

하지만 마비 증세가 빠르게 진행되면서 마스터클래스를 여는 것도 불가능해 졌다. 죽음을 향해 흘러가면서, 그녀는 점점 세상으로부터 잊혀졌다. 자클린느가 언론에 마지막으로 등장한 것은 1976년 영국 여왕이 수여하는 OBE 작위를 받았을 때였다. 화려했던 스포트라이트도 국가적인 열광도 이제 희미한 과거의 영광일 뿐이었다. 힐러리와 몇몇 친구들 외에는 병실을 찾아오는 사람마저 거의 없었다.

1987년에 접어들어 자클린느의 건강상태는 급격히 악화되었다. 말은 물론, 웃음소리조차 낼 수 없게 되었다. 마음대로 눈을 뜰 수 없어 기구로 눈꺼풀을 벌려놓아야만 했다. 아는 사람이 병실에 들어서면 자클린느는 목구멍에서 그르륵거리는 소리를 냈다. 자클린느가 할 수 있는 유일한 의사표시였다. 한때 그토록 빛나던, 후광을 두른 듯 찬란하던 재능은 더 이상 비참할 수 없는 지경까지 추락하여 시들어 가고 있었다.

1987년 10월 중순, 자클린느는 폐렴에 걸렸다. 19일에 의사는 최후의 순간이 왔다고 말했다. 바람이 몹시 거세게 불던 날이었다. 며칠째 자클린느의 의식은 되돌아오지 않았다. 힐러리와 피어스가 그녀의 곁에 있었다. 정오가 조금 지날 무렵, 연락을 받은 다니엘이 파리에서 급히 날아왔다. 당시 다니엘은 파리에서 러시아 출신의 피아니스트인 헬레나 바쉬키로바Helena Bachkirova와 동거하고 있었다. 다니엘이 지켜보는 가운데 천재적 재능과 자신의 모든 것을 바꾸어야 했던 불행한 여자는 숨을 거두었다.

영혼을 잠식했던 천재성

자클린느 이야기를 할 때마다
사람들은 다니엘에 대한 비난을
빠뜨리지 않는다. 다니엘이 조
금만 더 자클린느를 이해해 주
었더라면, 두 사람이 행복한 결
혼생활을 했더라면 그토록 고통
스러운 결말은 피할 수 있지 않

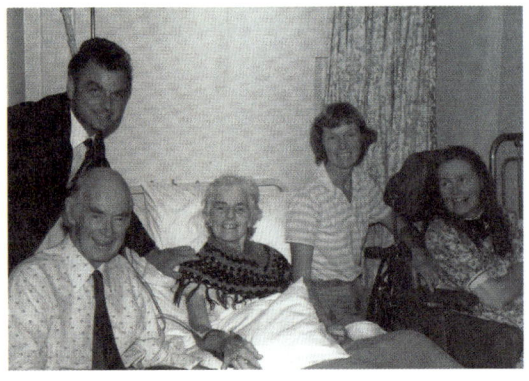

어머니 아이리스가 사망
하기 직전 촬영한 뒤 프레
일가의 마지막 가족사진

았을까하고 말이다. 하지만 누구도 알 수 없는 일이다. 어쩌면 자
클린느의 발병은 그 누구의 탓도 아닌, 그녀 자신의 숙명이었을
것이다.

자클린느의 마지막을 지켜본 언니 힐러리 역시 다니엘을 비
난하지는 않는다. 힐러리가 바라본 그는 분명히 자기 방식대로
자클린느를 사랑했다. 다만 서로를 이해하기에는 둘의 성격이 너
무도 달랐다.

'1995년 가을, 런던에 온 다니엘을 오랜만에 만났다. 재키가 죽은 후 처
음으로 우리는 그녀에 대해서 편안하게 이야기했다. 다니엘은 말했다.
"난 항상 재키의 음악적 재능에 감탄하곤 했지요. 연주할 때는 언제나
자신이 원하는 바로 그 소리를 냈고 첼로라는 악기의 한계 너머까지 갔
었어요. 아마 첼로 입장에서도 재키 같은 연주자는 한번도 만난 적이 없
을 걸요." 우리는 함께 웃었다.
"다니엘, 재키가 그리워요?"

그는 잠시 침묵을 지켰다.

"아주 많이……. 난 아직도 런던에 오면 이곳에서 재키와 연주하던 생

각이 나서 즐거워요."

"그 애 무덤에 가 보았나요?"

"아니오." 그는 어깨를 으쓱했다. "난 무덤 같은 데는 안 가요. 어머니 무

덤에도 가 본 적이 없어요.'"

다니엘은 바로 그런 사람이었던 것이다.

자클린느의 생애는 처음부터 끝까지, 철두철미하게 천재의

삶 그것이다. 아주 어릴 때부터 천부적인 소질을 보였다는 점이

나 특별한 스승 없이도 완벽한 음악을 연주할 수 있었다는 점, 그

리고 십대에 이미 정상의 연주자가 되었다는 점 등등. 더구나 여

성이라는 신체적 한계를 극복한 그녀의 연주능력에는 절로 감탄

사를 터뜨릴 수밖에 없다. 자클린느의 은퇴 이후에도 여러 명의

뛰어난 여성 첼리스트들이 나왔지만 그 누구도 자클린느가 이뤄

낸 음악적 성과에는 접근하지 못했다. 자클린느는 다니엘 바렌보

임의 말대로 '첼로라는 악기의 한계 너머까지 갔던' 연주자였다.

그러나 그처럼 넘치는 재능에 비해 자클린느라는 한 여자는

너무도 평범한 인간이었다. 비범한 재능을 수용하기에 자클린느

는 모자라는 그릇이었던 것이다. 이것은 결코 자클린느에 대한

폄하나 비방이 아니다. 무릇 천재라면 자클린느보다는 그녀의 남

편이었던 다니엘 같아야 한다. 자신이 천재라는 사실을 당연하게

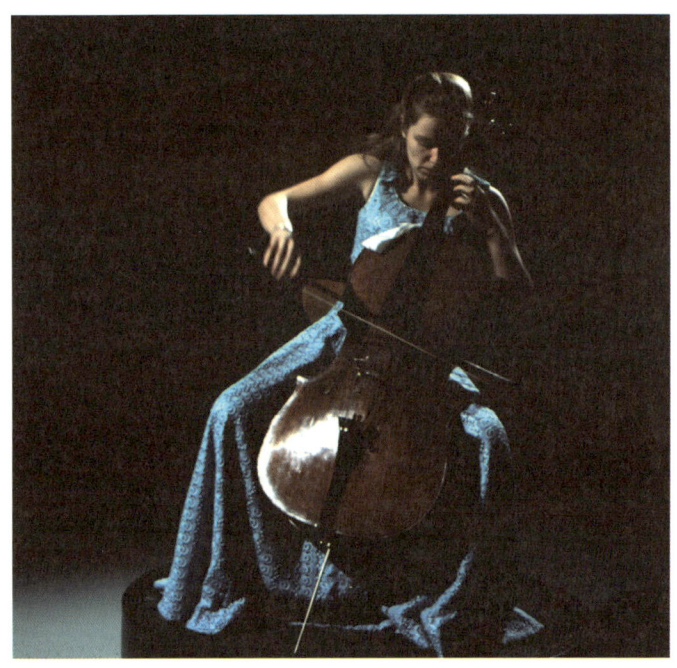

무대를 떠난지 30년
이상의 시간이 흘렀지만,
아직도 자클린느에 견줄
만한 여성 첼리스트는
거의 없다
ⓒEMI MUSIC KOREA

생각하고 과시할 줄 아는, 그래서 어느 자리에서든지 "나는 천재
다. 나는 당신네들 같은 범인보다 훨씬 뛰어난 존재다."라고 말하
며 감탄하거나 질시하는 눈길을 즐길 줄 아는 담대한 인간성이
필요한 것이다.

거기에 비해 자클린느는 그저 보통 여자에 불과했다. 콘서
트장과 공항, 호텔로 이어지는 정상급 연주자의 삶을 못 견뎌했
고 남편과의 아기자기한 삶을 꿈꾸었다. 하지만 어린 시절부터
자신보다 훨씬 나이 많은 사람들에 둘러싸여 살아야 했고 정규

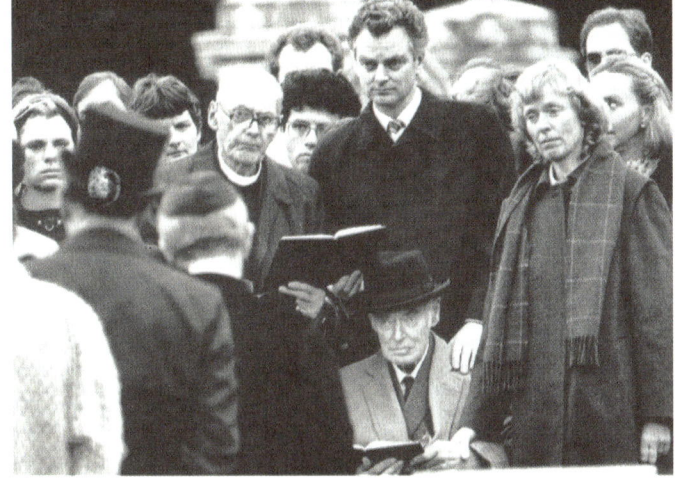

자클린느의 장례식.
가운데 키 큰 사람이
남동생 피어스.
그 옆이 언니 힐러리다.
피어스 앞에 앉은 노인은
자클린느의 아버지
데릭 뒤 프레

학교도 나오지 않은 천재소녀에게 평범한 꿈을 꿀 여지란 없었다. 또래 친구는 거의 없었고 에너지 폭탄 같은 남편은 아내의 불안감을 전혀 이해하지 못했다. 천재적 재능은 한 평범한 여자의 영혼을 서서히 잠식해 들어갔다. 전신마비와 정신착란으로 진행되는 다발성 경화증이라는 비극적 병은 이렇듯 삶의 모순이 극대화되었다는 정점을 알리는 하나의 신호였을지도 모른다.

금발머리를 날리는 차가운 바람과 눈보라를 유난히 좋아했다는 자클린느는 때 아닌 강풍과 이른 눈발이 영국 전역을 뒤덮던 1987년 10월 19일 저녁 8시 30분 세상을 떠났다. 그녀는 단한마디 마지막 말도 남기지 못했다.

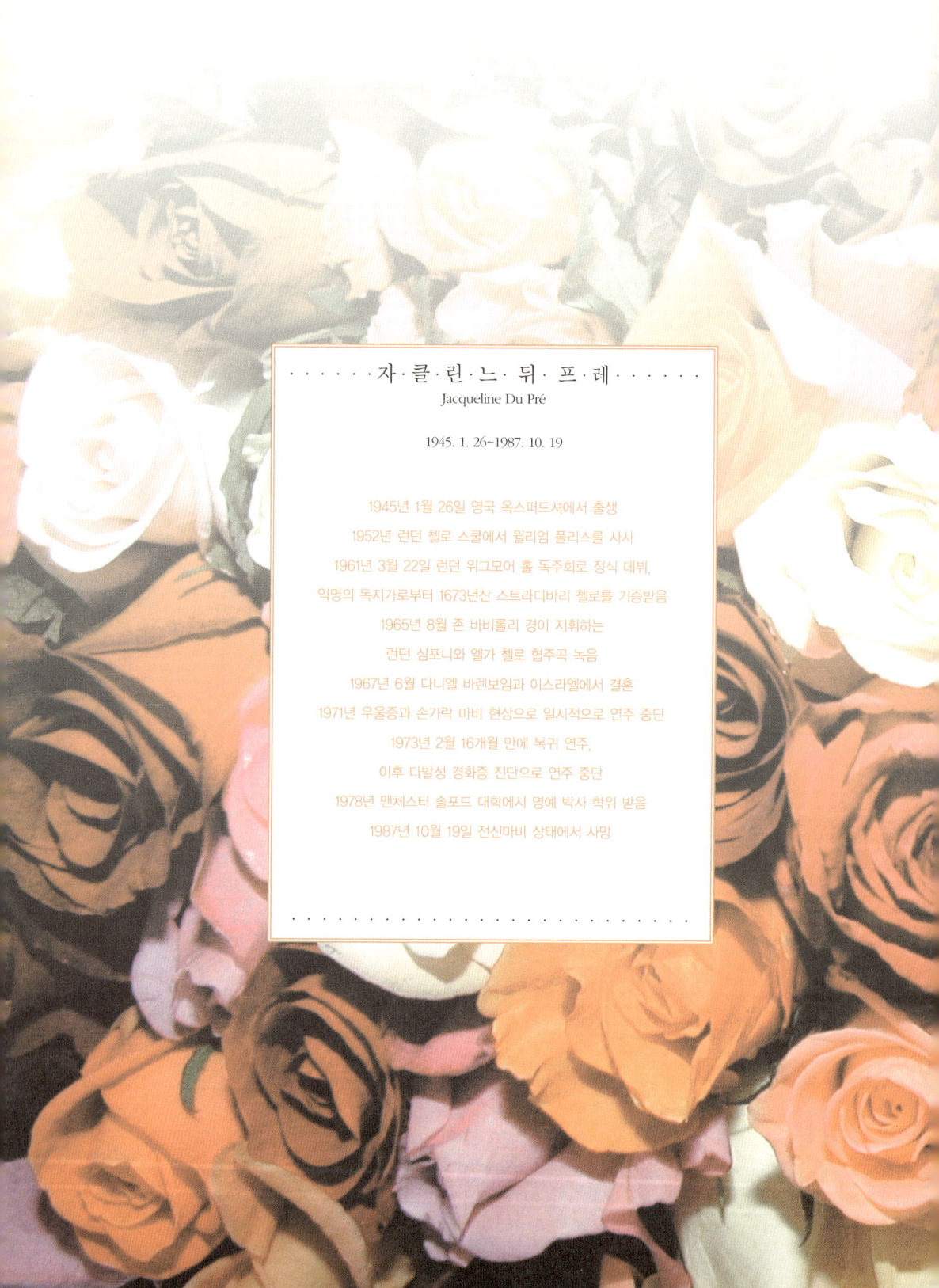

· · · · · · 자·클·린·느 뒤·프·레 · · · · · ·

Jacqueline Du Pré

1945. 1. 26~1987. 10. 19

1945년 1월 26일 영국 옥스퍼드셔에서 출생

1952년 런던 첼로 스쿨에서 윌리엄 플리스를 사사

1961년 3월 22일 런던 위그모어 홀 독주회로 정식 데뷔,

익명의 독지가로부터 1673년산 스트라디바리 첼로를 기증받음

1965년 8월 존 바비롤리 경이 지휘하는

런던 심포니와 엘가 첼로 협주곡 녹음

1967년 6월 다니엘 바렌보임과 이스라엘에서 결혼

1971년 우울증과 손가락 마비 현상으로 일시적으로 연주 중단

1973년 2월 16개월 만에 복귀 연주,

이후 다발성 경화증 진단으로 연주 중단

1978년 맨체스터 솔포드 대학에서 명예 박사 학위 받음

1987년 10월 19일 전신마비 상태에서 사망

최후의 마스터피스

〈자클린느 뒤 프레를 기억하며Remembering Jacqueline du Pré〉(EMI)

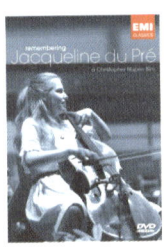

비록 27세에 연주 활동을
중단하긴 했지만 자신의
운명을 예견한 듯,
자클린느는 30여 장에
달하는 음반을 남겨 놓았다
ⒸEMI MUSIC KOREA

자신의 앞날을 예견이라도 했던 것일까? 비록 연주자로서의 삶은 짧았지만 10년 남짓한 시간 동안 자클린느는 30여 장에 달하는 음반을 남겨 놓았다. 자클린느의 디스코그라피를 뒤져 보면 바흐의 무반주 첼로 모음곡 2번, 베토벤과 브람스의 첼로 소나타, 보케리니와 하이든, 슈만, 드보르자크의 협주곡 등 1961년 부터 1973년 초까지 상당한 분량의 녹음이 진행되었음을 알 수 있다.

자클린느는 녹음뿐만 아니라 당시로는 드물게 영상물도 남겨 놓았다. 영국 BBC 방송의 프로듀서 크리스토퍼 누펜Christopher Nupen은 클래식 음악가들을 주인공으로 한 다큐멘터리를 다수 제작했는데, 이중 에는 자클린느를 담은 영상이 적지 않다.

〈자클린느 뒤 프레를 기억하며〉는 1995년에 자클린느의 탄생 50주년을 기념해 제작된 DVD다. 10 여 년 쯤 전에 같은 영상을 LD로 본 애호가들도 있을 것이다. 브람스의 첼로 소나타 2번, 베토벤 소나타 3 번, 그리고 바비롤리 경과 함께 엘가의 첼로 협주곡을 연주하는 장면 등이 리허설과 함께 편집되어 있다. 크리스토퍼 누펜의 카메라는 별다른 기교 없이 담담하게, 그러나 애정을 듬뿍 담은 채 자클린느를 쫓아간 다. 자클린느 역시 카메라를 거의 의식하지 않는 자연스러운 모습이다.

〈자클린느 뒤 프레를 기억하며〉의 백미는 자클린느가 바렌보임, 이자크 펄만, 주빈 메타 등 '유태계 패밀리'와 함께 슈베르트의 〈송어〉 5중주를 리허설하는 장면이다. 그야말로 '백만불 5중주단'인 셈이다. 펄만의 바이올린으로 첼로 켜는 흉내를 내는 자클린느의 장난스러운 모습에 가슴이 뭉클해진다. 비록 현 실의 자클린느는 비극적인 투병 생활과 죽음을 맞았지만, 이 영상 속의 자클린느는 젊고 활기찬 모습으로 영원히 살아 있다.

작가 F 스콧 피츠제럴드 작가 F 스콧 피츠제럴드

작 가 F 스 콧 피 츠 제 럴 드

작 · 가 · F · 스 · 콧

피 · 츠 · 제 · 럴 · 드

F. Scott Fitzgerald

미국의 작가. 스물아홉 살이던 1925년 장편소설 〈위대한 개츠비〉로 명예와 인기, 부를 일거에 거머쥐며 미국 젊은이들의 우상으로 떠올랐다. 가난한 집에서 태어나 주류 밀매로 거부가 되는 풍운아 같은 주인공 개츠비의 삶을 그린 〈위대한 개츠비〉는 당시 미국인들의 부에 대한 열망과 일그러진 꿈, 그리고 과열된 경제 호황 속에서 목표 없이 방황하던 젊은 세대의 분위기를 소름 끼칠 만큼 정확히 담아냈다는 평을 들었다.

이후 미국과 유럽을 오가는 화려한 삶을 누리며 헤밍웨이, 조이스를 비롯한 당대 예술가들과 교류했으나 〈위대한 개츠비〉 이후 제대로 된 작품을 쓰지 못해 점차 영락의 길로 접어들었다. 마침내 빚에 쫓긴 알코올 중독자로 전락한 피츠제럴드는 할리우드로 건너가 극작가로 변신을 꾀했으나 이 역시도 성공하지 못했다. 다섯 번째 장편 〈라스트 타이쿤〉을 쓰다 알코올 중독과 약물 남용으로 인한 심장마비로 급사했다. 〈위대한 개츠비〉를 비롯한 네 편의 장편과 희곡 한 편, 160여 편의 단편을 남겼다.

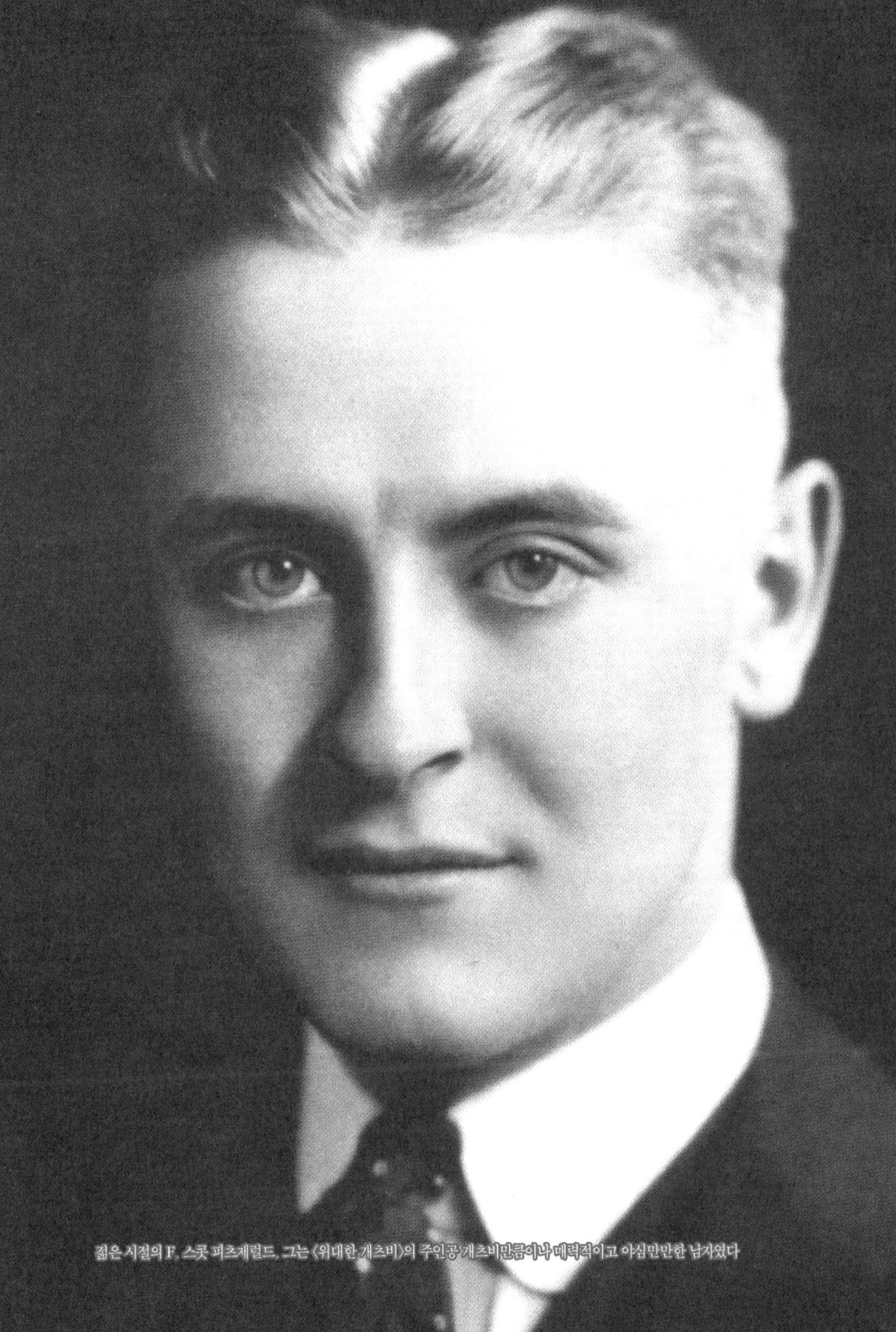

젊은 시절의 F. 스콧 피츠제럴드. 그는 〈위대한 개츠비〉의 주인공 개츠비만큼이나 매력적이고 야심만만한 남자였다

내 인생에 2막이란 없다

부모와 자식이 하나의 숙명이듯, 남편과 아내가 한 배를 탄 인연이듯, 작가와 그 작품은 떼려야 뗄 수 없는 질긴 운명의 끈으로 묶인 존재다. 그럴 수밖에 없는 것이 무릇 모든 작품은 작가의 체험과 사색에서 나오기 마련이고, 결국 정도의 차이는 있지만 작품은 작가의 삶을 담아내기 때문이다.

그런데 F. 스콧 피츠제럴드의 경우는 그 정도가 한결 심하다. 조금 과장해 말하자면 피츠제럴드의 인생은 〈위대한 개츠비〉 그 자체다. 작가는 이 소설을 통해 자신의 미래를 미리 예견하고 있다는 느낌마저 든다. 피츠제럴드도 그리고 개츠비도 가난 때문에 연인을 잃고 군대에 입대했고 어떤 계기(개츠비는 밀주 제조, 피츠제럴드는 소설)를 통해 젊은 나이에 엄청난 부와 사회적 지위를 획득한다. 그리고 여봐란 듯 사치스럽고 무절제한 삶을 살지만 그것도 잠시, 거짓말처럼 그 모든 것을 허망하게 잃어 버리고 만다. 어디 이뿐인가. 한 명의 여자를 향한 집요한 애정행각도, 핸섬한 외모에 거들먹거리는 듯한 말투도 두 사람이 똑같다. 결정적으로 두 사람의 종말은 너무도 흡사하다. 엉뚱한 사람의 총에 맞아 저택 수영장에 시체로 떠오른 개츠비처럼 피츠제럴드도 필생의 작품을 쓰기 위해 전력투구하다 심장마비로 급사한다. 살아 있는 모든 순간순간을 놓칠세라 미칠 듯 삶을 갈구하던 두 사람은 약속이나 한 듯 갑자기 삶의 끈을 놓아 버린 것이다.

비록 한 사람은 실제 인물이고 또 한 사람은 허구이지만 두 사람이 보여 주는 삶의 모습은 공작새의 날개처럼 화려하고 공허하며 또 슬프다. 그것은 마치 장밋빛 환상으로 가득 찼던 20세기 전반 미국 젊은이들의 꿈, '재즈의 시대The Jazz Age'의 급작스런 사망 선고처럼 들린다.

오직 성공을 향한 삶

피츠제럴드의 삶을 이야기할 때 제일 먼저 거론해야 할 부분은 성공에 대한 그의 무시무시한 집착이다. 사실 20세기 전반 미국의 분위기에서 젊은이들은 성공을 갈구하지 않을 수가 없었다. 제 1차 세계 대전은 연합군 측의 승리로 끝났고 세계 경기는 호황 일변도였으며 그중에서도 미국은 전쟁을 호기 삼아 신흥 강대국으로 떠오르고 있었다. 여기저기에 큰 돈을 벌 기회가 적지 않았다. 신흥 갑부들은 쉽게 번 돈을 흥청망청 써 대며 쾌락의 절정을 만끽했다.

엄청난 부와 도덕적 타락. 그리고 무가치와 혼돈 뒤에 숨은 우울의 그림자. '재즈의 시대'로 불렸던 백 년 전 미국의 상황은 마치 20세기 판 바빌론 같았다. 비록 '재즈의 시대' 중심에 서 있었지만 피츠제럴드 자신도 이런 분위기를 비판하며 "미국인들의 삶에 2막이란 없다."고 말하기도 했다.

그러나 이런 시대적 배경을 감안한다 해도 피츠제럴드의 성공을 향한 갈구는 엄청났다. 돈, 명예, 사회적 지위, 사랑. 그는 단 한순간도 이 모든 것을 획득하려는 야망을 잊은 적이 없었다. 그리고 그 역시 다른 부자들처럼 자동차나 호텔, 사치스러운 파

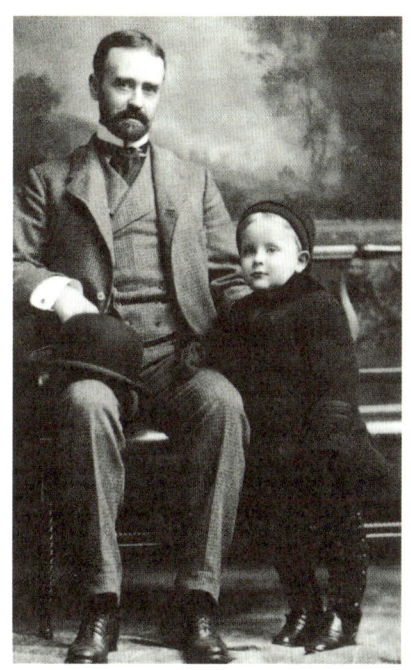

아버지와 함께 한
어린 시절의 피츠제럴드

티와 모피코트, 해외여행 등에 아낌없이 돈을 써 댔다. 물론 그가 부를 얻은 수단은 다른 사람들처럼 주식이나 밀주, 무역 등이 아닌 소설이었지만 말이다.

놀랍게도 20세기 미국 문학의 최고봉으로 평가받는 〈위대한 개츠비〉를 썼을 때 피츠제럴드의 나이는 29세에 불과했다(미국 랜덤하우스 사는 20세기에 출판된 가장 뛰어난 영어 소설 1위에 제임스 조이스의 〈율리시즈〉를, 그리고 2위로 〈위대한 개츠비〉를 선정했다). 그는 이 한 작품을 통해 롤러코스터처럼 순식간에 정상에 도달했고, 또 순식간에 무너져 내렸다. 묘하게도 그의 삶은 제 1차 대전 후 급속도로 발전했다가 1929년 대공황을 맞으며 급전직하 추락한 미국의 경제 상황과 궤적을 같이 한다. 그는 작품에서 뿐만 아니라 삶 자체에서도 당시 시대상을 고스란히 보여주는 듯 하다.

F. 스콧 피츠제럴드는 1896년 9월 24일 미국 미네소타의 세인트폴에서 태어났다. 그는 에드워드 피츠제럴드와 메리의 셋째였다. 두 아이 모두 어릴 때 사망한 탓에 피츠제럴드가 실질적인 장남이었다. 그는 항상 병치레가 끊이지 않았다. 셋째 아이마저 잃을까 부모를 노심초사하게 만든 그가 처음으로 입 밖에 낸 말

이 "위로UP"였다는 사실은 의미심장하다. 성공을 향해 끝없이 달렸던 그의 삶은 태어나는 순간부터 정해진 숙명이었을지도 모를 일이다.

피츠제럴드가 두 살 때인 1898년, 아버지 에드워드의 가구사업이 파산했다. 직업을 잃은 에드워드는 이곳저곳을 오가며 영업사원으로 일했지만 하는 일마다 잘 되지 않았다. 술에 의지해 자신은 실패자라는 한탄을 되풀이하던 그는 마침내 야채 가게 점원으로까지 추락했다. 가족은 아버지의 직업이 바뀔 때마다 이리저리 이사하며 허름한 호텔이나 월셋집에서 다시 이삿짐을 꾸리곤 했다. 어머니 메리는 남편에 대한 희망을 접고 모든 기대를 장남에게만 쏟아 부었다.

이 같은 집안 분위기가 성공과 돈에 대한 강박적인 집착을 가졌던 한 소년의 가치관에 영향을 미쳤던 것은 분명하다. 피츠제럴드는 훗날 성공한 후에도 평생 자신의 집을 사지 않고 호텔에서 살았는데 이 역시 제대로 된 집에서 살아본 적이 없었던 어린 시절의 기억 때문일 것이다.

소년 피츠제럴드는 운동경기와 문학을 광적으로 좋아했지만, 그러면서도 친구와 잘 지내지 못하는 독불장군 같은 성격이었다. 그는 특히 경기에서 승리했을 때의 쾌감을 즐겼다. 하지만

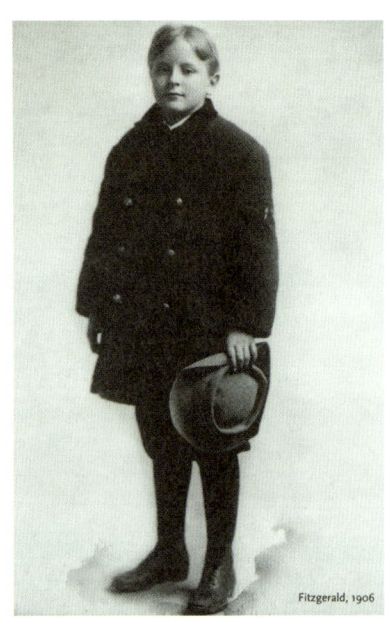

Fitzgerald, 1906

열 살 때의 피츠제럴드. 아버지의 사업이 실패해 경제적으로 곤란을 겪고 있던 시절이다

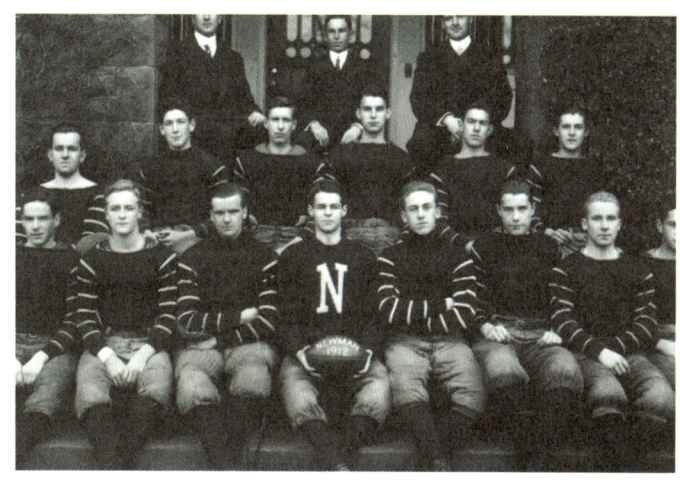

뉴먼 고교 시절의 피츠제럴드(앞줄 왼쪽에서 두 번째). 승부욕이 매우 강했던 그는 고교 미식축구팀의 일원으로 활약했다

키가 작고 왜소한 편이어서 대학(프린스턴) 때까지 자신이 원했던 미식축구 클럽에 가입하지 못했다. 대신 피츠제럴드는 경기에서의 승리만큼이나 짜릿하고 흥분되는 일이 있다는 사실을 깨닫게 된다. 바로 자신의 작품이 인쇄매체에 실렸을 때의 감격이었다. 열세 살 때인 1909년, 그는 교내 신문에 소설 〈레이몬드 저당의 신비 The Mystery of the Raymond Mortgage〉를 투고해 난생 처음 자신의 작품이 인쇄되는 경험을 한다. 〈레이몬드 저당의 신비〉가 실린 신문을 초조하게 기다리던 소년 피츠제럴드. 막 배달된 신문을 본 순간 그는 흥분을 감추지 못하고 "여기 실렸어! 드디어 실렸어!"하며 마구 소리를 질러댔다. 고교 과정인 뉴먼 스쿨에서도 피츠제럴드는 여전히 스포츠광이었다. 그가 여러 대학 중 프린스턴대학을 지망한 것도 당시 프린스턴 미식축구부에 있었던 뛰어난 선수 샘 화이트 때문이었다고 한다.

프린스턴 입학을 준비하며 그는 난생 처음 뉴욕을 방문하게 되는데, 대도시 뉴욕이 그에게 남긴 인상은 대단히 강렬한 것이었다. 작가가 된 후 그는 "뉴욕은 태초의 무지개 빛 같은 광휘를 발하고 있었다."고 술회했다. 그가 받은 뉴욕의 첫인상은 〈위대한 개츠비〉의 화자인 닉 캐러웨이가 말한 "나는 뉴욕이 좋아지기 시작했다. 활기 있고 모험으로 가득한 밤의 분위기와 끊임없이 명멸하는 남녀와 자동차들이 들떠 있는 눈동자에 안겨 주는 만족감이 마음에 들기 시작한 것이다."와 크게 다르지 않다.

두 번 째 여자 젤더

시험 성적은 시원찮았지만 면접 결과가 좋았던 피츠제럴드는 조건부로 간신히 프린스턴에 입학했다. 하지만 대학에서도 성적은 하위권이었고 중퇴와 재입학을 반복했다. 그리고 끝내 대학 졸업장은 받지 못했다.

대학 2학년 시절인 1914년의 크리스마스 파티에서 피츠제럴드는 두 살 연하의 소녀인 지너브러 킹Ginevra King을 만났다. 그러나 지너브러는 미래가 불확실한 가난한 집안 소년과 오래 교제할 생각은 추호도 없었다.

아담하고 학구적인 대학은 피츠제럴드에게 성공을 향한 어떤 열쇠도 주지 못했다. 대학에 실망한 피츠제럴드는 제 1차 대전에 참전하기 위해 입대를 결심한다. 당시 성공을 향한 가장 빠

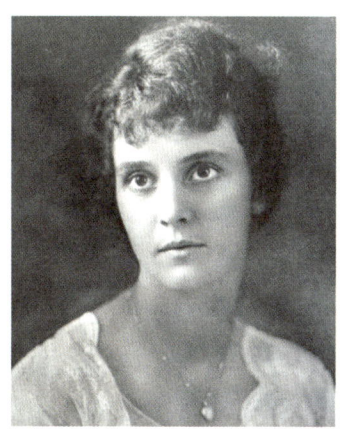

피츠제럴드의 첫사랑인
지너브러 킹. 그녀는
피츠제럴드가 군대에
간 사이 부잣집 남자와
약혼했다

른 길 중의 하나가 전쟁에 나가는 일이었다. 큰 돈을 버는 것. 그래서 지너브러를 되찾는 것. 이것이 갓 스물의 청년 피츠제럴드가 품은 야망이었다.

하지만 얼마 안 가 지너브러가 부잣집 남자와 약혼했다는 소식이 날아왔다. 대학과 연애에서 동시에 실패했다는 사실은 그에게 지워지지 않는 우울한 기억으로 남았다. '1917년 나는 대학에 대한 모든 꿈을 완전히 접었다. 모든 것은 다 내 잘못이다.' 〈위대한 개츠비〉의 제이 개츠비가 군대에 간 사이, 데이지가 부잣집으로 시집간 것과 똑 같은 상황이 벌어진 셈이다.

공교롭게도 피츠제럴드가 해외로 파병되기 직전에 제 1차 대전은 끝났다. 군대에서 훈련을 받는 동안 그는 매일 아침마다 소설을 쓰기 시작했다. 캔자스와 켄터키 주의 훈련 캠프들을 오가는 와중에 무려 12만 단어에 이르는 장편을 썼다는 사실도 놀라운데 더욱 놀라운 것은 그가 이 작품을 단 3개월 만에 탈고했다는 점이다. '매일 아침마다 한 단락씩, 또 한 단락씩 써 내려 갔다. 나의 과거를 회상해서 편집하며, 또 일부는 상상 속에서 이야깃거리를 만들어 내며 말이다.'

이 작품이 피츠제럴드의 첫 장편인 〈낭만적 에고이스트The
Romantic Egoist〉다. 스크리브너스를 비롯한 여러 출판사에서 거절당
했던 이 작품은 2년 후인 1919년 〈낙원의 이쪽 This Side of Paradise〉
라는 제목으로 개작되어 출간된다. 바야흐로 작가 피츠제럴드의
인생이 시작된 것이다.

군대에 있을 때 피츠제럴드는 새로운 여성을 만난다. 젤더
세이어Zelda Sayre라는 이 소녀는 매우 아름다운 발레리나였고 피츠
제럴드만큼이나 성공을 향한 야심으로 가득했다. 둘은 열렬한 사
랑에 빠지지만 지너브러 때와 마찬가지로 이번 역시 피츠제럴드
의 불확실한 미래가 문제였다. 그러나 피츠제럴드는 이 여자를
놓칠 수 없었다. 그녀는 비교적 좋은 가문-젤더의 아버지는 앨라
바마 주의 대법관이었다-의 딸답게 도도하고 우아했다. 그녀의
가족이 정신병력을 가지고 있다는 사실 따위는 아무 문제도 될
수 없었다.

사실 그보다 더 큰 문제는 젤더의 행동거지였다. 그녀는 무
분별하고 자제할 줄 모르는 성격의 소유자였다. 피츠제럴드 역시
결혼 전부터 이 사실을 잘 알고 있었다. 가까운 친구 한 명이 젤
더의 행동에 문제가 있음을 지적하자 피츠제럴드는 이런 답장을
보냈다.

'젤더의 성격이 너무 강해서 가끔 비판의 대상이 된다는 걸 나 역시 잘
알고 있네. 사람들 앞에서 껌을 씹거나 야한 이야기를 듣고 웃어대거나

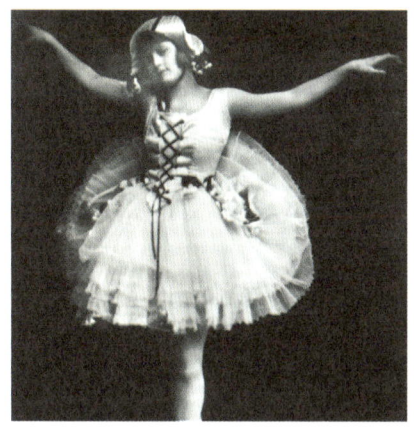

젤더 세이어. 발레리나였던
젤더는 아름다운 외모와
피츠제럴드만큼이나
강렬한 야심의 소유자였다

쉴 새 없이 담배를 피우는 게 바람직한 행동은 아니지. 더구나 당당하게 "지금까지 몇 천 명의 남자와 키스했고 앞으로도 그 이상의 남자들과 키스할 것"이라고 공언하는 소녀를 누가 비판하지 않겠나. 하지만 난 그런 그녀의 용기마저 사랑한다네⋯⋯. 카톨릭을 떠난 지금, 젤더는 나의 유일한 신이야.'

이 편지에서 알 수 있듯이, 피츠제럴드는 솔직하고 거침없는 남자였다. 그리고 이 점은 젤더 역시 마찬가지였다. 더구나 피츠제럴드는 어디서나 눈에 띌 만큼 핸섬한 멋쟁이였고 젤더 또한 드물게 아름다운 처녀였다. 젊은 소설가와 발레리나 출신의 연인. 둘은 지역 사회에서 충분히 화젯거리가 될 만했고 가끔 지방 신문들의 취재 대상이 되기도 했다.

1919년, 전쟁은 끝났고 〈낭만적 에고이스트〉는 스크리브너스에서 출판이 결정되었다. 그 외에도 '새터데이 이브닝 포스트 Saturday Evening Post'를 비롯한 몇몇 신문과 잡지들이 피츠제럴드의 단편을 실어 주었다. 〈낭만적 에고이스트〉가 〈낙원의 이쪽〉이라는 제목으로 출판된 지 한 달 만인 1920년 4월 3일 피츠제럴드와 젤더는 결혼했다. 둘의 신혼여행지는 뉴욕이었다.

작가의 자전적 스토리에 1910년대의 미국 분위기를 담아낸 〈낙원의 이쪽〉은 비교적 호평을 얻었다. '뉴욕 타임스'는 '환상

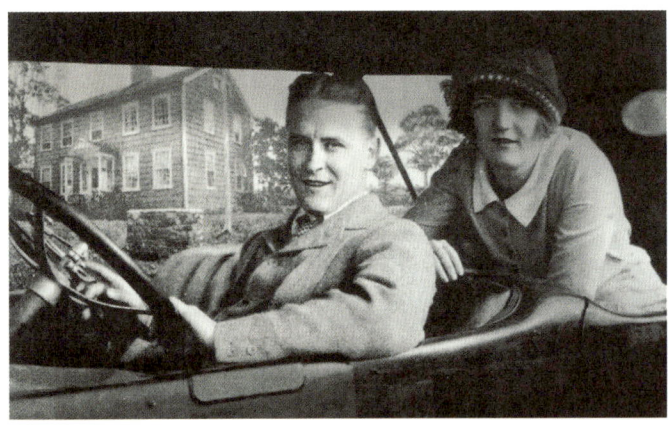

결혼할 당시의
피츠제럴드와 젤더

적인 이야기 속에서 빛나는 젊은 영혼……작가의 균형감각과 문
학적 스타일도 훌륭하다.'는 평을 실었다.

　　소설의 성공으로 피츠제럴드는 일약 뉴욕의 명사로 떠올랐
다. 젊고 아름다운 소설가 부부는 갖가지 기행을 일삼았다. 파티
에서 옷을 입은 채 분수에 뛰어들거나 오픈카를 타고 브로드웨이
를 질주하는 등, 이들이 가는 곳이면 어디나 새로운 화젯거리가
만발했다. 특히 두 사람은 파티에 광적으로 집착했다. 이들은 매
일 밤 뉴욕의 호텔들에서 열린 각종 파티에서 새벽까지 술을 마
시며 춤을 추다 쓰러지곤 했다. 피츠제럴드 본인은 이 모든 향락
이 순간의 꿈일 뿐이라는 사실을 잘 알고 있었지만, 그러면서도
파티에서 즐기고픈 욕구를 억제할 수가 없었다.

　　다행히 젤더가 임신을 하면서 이들의 흥청대는 생활은 잠시
진정되는 듯 했다. 두 사람은 호화로운 유럽 여행을 마친 후, 피

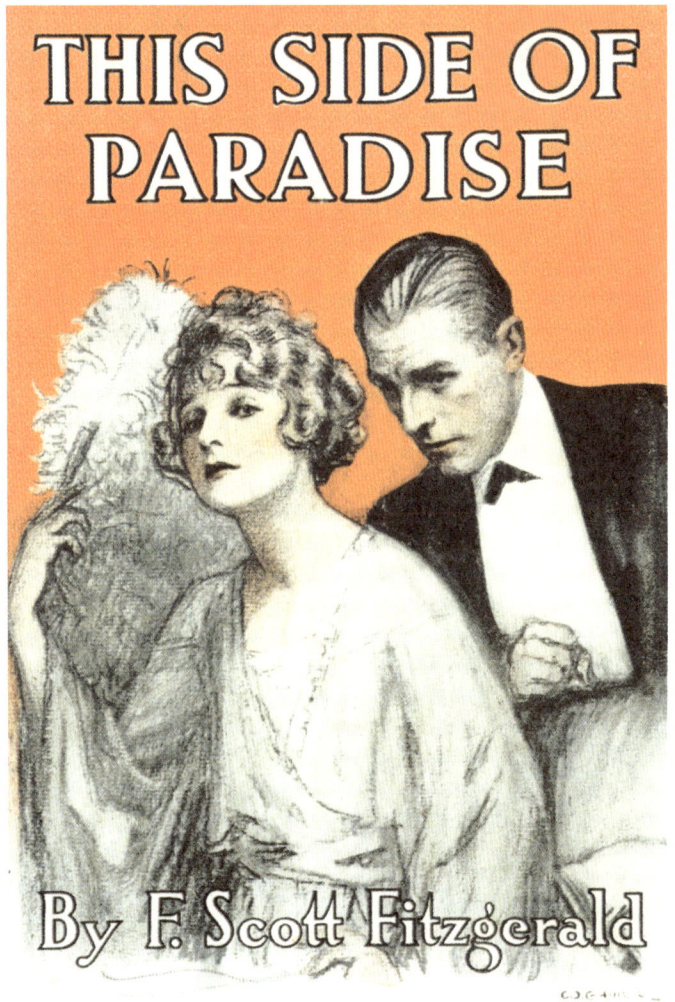

1920년 출판된
피츠제럴드의 처녀작
〈낙원의 이쪽〉 표지

츠제럴드의 고향인 세인트폴로 돌아가 딸 스코티^{Scottie}를 낳았다.
젤더는 세인트폴의 한적한 분위기에 금방 싫증을 냈다.

　〈낙원의 이쪽〉 판권이 영화사에 1만 달러에 팔리고 판매 역
시 5만 부에 달할 만큼 호조를 보였지만 이 정도 수입으로는 이
들의 사치스러운 생활을 감당할 수 없었다. 피츠제럴드는 빚을
갚기 위해 끊임없이 단편을 써 '새터데이 이브닝 포스트'에 발표
했다. 단편을 쓰고 또 써 빚을 갚고, 다시 새로운 빚을 내는 악순

환은 그가 사망할 때까지 계속되었다. 피츠제럴드는 대단히 빨리 글을 쓰는 작가였고 매체들은 단편의 가격을 점점 올려 주었다. 작가로서의 인기가 절정에 이르렀던 1929년에 '새터데이 이브닝 포스트'가 그에게 단편 한 편당 지급한 고료는 무려 4천 달러였다. 그럼에도 불구하고, 빚은 해가 갈수록 불어났다.

"마침내 참으로 내 작품이라고 할 만한 소설을 썼다"

1924년 프랑스 리비에라에 머물던 피츠제럴드는 스크리브너스 출판사의 담당자 맥스웰 퍼킨스Maxwell Perkins에게 편지를 보냈다.

'마침내 참으로 내 작품이라고 할 만한 소설을 썼다네.'

프랑스에 머물 당시 피츠제럴드의 상황은 그리 좋지 않았다. 젤더가 신경쇠약 징후를 보이기 시작한데다 프랑스인 비행사 에두아르드 조장Edouard Jozan과 불륜에 빠졌다. 그는 아내의 애정 행각에 심한 타격을 받았다. 우여곡절 끝에 부부의 관계는 다시 회복되었다. 하지만 그는 이 사건을 다음과 같이 메모해 놓았다.

'1924년 9월, 내가 알게 된 사실은 돌이킬 수 없는 것이었다.'

이런 와중에서 파리와 리비에라 해안을 오가며 피츠제럴드는 〈위대한 개츠비〉를 썼다.

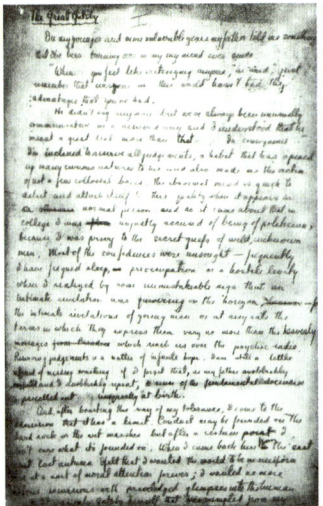
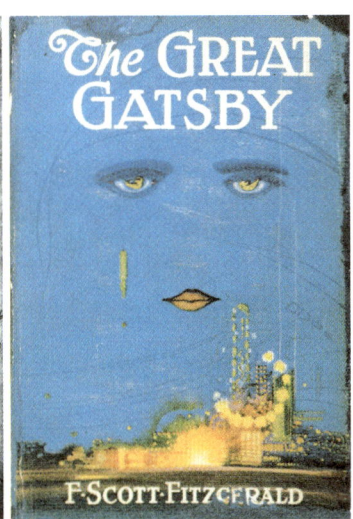

피츠제럴드가 직접 쓴
〈위대한 개츠비〉의
첫 번째 페이지

　　이 소설은 '왜 가난한 청년은 부잣집 여자와 결혼할 수 없는
가' 라는 문제의식에서 출발한다. 가난한 청년 제이 개츠비는 군
대에 간 사이 연인 데이지가 부잣집 남자인 톰 뷰캐넌과 결혼했
다는 사실을 알게 된다. 개츠비는 밀주 제조로 거부가 된 후, 톰
의 옆집으로 이사와 매일 밤 화려한 파티를 연다. 마침내 개츠비
를 다시 만난 데이지는 그의 금전적 능력에 마음이 흔들리고, 아
내의 변심을 안 톰은 격분한다. 그 와중에 데이지는 개츠비의 차
를 몰다 톰의 정부 머틀을 치어 죽인다. 머틀의 남편은 개츠비가
운전을 했다고 생각하고 개츠비의 저택에 숨어들어 와 그를 총으
로 살해한다. 쓸쓸한 개츠비의 장례식장. 톰과 데이지는 여행을
떠나고 그동안 개츠비의 파티를 찾아왔던 숱한 손님들은 아무도
장례식에 나타나지 않는다.

〈위대한 개츠비〉를 이야기할 때 빠지지 않는 화제가 바로 제목이다. 말하자면 개츠비가 '왜 위대하냐'는 것이다. 개츠비는 잘 교육받은 위인도 아니고 정당한 방법으로 돈을 모으지도 않았으며 남의 아내가 된 연인을 되찾으려다 제 3자의 총에 죽어 버린 인물이다. 대체 그가 왜 위대한 걸까. 이유는 이렇다. 〈위대한 개츠비〉 속의 등장인물들은 모두 도덕관념이 마비된 인물들이다. 사실 개츠비 역시 그리 도덕적이라고는 할 수 없다. 그러나 다른 등장인물들이 오직 돈을 좇으면서 순간의 쾌락에 몸을 맡기고 살아가는 데 비해 개츠비만은 뚜렷한 목표가 있다. 이미 결혼한 연인을 되찾겠다는 목표가 어이없고 불가능해 보일지라도 그는 조금도 흔들리지 않고 이 목표를 향해 달리고 또 달린다.

'잃어버린 꿈'을 되찾겠다는 순수한 의지와 집념, 그리고 한 여자를 향한 뜨겁고도 낭만적인 사랑. 바로 이 점이 제이 개츠비가 보여 준 '위대한' 미국 젊은이의 모습이자 피츠제럴드 본인의 모습이었다. 물론 아름답고 이기적인 여성 데이지의 이미지가 피츠제럴드의 첫사랑인 지너브러와 현재의 아내 젤더가 혼합된 인물이라는 것은 말할 나위가 없다.

〈위대한 개츠비〉에 대해 평단은 대체로 호의적인, 그러면서도 유보적인 평가를 보였다. 비평가들은 '개츠비' 속에 '재즈의 시대' 분위기가 잘 묘사되었다는 사실은 인정했지만 이 소설이 담고 있는 지나치게 현대적인 스타일에 대해서는 조심스러운 반응을 보였다. 그러나 일류 비평가와 작가들은 이 작품을 아낌없이 칭송했다. 평론가 길버트 셀데스Gilbert Seldes는 "피츠제럴드는 자신의 뛰어난 재능을 발판 삼아 멋지게 도약하는 데 성공했다. 그의 재능이 완전히 성숙했음을 보여 주는 작품이다."는 평가를 내렸다. 시인인 T.S 엘리엇T.S Eliot, 1888~1965 역시 "헨리 제임스Henry James, 1843~1916 이후 미국 소설이 드디어 한 발자국 더 나아갔다." 고 격찬했다.

'개츠비'에 대한 대중의 반응은 실로 뜨거웠다. 젊은이들은 순식간에 가난한 청년에서 거부가 된 개츠비의 능력을 닮고 싶어 했고, 연인에 대한 개츠비의 낭만적인 사랑과 근사한 저택에서 열리는 멋진 파티를 부러워했다. 〈젊은 베르테르의 슬픔〉 발표 당시 베르테르의 노란 조끼가 유행했던 것처럼, 미국의 젊은이들은 너나 할 것 없이 개츠비의 옷장 속에 가득 차 있었다는 실크 셔츠를 맞추어 입었다. 갓 서른의 나이에 피츠제럴드는 미국을 대표하는 소설가로 부상했다.

헤밍웨이와의 이상한 관계

피츠제럴드 부부는 파리에서 많은 문화계 인사들과 교류했다. 이들이 파리에서 만난 사람들 중에는 제럴드와 세러 머피Murphy 부부가 있었다. 좋은 가문 상속자들인데다 사교적인 머피 부부는 피카소와 콜 포터Cole Porter를 비롯한 많은 예술가들을 후원하고 있었다. 머피 부부를 통해 피츠제럴드는 당대 파리의 예술가들을 거의 다 만날 수 있었다.

1925년 피츠제럴드는 맥스웰 퍼킨스에게 소설가 한 사람을 추천했다. "스크리브너스가 이 작가의 작품을 살펴봐 주었으면 하네." 이 미국 출신 소설가의 이름은 어니스트 헤밍웨이Ernest Hemingway, 1899~1961였다. 두 사람은 파리 몽파르나스의 딩고 바Dingo Bar에서 처음 만난 사이였다. 피츠제럴드는 헤밍웨이의 재능이 대단하다는 찬사를 보냈다. 둘은 곧 막역한 친구 사이가 되어 파리의 카페에서 문학과 작가들에 대해 시간 가는 줄 모르고 토론했다. 피츠제럴드는 〈위대한 개츠비〉가 출간되어 작가로서 절정에 다다르던 때였고 헤밍웨이는 아직 무명의 소설가였다.

피츠제럴드는 모든 친구 관계를 자신이 주도하고 싶어 했다. 친구를 대접하고 새로운 사람을 소개하고 곤란할 때면 돈을 빌려주고⋯⋯헤밍웨이와의 관계에서도 마찬가지였다. 피츠제럴드는 몇 번이고 헤밍웨이에게 돈을 빌려 주었다. 갚아야 하는 기한 등은 물론 언급하지 않은 채. 그는 1926년 헤밍웨이에게 보낸 편지에서 "지난 1년 반 동안 자네와의 우정이 얼마나 의미 있는 것이었는지, 유럽에서 자네와 함께 보낸 시간이 얼마나 즐거웠는지 모르네."라고 말했다. 이 편지에서 그는 친구가 필요한 것이면 뭐든지 제공해 주겠다고 제안하고 있다.

그러나 이런 관계가 과연 헤밍웨이에게도 편안한 것이었을까? 그렇지 않았던 것이 분명하다. 1926년 헤밍웨이는 〈해는 다시 떠오른다The Sun Also Rise〉의 성공으로 화려하게 미국 문단에 등장했다. 반면 피츠제럴드는 점차 늘어 가는 빚더미의 압박을 느끼고 있었다. 단편들을 쓰느라 바빠서 제대로 된 〈위대한 개츠비〉의 후속 작품을 구상할 겨를도 없었다. 헤밍웨이는 피츠제럴드가 단편을 쓰느라 자신의 재능을 낭비하고 있다고 비판했다.

뜻밖에도 헤밍웨이는 자신이 이사한 파리의 새 주소를 피츠제럴드에게 알려 주지 않았다. 그리고 사석에서 때로는 공개적으로 피츠제럴드를 비난하기 시작했다. 술을 지나치게 마셔 건강이 좋지 않고 재정 상태도 위태롭다는 것이 비난의 요지였다.

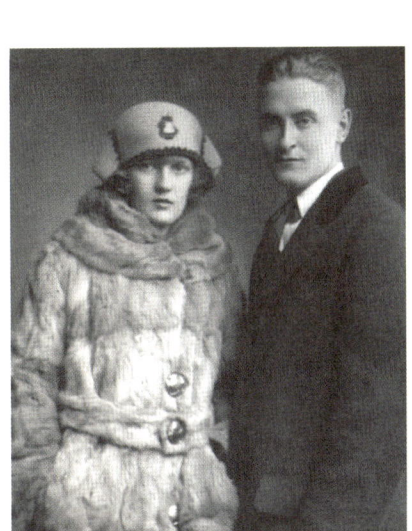

모피 코트를 입은 젤더와 피츠제럴드. 무절제한 사치와 낭비벽으로 이들 부부는 빚더미에서 헤어날 수가 없었다

결정적으로 1929년 헤밍웨이가 나선 권투 시합에서 피츠제럴드가 심판을 맡았던 것이 두 사람의 우정을 갈라 놓는 계기가 되었다. 한 라운드의 공이 울려야 할 시간이 지났음에도 불구하고 피츠제럴드가 시합을 계속 진행시켜 헤밍웨이가 KO패를 당했던 것이다. 헤밍웨이는 격분했고 이후 피츠제럴드에 대한 그의 비난은 한층 악의를 더해 갔다.

심지어 헤밍웨이는 자신의 단편인 〈킬리만자로의 눈The Snows of Kilimanjaro〉에 '불쌍한 스콧 피츠제럴드'라는 구절을 넣었다. 비록 피츠제럴드의 요청으로 피츠제럴드의 이름은 '줄리언'으로 바뀌어 출간되긴 했지만, 이런 일련의 사건을 겪은 후에도 두 사람의 우정이 여전할리는 만무했다. 시간이 갈수록 두 사람의 사

이는 악화되어 헤밍웨이는 자신의 회고록에 피츠제럴드가 술고
래에 바람둥이며, 젤더가 피츠제럴드를 파멸시키려 한다는 말까
지 써 놓았다.

그렇다면 처음에 젊은 문학혼으로 의기투합했던 두 사람의
사이는 왜 이렇게 극단적인 결말을 맞았을까. 피츠제럴드 연구가
인 루스 프리고지Ruth Prigozy 교수는 "헤밍웨이가 무의식중에 자신
의 역할 모델로 피츠제럴드를 설정했을 것"이라는 추측을 내놓는
다. 즉 처음 만났을 당시 인기 절정의 재능 있는 작가였던 피츠제
럴드는 헤밍웨이가 닮고 싶고 따르고 싶었던 인물이었을 것이라
는 설정이다. 그러나 헤밍웨이의 바람과는 반대로 이후 피츠제럴
드는 점차 영락의 길을 걸었다. 피츠제럴드를 '또 다른 자신'으
로 설정해 놓았던 헤밍웨이는 그런 피츠제럴드의 모습을 용서할
수 없었다. 헤밍웨이는 더 이상 작품을 쓰지 못할지도 모른다는
공포에 항상 시달렸던 인물이었다. 그런데 눈앞의 피츠제럴드가
정말로 '작품을 쓰지 못하는 작가'가 되어 버린 것이다. 그런 피
츠제럴드의 모습을 보면서 헤밍웨이의 절망과 공포는 한층 더 커
졌고 마침내 그 두려움은 어느 순간 피츠제럴드를 격렬하게 비난
하는 방법으로 폭발되고 말았으리라.

흔히 20세기를 대표하는 미국의 소설가로 피츠제럴드, 헤밍
웨이, 윌리엄 포크너William Faulkner, 1897~1962 등을 든다. 로스트 제
너레이션, 즉 '잃어버린 세대'의 상징 같은 두 작가가 한때 친근
한 우정을 나누었다는 사실, 그리고 그 우정이 격렬한 대립과 비

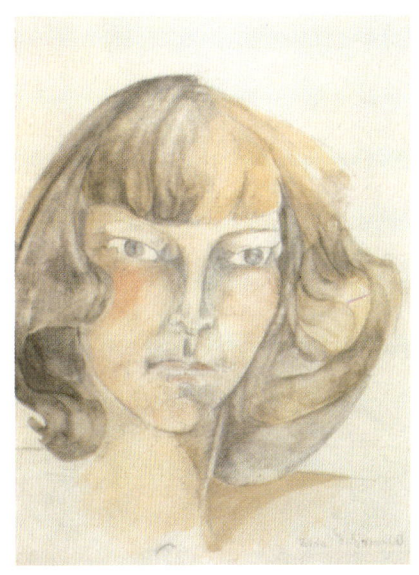

젤더가 직접 그린 자화상.
젤더는 전시회를 열거나
소설을 쓰기도 했지만
이 모든 노력이 실패하자
정신질환을 일으켰다

난으로 끝났다는 사실은 안쓰러운 여운을 남긴다. 불안한 영혼은 결국 아무리 뛰어난 재능이라도 이렇게 잠식해 버리는 것일까.

할리우드에 최후의 승부수를 던지다

피츠제럴드의 유명세와 비례해서 그의 음주벽, 그리고 젤더의 이상 행동들은 그 정도를 더해 갔다. 이미 젤더는 신경쇠약의 징후를 보이고 있었다. 젤더가 정상이 아니라는 증거는 한둘이 아니었다. 파리에서 피츠제럴드 부부가 머피 부부와 함께 저녁 식사를 할 때였다. 근처 테이블에 무용가 이사도라 던컨Isadora Duncan, 1877~1927 이 앉아 있었다. 자연히 화제는 던컨에게로 옮겨 갔고 피츠제럴드는 그녀의 재능을 칭찬했다. 그러자 질투로 이성을 잃은 젤더는 식당의 돌계단 위에서 아래로 몸을 던져 버렸다.

피츠제럴드의 상태도 불안정하기는 마찬가지였다. 술에 취해 리비에라 해안에 뛰어드는가 하면, 파티에 온 손님의 보석을 삼켜 버리려 한 일도 있었다. 심지어 젤더가 피츠제럴드의 차바퀴 아래 누워 있자 술 취한 피츠제럴드가 차를 출발시켜 젤더를 깔아뭉갤 뻔한 위기까지 있었다. 부부는 젤더의 치료를 위해 스위스로 갔지만 젤더의 상태는 날이 갈수록 나빠지기만 했다.

1932년 젤더는 미국으로 돌아와 존스홉킨스 대학병원에 입원했다. 이제 피츠제럴드는 아내의 입원비와 딸 스코티의 교육비를 벌기 위해 글을 써야만 했다. 젤더의 병원비는 어마어마했고 피츠제럴드는 아내를 치료하기 위해서는 돈을 아끼지 않았다. 당연히 빚은 눈덩이처럼 불어났다. 그의 단편집은 예전처럼 잘 팔리지 않았다. 피츠제럴드 본인이 알코올 중독으로 예전 수준의 작품을 쓰지 못한 것도 있지만, 1929년 대공황을 맞은 미국인들에게

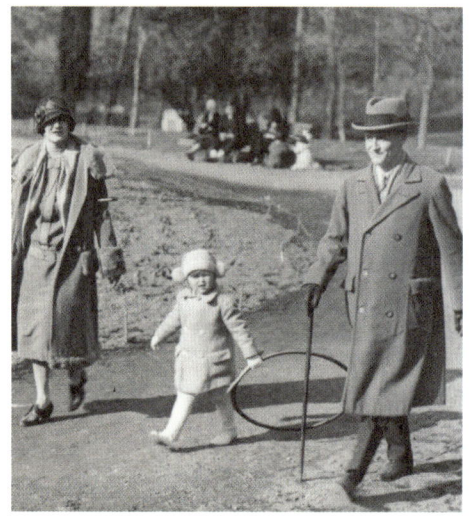

피츠제럴드 부부와 딸 스코티의 한때

는 더 이상 소설을 읽을 여유가 없었다. 파티와 자동차, 화려한 해외여행 등은 이제 대다수 미국인들에게는 넘볼 수 없는 꿈일 뿐이었다. 1929년에 편당 4천달러까지 올라갔던 그의 단편 고료는 해마다 떨어졌다.

피츠제럴드는 성공과 사랑을 모두 잃어버렸다는 걸 직감했다. 자신의 삶의 절정이 이미 지나갔다는 것을, 그리고 그 절정은 다시 돌아오지 않으리라는 것도 알았다. '우리는 스스로를 파멸시킨 거야. 서로가 서로를 파멸시킨 게 아니라 우리가 우리를 파멸시킨 거지.' 젤더에게 보낸 편지에서 그는 이처럼 담담하게 모든 것의 파국을 인정했다. 그러면서도 피츠제럴드는 젤더에 대한 사랑을 멈추지 않았다. 젤더가 입원한 이후 다른 몇몇 연인을 만

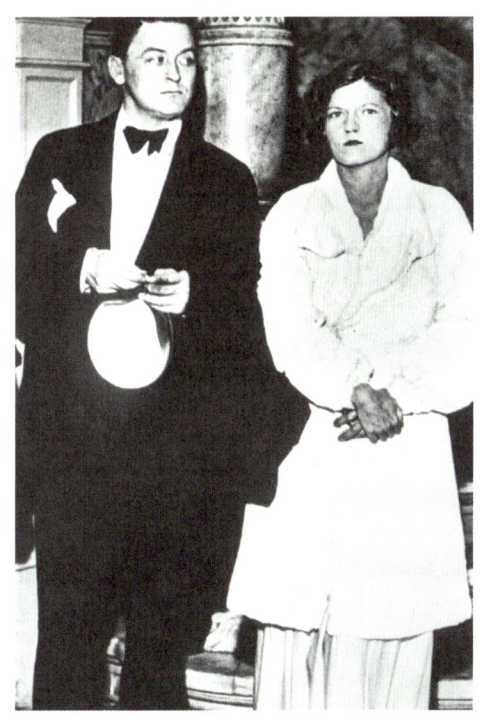

나기는 했지만 피츠제럴드가 평생 사랑한 여자는 오직 젤더 하나였다. 그는 젤더가 제정신을 잃어버린 후에도 이혼하지 않았다.

1934년 출간된 네 번째 소설 〈밤은 부드러워 Tender is the Night〉은 판매도 비평도 저조했다. 사람들은 벌써 〈위대한 개츠비〉의 광휘를 잊고 있었다. 단편 고료는 편당 250달러로까지 줄어들었다. 이제 돈을 벌 수 있는 길은 한 가지, 영화 산업의 메카인 할리우드로 가는 길뿐이었다. 할리우드에서 극작가로 일하면 소설로 버는 것보다 더 많은 수입을 올릴 수 있었다.

1932년 촬영된 어딘지 불안해 보이는 표정의 피츠제럴드 부부

1940년까지 피츠제럴드는 알코올 중독, 결핵, 불면증과 싸우면서 프리랜서 극작가로 일했다. 영화 〈바람과 함께 사라지다〉의 초기 대본 작업에 참여하기도 했다. 당시 MGM의 신참 감독이었던 빌리 와일더 Billy Wilder, 1906~2002는 '창백하고 지친 듯한 모습으로 제작회의 내내 침묵을 지키던' 피츠제럴드를 기억하고 있다. 와일더의 말에 따르면 당시 할리우드에서 일하던 젊은 극작가들은 모두 이 위대한 작가를 경외했지만 실제로 그에게 가까이 다가갈 용기를 낸 사람은 없었다고 한다.

1936년 가을 '뉴욕 포스트New York Post' 지에 실린 피츠제럴 드의 인터뷰 기사는 한때 당대의 유행을 주도했던 이 멋쟁이 소 설가가 얼마나 비참한 상황에 빠졌는지를 극명하게 보여 준다. '낙원의 저편 : 스콧 피츠제럴드, 40세에 빠진 절망의 늪'이라는 제목의 이 기사는 '신경과민 증세에 빠져서 쉴 새 없이 글을 쓰고 있는 피츠제럴드……. 그는 손을 떨고 있었고 얼굴은 마치 매 맞 는 아이처럼 고통스런 경련을 일으켰다.'고 작가의 상태를 전하 고 있다.

할리우드에서 피츠제럴드는 젊은 가십 칼럼니스트 세일러 그레이엄Seilah Graham과 연인 사이가 된다. 자수성가한 당돌한 여 성인 세일러는 병색이 짙지만 그래도 핸섬한 피츠제럴드의 외모 에 끌려 약혼자마저 버렸다. 세일러의 충고대로 술을 끊은 피츠 제럴드는 제대로 된 작품을 쓰기로 결심했다. 〈라스트 타이쿤 The Last Tycoon〉이라는 제목의 이 소설은 할리우드 배우와 제작자들의 이야기를 소재로 삼고 있었다. '나는 이 소설에 푹 빠져 살고 있 소. 쓰는 것이 유일한 행복이오. 이 작품은 〈위대한 개츠비〉처럼 탄탄한 소설이 될 거요……. 오늘은 2,000단어 정도를 썼소. 모 든 게 만족스러운 상태요.' 피츠제럴드가 젤더에게 보낸 편지의 일부다.

1940년 11월 말, 피츠제럴드는 가벼운 심장 발작으로 쓰러 졌다. 안정을 취해야 하는 상황이었지만 그는 침대에 누워서도 계속 〈라스트 타이쿤〉을 썼다. 당시 피츠제럴드가 살고 있던 아

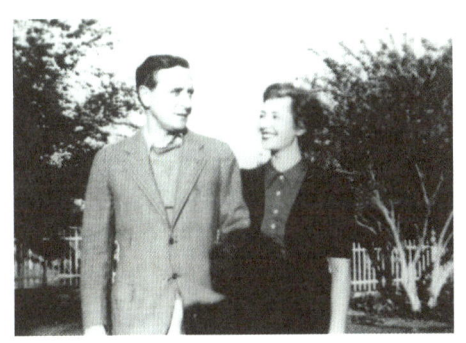

최후의 연인인 세일러
그레이엄과 함께 한
피츠제럴드

파트는 맨 꼭대기 층이었다. 심장이 나쁜 사람에게는 계단 오르내리기가 무리라는 의사의 충고에 따라 피츠제럴드는 일단 1층인 세일러의 집으로 이사했다. 적당한 집을 찾을 때까지만 머무를 계획이었다.

12월 21일, 크리스마스 직전의 주말이었다. 피츠제럴드는 기분이 좋은 상태였다. 오후에 오기로 한 의사를 기다리며 세일러는 피츠제럴드가 추천해 준 베토벤의 교향곡 3번 〈영웅〉을 틀어 놓았다. 세일러가 책을 읽는 동안 피츠제럴드는 의자에 앉아 세일러를 위한 독서 목록을 적어 내려가고 있었다.

오후 다섯 시쯤 갑자기 피츠제럴드가 의자에서 일어나 옆에 있던 벽난로 선반을 잡는가 싶더니 그대로 바닥으로 쓰러졌다. 놀란 세일러가 다가가 그를 일으키려 했지만 피츠제럴드는 이미 죽어 있었다.

피츠제럴드의 장례식은 개츠비의 그것만큼이나 조촐하게 치러졌다. 참석자는 30여 명. 젤더는 병세가 나빠서, 그리고 세일러는 참석하기에 떳떳하지 않다는 이유로 불참했다. 록빌의 공동묘지에 묻힌 피츠제럴드의 유해는 1975년 록빌 성모마리아 성당 묘지에 젤더와 합장되었다. 중증의 정신병자가 된 젤더는 1948년 하일랜드 정신병원에 입원해 있다 병원의 화재로 사망했다.

'뉴욕타임스'의 부고 기사대로 '채 피지도 못했던 위대한 재능'은 이렇게 떠났다. 피츠제럴드는 "미국인의 인생에 2막이란 없다."고 입버릇처럼 말하곤 했다. 정말로 그의 인생은 시작부터 끝까지 하나의 완결된 단막극이었다. 단 한 번의 휴지부도, 휴식도 없이 오직 목표를 향해 달리고 또 달렸던 고단한 삶. 이런 점 때문에 피츠제럴드는 자신을 포함한 미국인들의 삶에는 2막이 없다고 말했는지도 모를 일이다.

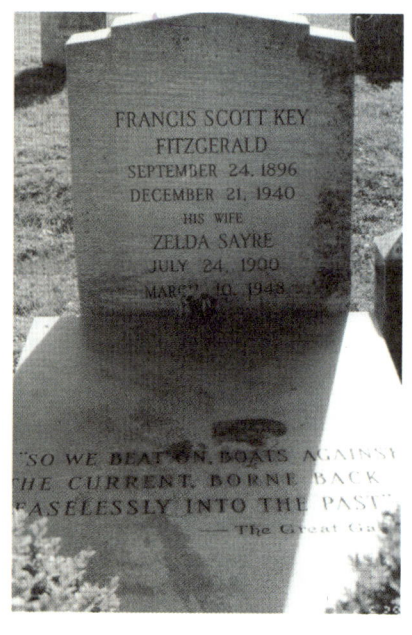

그러나 피츠제럴드가 미처 예견하지 못했던 일이 있다. 그의 죽음 이후로 새로운 막이 열렸다는 사실이다. 〈위대한 개츠비〉는 세 번의 영화화 외에 TV 미니시리즈와 연극, 오페라 등으로 끊임없이 무대에 올랐으며 지금까지도 미국에서 매년 30만부씩 팔린다. 또 그가 빚에 쫓겨 썼던 수많은 단편과 희곡들은 여전히 할리우드에서 새로운 작품으로 재생산되고 있다. 예를 들면 1954년에 제작된 영화 〈내가 마지막 본 파리The Last Time I Saw Paris〉는 그의 단편 〈바빌론을 다시 방문하다Babylon Revisit〉를 토대로 만들어진 작품이다.

세인트 메리 교회에 안장된 피츠제럴드의 무덤. 훗날 젤더와 합장되었다

2005년 봄, 피츠제럴드의 단편 〈벤자민 버튼의 이상한 이야기The Curious Case of Benjamin Button〉가 할리우드에서 영화화된다는 소

식이 국제뉴스 지면을 장식했다. 주연은 브래드 피트와 케이트 블란쳇. 파라마운트 픽쳐스와 워너 브라더스가 공동 제작하고 데이빗 핀처 감독이 연출을 맡을 예정이라고 한다. 위대한 20세기의 작가 피츠제럴드는 21세기에도 여전히 현재진행형이다. 그의 2막은 아직 끝나지 않았다.

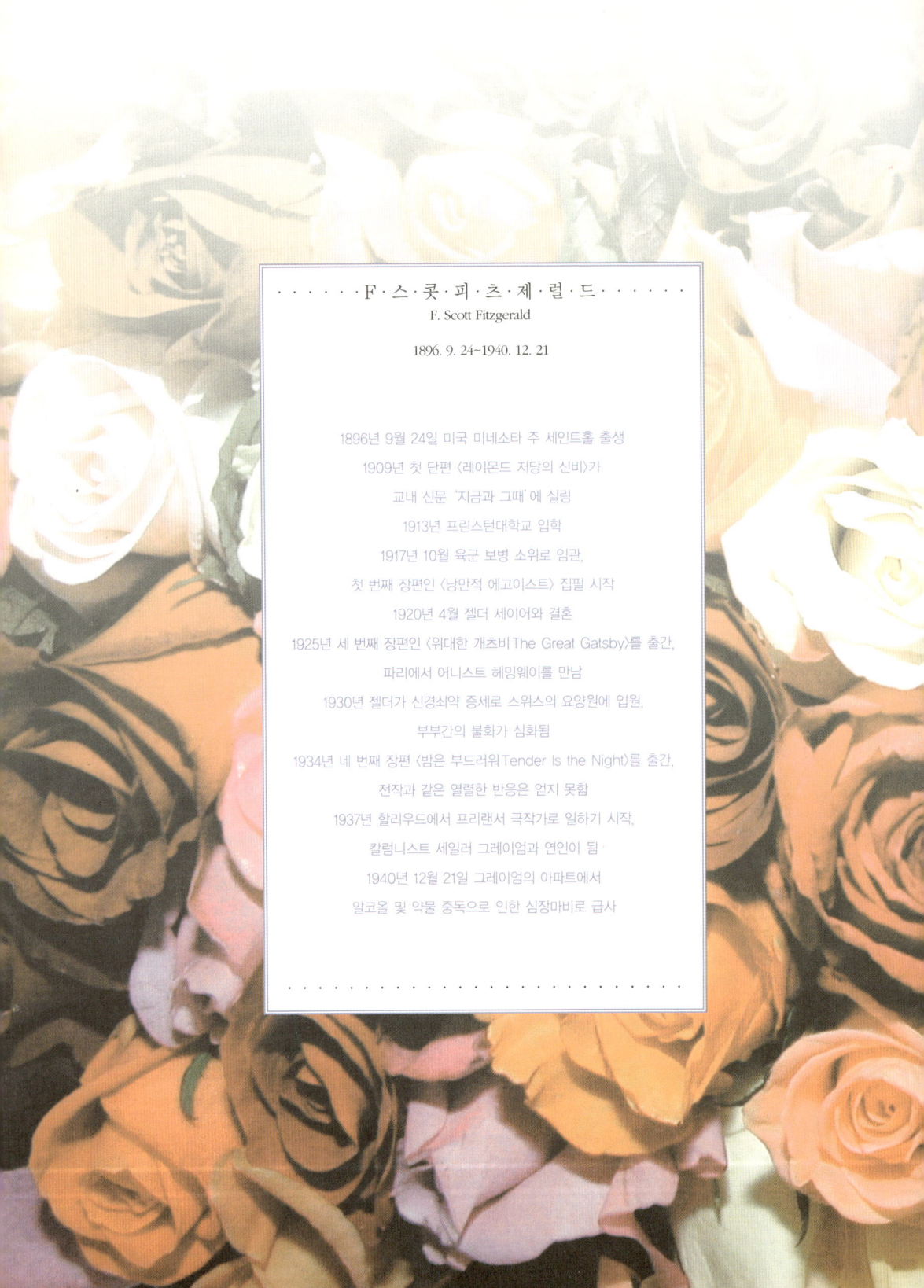

· · · · · · F · 스 · 콧 · 피 · 츠 · 제 · 럴 · 드 · · · · · ·

F. Scott Fitzgerald

1896. 9. 24~1940. 12. 21

1896년 9월 24일 미국 미네소타 주 세인트홀 출생

1909년 첫 단편 〈레이몬드 저당의 신비〉가

교내 신문 '지금과 그때'에 실림

1913년 프린스턴대학교 입학

1917년 10월 육군 보병 소위로 임관,

첫 번째 장편인 〈낭만적 에고이스트〉 집필 시작

1920년 4월 젤더 세이어와 결혼

1925년 세 번째 장편인 〈위대한 개츠비 The Great Gatsby〉를 출간,

파리에서 어니스트 헤밍웨이를 만남

1930년 젤더가 신경쇠약 증세로 스위스의 요양원에 입원,

부부간의 불화가 심화됨

1934년 네 번째 장편 〈밤은 부드러워 Tender Is the Night〉를 출간,

전작과 같은 열렬한 반응은 얻지 못함

1937년 할리우드에서 프리랜서 극작가로 일하기 시작,

칼럼니스트 세일러 그레이엄과 연인이 됨

1940년 12월 21일 그레이엄의 아파트에서

알코올 및 약물 중독으로 인한 심장마비로 급사

최후의 마스터피스

〈라스트 타이쿤 The Last Tycoon〉

'이 작품의 단락들은 시적인 운율이 맞아 아마 무대에 올리기에 적합하겠지. 그러나 〈밤은 부드러워〉처럼 너무 깊은 사색을 요하는 부분은 없다오. 모든 구성이 드라마에 적합하게 꾸며져 있소.'

피츠제럴드가 자신의 미완성 작품 〈라스트 타이쿤〉에 대해 젤더에게 설명한 편지의 한 부분이다. 피츠제럴드가 다섯 번째로 착수한 장편 소설인 이 작품은 작가의 돌연한 사망으로 반 정도만 집필된 상태로 남았다. 그러나 할리우드를 소재로 삼은 미국 소설 중 가장 뛰어난 작품으로 알려져 있다.

할리우드의 프로듀서 몬로 스타는 어느 날 죽은 아내와 너무도 흡사한 캐슬린이라는 여자를 만난다. 몬로는 캘리포니아 지진으로 죽은 아내가 다시 살아 돌아온 게 아닌가 하는 착각에 빠진다. 그러나 캐슬린에게는 이미 결혼을 약속한 남자가 있다. 몬로는 다시금 고독한 자신만의 세계로 돌아오게 된다.

피츠제럴드는 이 소설의 배경 지식을 얻기 위해 할리우드 영화산업의 면면들을 오랫동안 관찰했다. 〈라스트 타이쿤〉의 뛰어난 점은 몬로와 캐슬린의 연애 이야기 못지않게 당시 할리우드 영화산업의 분위기, 그리고 미국 역사의 흐름까지 소설 속에 세밀하게 묘사해 낸 작가의 탁월한 통찰력에 있다. 또 피츠제럴드의 다른 모든 소설에서와 마찬가지로 〈라스트 타이쿤〉의 주인공 몬로 스타에게서도 작가의 자전적인 모습이 비쳐진다.

피츠제럴드는 소설의 반만 남겨놓은 채 사망했지만 소설은 에드워드 윌슨의 편집으로 1941년 출간될 수 있었다. 이 작품을 극작가 해롤드 핀터Harold Pinter가 시나리오로 다듬었고 엘리아 카잔Elia Kazan, 1909~2003 감독이 영화로 제작했다. 1976년 개봉된 로버트 드 니로와 토니 커티스 주연의 영화 〈라스트 타이쿤〉은 이 같은 경로로 완성된 것이다.

화가 이브 끌랭 화가 이브 끌랭 화가 이브 끌랭

화가 이브 끌랭 화가 이브 끌랭

화 가 이 브 끌 랭

화·가·이·브·끌·랭

Yves Klein

누보 레알리즘Nouveau Realisme, 신사실주의의 기수로 불리는 프랑스의 화가. 파리와 니스를 오가며 어린 시절을 보냈다. 유도 사범, 재즈 피아니스트 등 갖가지 직업을 거치며 세계를 유랑하다 20대 초반부터 미술에 뛰어들어 자신이 직접 창조해 낸 색채인 인터내셔널 끌랭 블루International Klein Blue. IKB를 사용한 회화와 설치미술 작품들을 제작했다. 여성들의 몸에 IKB를 칠한 후 종이 위에 뒹굴게 하는 '인체측정' 퍼포먼스나 전시장을 온통 비운 채 단 한 점의 작품도 걸지 않은 전시 '공간The Void'을 개최하고 자신의 캔버스를 불에 태우는 등, 갖가지 기벽으로도 유명하다. 말년에는 IKB 외에 금색과 빨강의 모노크롬 작업도 병행했다.

회화뿐만 아니라 설치미술과 영화 등 다방면에서 왕성한 작품 활동을 펼치던 끌랭은 서른 넷의 나이에 심장마비로 파리에서 급사했다. 그러나 사망 후에 더욱 명성이 높아져 현재는 유럽을 대표하는 모노크롬 화가로 손꼽힌다.

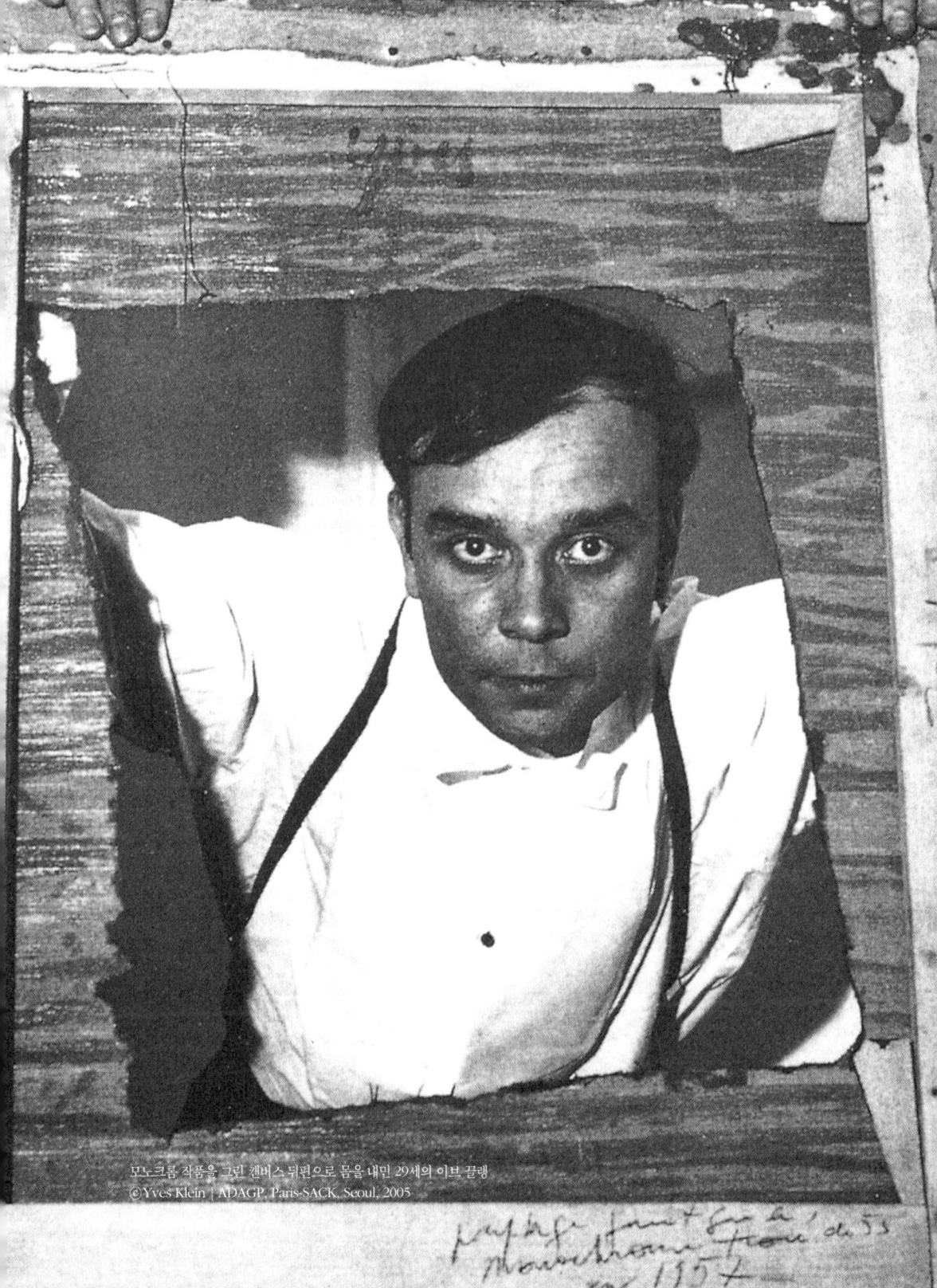

모노크롬 작품을 그린 캔버스 뒤편으로 몸을 내민 29세의 이브 클랭
©Yves Klein | ADAGP, Paris-SACK, Seoul, 2005

한없이 투명에 가까운 블루

이브 끌랭하면 떠오르는 지극히 개인적인 기억이 하나 있다. 1992년 겨울, 난생 처음 밟아 본 유럽 땅에서 문화적인 충격의 연타에 나는 거의 질식해 있었다. 내 여행 루트는 영국 런던에서 시작해 프랑스를 거쳐 독일, 스위스, 오스트리아, 이탈리아로 이어진 전형적인 초보자의 배낭여행 코스였다.

이 루트를 따라 한 달을 여행한 끝에 2월 초 어느 맑은 날 아침, 최종 목적지인 파리 바로 전 기착지인 니스에 도착했다. 소매치기 천국이라는 이탈리아를 밤기차 편으로 막 벗어난 참이었다. 겨울이라지만 남프랑스의 날씨는 봄처럼 따스했고 햇살은 눈부셨다. 니스 역에서부터 지중해의 푸른 바닷바람이 불어오는 듯했다. 나는 아무런 사고 없이 이탈리아를 벗어났다는 사실에 몹시 안도하고 있었다.

그런데 방심한 탓이었을까, 해변가에 배낭을 깔고 누워 신선한 공기를 만끽하다 이탈리아에서도 잘 피해 갔던 소매치기를 만났다. 조각처럼 잘 생긴데다 영어도 유창한 젊은 남자가 해변에 누운 내게 말을 걸어왔다. 그는 잠시 나와 이야기를 나누다 멋진 포즈로 저쪽 해변으로 사라졌는데, 한참이나 그가 사라진 편을 바라보다 정신을 차려 보니 베고 있던 배낭이 온데간데없었다.

불행 중 다행이라면 홀랑 털린 결과가 그리 나쁘지 않다는 거였다. 잃어버린 건 옷 두어 벌과 유효기간이 며칠 남은 유레일 패스, 그리고 과일과 빵 몇 조각 정도였다. 그러나 물건의 상실 여부와 관계없이 '객지에서 도둑을 맞았다.'는 충격은 컸다.

니스 관광을 포기하고 비상금을 털어 그날로 파리행 떼제베^{TGV}에 올랐다. 파리에 도착하면 바로 비행기표를 앞당겨 집으로 가리 라. 갑자기 말 안 통하는 사람들과 낯선 거리가 끝없이 무서웠다.

그런데 손톱을 물어뜯으며 바라본 차창 밖으로 눈부시게 푸른 바다가 펼쳐지기 시작했다. 기차는 리옹에 도착할 때까지 코 트 다쥐르^{Cote d'azur} 해변을 완만한 속도로 달려갔고 리옹에 도착 해서야 초고속 열차다운 속력을 냈다. 바다는 '코트 다쥐르' 라는 프랑스어의 뜻처럼 쪽빛 그 자체였다. 그때까지 보았던 푸른색을 모두 비웃기라도 하듯 너무도 선명한 색감, 초조한 스물한 살의 눈에 화살처럼 들어와 박히던 푸른빛을 잊을 수가 없다. 내 감흥 을 누구에게라도 설명하고 싶었지만, 옆자리에 앉은 아가씨는 알 제리 태생이라 영어를 전혀 알아듣지 못했다.

이 기억은 내 머릿속 어딘가에 잠재하고 있었다. 그로부터 12년 후, 독일 출장 길에 들른 프랑크푸르트의 쉬른 쿤스트할레 ^{Schirn Kunsthalle Frankfurt}에서 이브 끌랭 특별전이 열리고 있었다. 3층 에 걸친 전시장 전체가 이브 끌랭의 빠져들 것만 같은 푸른빛^{IKB} 과 장미꽃잎 같은 빨강^{Monopinks}, 그리고 비잔틴 성화를 연상시키 는 찬연한 금색^{Monogolds}으로 채워졌다. 그 심연처럼 푸른 캔버스 앞에서 나는 오랫동안 잠재의식 속에 잠들어 있던 기억을 하나 끄집어 올렸다. 아, 한없이 투명에 가까운 이 블루, 코트 다쥐르 의 바로 그 바닷빛!

"푸른 하늘 위에 내 이름을 쓰리라"

돌이켜 보면, 이브 끌랭의 울트라마린 블루, 화가 자신이 인터내셔널 끌랭 블루IKB라고 자랑스럽게 이름 붙인 푸른빛에서 코트 다쥐르의 바다를 떠올린 건 지극히 당연한 일이었다. 바로 끌랭이 어린 시절부터 항상 보면서 자라 왔던, 그리고 그림에 입문한 그가 창조하려고 했던 색깔이 바로 코트 다쥐르의 바닷빛이었으니 말이다. 모노크롬Monochrome의 정수를 보여 주듯, 오직 푸른빛 하나만으로 가득 찬 거대한 캔버스를 바라보노라면 어느새 깊은 바닷속으로 침잠해 들어가는 착각에 빠지고 만다.

보통 파랑은 차가운 빛깔로 우리에게 각인되어 있다. '블루'라는 영어 단어는 동사로 쓰여졌을 때 '우울하다', '기운 없다' 는 뜻이 된다. 그러나 이브 끌랭의 IKB는 결코 차갑거나 우울하지 않다. 그의 푸른빛은 상쾌하고 맑으며 동시에 숨이 막힐 만큼 매혹적이다.

끌랭은 왜 파란색을 그토록 좋아했을까. 화가가 자신만의 고유한 색상을 창조해 낸 데에는 그만한 이유가 있었다. 끌랭은 막 스물이 되었을 무렵, 친구 아르망Arman, 클로드 파스칼Claude Pascal과 함께 '세계를 삼등분' 해서 나누어 가졌다. 이들은 끌랭과 함께 유도를 배우고 말을 타고 일본까지 가기 위해 아일랜드로 가 승마를 배웠던, 무모하면서도 유쾌한 젊은이들이었다.

아무튼 세 친구는 니스의 해변에 누워 즉흥적으로 세상을 삼등분했는데 아르망이 육지를, 클로드 파스칼이 대기를, 그리고

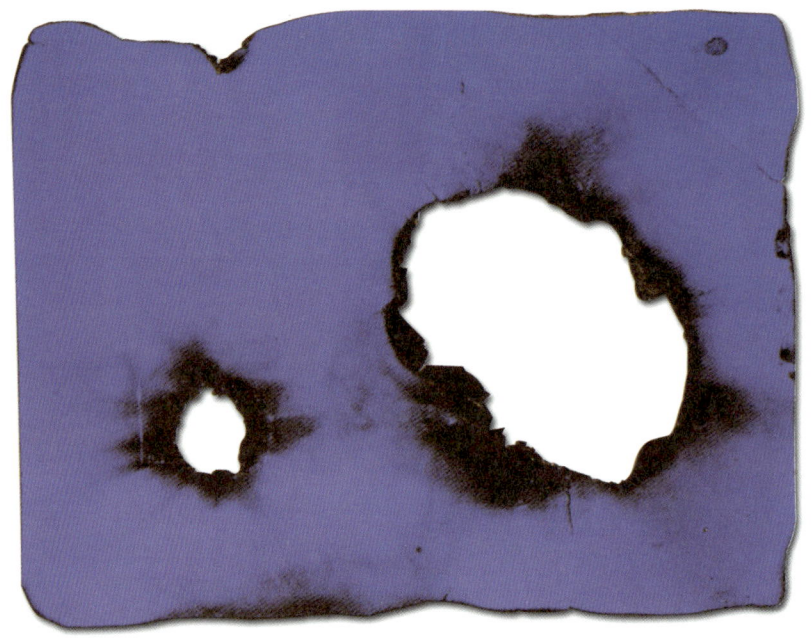

〈인터내셔널 끌랭 블루22
IKB 22〉| 1957 | 종이
이브 끌랭 | 개인소장
ⓒ Yves Klein
ADAGP, Paris-SACK,
Seoul, 2005

끌랭은 하늘을 가졌다. 구름 하나 없는 남프랑스 하늘의 푸른빛,
그 아래 펼쳐진 쪽빛 바다, 그리고 하늘과 바다를 나누는 수평선.
끌랭이 IKB에서 나타내고자 했던 것은 바로 이러한 자연 그대로
의 색깔이었다. 진취적이며 감각적이고 무한한 푸른빛, 물질이
아닌 정신의 숭고함을 보여 주는 색. 심지어 끌랭은 "내 하늘을
멋대로 날아다니며 푸른빛에 구멍을 내는 새들이 싫다."라고 말
할 정도로 푸른빛에 흠뻑 빠져 있었다. 블루는 바로 끌랭의 예술
이자 삶 자체를 표현한 색채였다.

유도와 장미십자회

서른 네 해에 불과했던 끌랭의 짧은 바이오그래피는 기상천외한
경력들로 채워져 있다. 그의 경력들은 너무도 어처구니없어서 어

찌 보면 그의 짧은 생 자체가 한 편의 코미디처럼 여겨지기도 한
다. 군대, 유도, 세계여행, 재즈 피아니스트, 승마 등등.

끌랭의 양친은 모두 화가였다. 아버지인 프레드 끌랭Fred Klein
은 풍경화를 그렸으며, 어머니 마리 레이몽Marie Raymond은 파리
앵포르멜l'art informal, 추상표현주의 창립 멤버 중 한 사람이었다. 그 자
신의 표현처럼 "어머니의 젖 속에서부터 그림의 맛을 보며 자랐
지만" 끌랭의 이력에는 그 흔한 '미술학교 졸업'이 없었다. 니스
에서 태어나 파리와 니스, 칸느를 오가며 자란 끌랭은 니스의 국
립 해양학교Ecole Nationale de la Marine Marchand와 외국어학교를 다녔
다. 배를 타고 평생토록 온 세상을 누비고 싶었던 것일까. 그는
화가보다 선원이나 재즈 피아니스트, 또는 밴드 마스터가 될 생
각이었다.

20대의 끌랭이 돌아다닌 나라들만 보아도 그의 젊은 날이
얼마나 자유분방했는지 알 수 있다. 독일에서 군 복무를 했고 영
국에서는 금도금 기술자로 일했으며 아일랜드에서 승마를 배웠
고 스페인에서는 유도 사범이었으며 일본에서는 프랑스어를 가
르쳤다. 그는 1940년대 후반부터 10여 년 간 이런 방식으로 세계
를 유랑했다. 그리고 이많은 일들 중 끌랭이 가장 몰두했던, 그리
고 궁극적으로 직업이 된 일은 엉뚱하게도 유도였다. 끌랭은
1947년 여름, 니스의 경찰청에서 처음 유도를 배웠다. 이 무술에
담긴 동양의 정신세계와 육체적인 수련과정은 그의 예술세계에
적잖은 영향을 미친 것이 분명하다.

끌랭은 일본 도쿄까지 가 유도의 총본산인 '코도칸講道館'에서 유도 4단을 땄는데 이는 당시 유럽인으로서는 가장 높은 단수였다. 〈유도의 기본The Foundation of Judo〉라는 책을 썼다는 사실만 보아도 그가 얼마나 유도에 몰두했는지를 알 수 있다. 끌랭은 짧은 생애 동안 화가로서보다는 유도 사범으로 대부분의 생계를 해결했다.

갖가지 기벽과 재미있는 이력을 가진 화가들이 적지 않지만, 아마 유도 사범이 본업(?)이었던 화가는 끌랭이 유일할 것이다. 그가 남겨 놓은 사진 중에는 유도복을 입고 검은 띠를 질끈 맨 채 정면을 응시하고 있는 사진이 적지 않다. 화가나 예술가라기보다도 단단한 체구의 군인 같은 모습이다.

끌랭의 예술세계에 결정적인 영향을 준 요소로 유도 외에도 장미십자회(Rosicrucian : 17~18세기경 유럽의 종교 개혁가들이 결성한 비밀 결사단체)를 빼놓을 수 없다. 1948년 끌랭은 막스 헤인델Max Heindel이 쓴 〈장미십자회의 우주 창조론 La Cosmogonie des Rose-Croix〉이라는 책을 우연히 발견하고 장미십자회의 교리에 빠지게 된다. 그는 미국 캘리포니아에 있는 장미십자회 지부에 정식 회원으로 등록했으며 오랫동안 이 비밀 결사의 교리를 맹렬하게 탐독했다.

장미십자회의 기본 교리는 물질의 세계가 곧 종말을 고하게 되며, 정신의 세계가 올 것이라는 내용이었다. 이 같은 비물질적인 세계관은 끌랭의 푸른빛을 창조하는 바탕이 되었다. 끌랭은 푸른색이 바다와 하늘 같은 자연의 색깔인 동시에 물질을 초월한 '탈물질적' 색깔이라고 생각했다. '유쾌한 과대망상증 환자'였던 그는 스스로를 '푸른 공간에서 온 메신저'로 자처했다.

끌랭의 예술세계에 영향을 준 마지막 요소는 과학철학자이자 시인인 가스통 바슐라르Gaston Bachelard, 1884~1962이다. 끌랭은 1957년 생일에 친구로부터 바슐라르의 저서인 〈공기와 꿈 L'Air et les Songes〉을 선물 받았다. 이 책에서 바슐라르가 말한 푸른 하늘과 공기의 역동성, 허공으로 날아오르는 꿈 등은 이후 끌랭의 강연과 글쓰기 등에 결정적인 영향을 미쳤다. 물론 '운동에 대한 상상력'이라는 책의 부제처럼 바슐라르가 이 책 속에서 쓰고 있는 이야기들은 많은 부분 몽상에 가까웠지만 말이다.

이처럼 분망한 생활을 누리던 그에게 어떻게 화가의 꿈이 피어났던 것일까? 끌랭은 1947년 〈모노톤 심포니-사일런스 Monotone Symphony-Silence〉라는 '교향곡'을 작곡한다. 20분 동안 단 한 음이 지속되며, 그 후 20분은 침묵이 흐르는 기묘한 곡이었다. 바로 이 곡이 모노크롬 화가로서의 끌랭의 장래를 예고해 주는 전주곡이었다. 그리고 1946년에 끌랭은 자신의 손과 발 프린팅을 이용해 최초로 모노크롬 화풍에 대한 실험을 했다. "나는 화가가 된 것이 아니다. 어느 날 나는 스스로가 이미 화가라는 사실을 발견했다." 훗날 끌랭은 자신이 화가가 된 계기를 이 한마디로 짧게 설명했다.

한 가지 색만을 써서 그린 그림을 뜻하는 모노크롬은 전통적인 구상 미술에 대한 반발에서 시작된 현대미술 사조이다. 끌랭 이전에도 말레비치Kasimir Malevich, 1878~1935, 로드첸코Alexandre Rodchenko,1891~1956, 만조니Piero Manzoni, 1933~1963, 폰타나Lucio Fontana, 1899~1968 등이 모노크롬 회화를 시도했다.

그러나 끌랭만큼 일생 동안 모노크롬에 집착한, 그리고 강렬한 모노크롬 회화를 그려 낸 화가는 찾기 힘들다. 끌랭은 모노크롬 회화를 위한 자신만의 색채를 만들어 내기까지 했으며 이 색채로 특허를 얻었던 모노크롬의 정수 같은 화가였다.

"지구는 푸른 별" 블루 에포크

1955년 파리에서 열린 끌랭의 첫 번째 전시는 거의 주목을 끌지 못했다. 같은 해 파리의 레알리테 누벨 살롱Salon des Realites Nouvelles은 온통 오렌지빛으로만 칠해진 끌랭의 모노크롬 작품을 전시하기를 거절했다. 살롱 측은 끌랭에게 '출품을 하고 싶으면 다른 색깔을 작품에 추가해야 한다. 선을 긋거나 하다못해 점을 찍기라도 해라.'라는 점잖은 충고를 해 주었다.

그러나 이미 끌랭은 자신의 작품세계에 대해 확신을 가지고 있었다. 그는 1954년에 다음과 같은 메모를 썼다. "미래에는 사람들이 오직 한 가지 색깔만으로 그림을 그리게 될 것이다. 어떤 형체도 없이 오직 색깔로만 말이다." 그의 입버릇 중 하나는 '나는 미래의 화가'라는 것이었다.

끌랭은 또 자신의 전시인 '이브-모노크롬' 전의 팜플렛을 통해 유명한 전언을 남겼다.

'여기에 오직 한 음으로만 플루트를 연주하는 플루티스트가 있다고 하자.…… 그의 아내가 '다른 플루티스트들은 모두 다양한 음을 연주하는데 그게 훨씬 더 다채롭게 들리더라.' 고 말했다. 플루티스트는 무어라고 대답할까. 그는 '다른 플루티스트들이 아직도 찾아 헤매는 '완전한 음'을 나는 이미 찾지 않았소.' 라고 반문할 것이다.'

그리고 끌랭은 한 음만을 연주하는 플루트 주자처럼 단 하나의 완전한 색깔을 찾고 있었다. 1950년대 초반에 주로 노란색이나 오렌지색으로 그림을 그렸던 끌랭은 1956년 즈음, 마침내 자신의 색깔을 찾아내는 데 성공한다. 울트라마린 블루, 하늘과 바다라는 두 자연을 가로지르는 동시에 지상과 천국을 하나로 연결하는 푸른빛이야말로 끌랭이 찾던 '차원을 넘어서는 색', 실로 완전한 색깔이었던 것이다. 끌랭은 블루에서 하늘, 우주, 외로움, 정신성, 무한한 궁극을 보았다.

이해 가을 끌랭은 안료 제작자인 에두아르드 아당의 도움을 받아 울트라마린을 기초로 한 독특한 푸른색 안료를 만들었다. "아무런 설명 없이도 내 영혼을 소통하게 만들고 감각을 묘사하는 길, 그것이 바로 모노크롬 회화를 통해 내가 보여 주고자 하는 목표다." 이 푸른색 안료에 끌랭은 인터내셔널 끌랭 블루(IKB)라는 이름을 붙이고 특허를 신청했다.

1957년은 여러모로 화가 이브 끌랭에게 전환점이 된 해였다. 이 해 벽두에 이탈리아 밀라노의 아폴리나르 갤러리Galleria Apollinaire에서 열린 '청색 시대 선언Proclamation of the Blue Epoch' 전시를 통해 끌랭은 말 그대로 자신의 예술세계를 선언했다. 끌랭의 첫 해외 전시였던 '청색 시대'의 출품작들은 모양과 크기만 달랐을 뿐, 모두가 IKB로만 가득 채워진 캔버스와 설치작품들이었다.

당시 끌랭은 무명의 젊은 화가에 불과했으며 모노크롬 회화에 대한 대중적 인식도 별로 없었다. 이 같은 작품들은 상당한 모험이었지만 적지 않은 관객이 몰려 끌랭의 실험정신이 옳았음을 증명해 주었다. 이탈리아의 조각가인 루치오 폰타나Lucio Fontana는 그의 출품작 중 한 점을 구입하기도 했다.

밀라노에 이어 파리, 뒤셀도르프, 런던에서도 연이어 열렸던 이 '청색 시대'를 통해 끌랭은 무명의 화가에서 '블루의 화가'로 자신의 입지를 세울 수 있었다. 물론 전시에 대한 반응은 '얼간이'부터 '우리 시대의 영웅적인 아티스트'까지 매우 다양했지만 말이다.

그는 특히 '청색 시대' 파리 전시에 심혈을 기울였다. 전시의 초대장을 우편엽서로 발송하면서 우표를 붙여야 하는 자리에 IKB로 우표 모양을 색칠했고(놀랍게도 이 엽서들은 제대로 도착했다) 파리 중심부인 생 제르맹 데 프레에서 1,001개의 푸른 풍선을 날리는 퍼포먼스도 벌였다. 이 이벤트는 끌랭의 IKB가 지상과 천상을 상징하는 색깔이라는 사실을 알리는 행위이기도 했다.

인간의 몸을 붓으로 사용하다

'청색 시대'를 계기로 끌랭의 실험정신은 더욱 충만했다. 그는 푸른색을 칠한 캔버스를 불로 그을리거나, 작품 제작 도구로 사용하던 스펀지에 IKB를 입힌 조형작품을 내놓았다. 푸른빛 캔버스에 역시 푸른빛으로 물든 스펀지를 드문드문 붙인 끌랭의 작품은 바다 위에 떠 있는 섬들을 연상시킨다.

　이즈음 그는 이탈리아의 아시시에서 지오토Giotto, 1267~1337의 프레스코화를 보고 큰 충격을 받았다. 시간의 흐름을 비웃는 듯, 선명한 푸른색으로 채워진 지오토의 벽화는 끌랭으로 하여금 푸른빛이 가진 고귀함을 다시 한번 일깨워주는 계기로 작용했다. 이때의 충격 때문에 끌랭은 훗날 독일 겔센키르첸Gelsenkirchen 오페라 극장의 로비 장식 작업을 하는 이탈리아로 간간이 '지오토 성지순례'를 떠나기도 했다.

　그러나 뭐니뭐니해도 끌랭이 보여 준 실험 정신의 절정은 누드 모델들과 펼친 일련의 '앙트로포메트리Anthropométries 인체측정' 퍼포먼스이다. 이 퍼포먼스는 살아 움직이는 인간의 육체를 붓으로 사용하는 기상천외한 실험이었다. 1958년 6월 27일, 끌랭은 자신의 파리 아파트에 피에르 레스타니Pierre Restany, 우도 쿨터만Udo Kultermann, 로트로 우에커Rotraut Uecker 등 친구들을 불러모았다. 그는 바닥에 큰 종이를 펼친 뒤, 누드 모델의 몸에 IKB를 바르고 종이 위에 구르게 했다. 종이 위에는 여자의 가슴과 배, 허벅지 등이 토르소처럼 연속적으로 찍혀 나왔다.

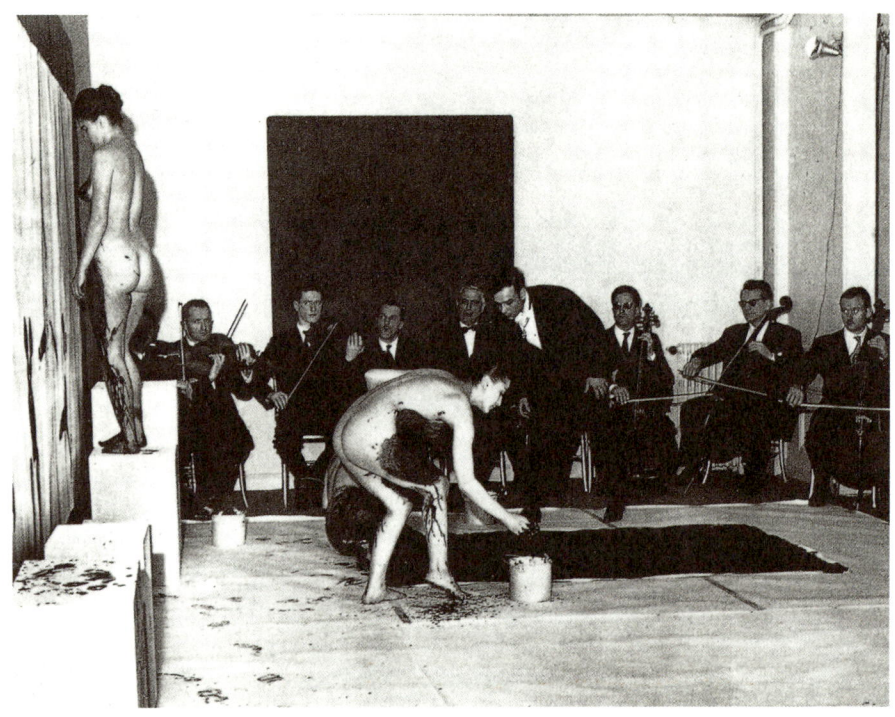

몇 번의 실험을 거쳐 1960년 3월 9일, 파리 생토노레가의 현대 예술 갤러리Galerie Internationale d'Art Contemporain에서 드디어 '앙트로포메트리' 퍼포먼스가 정식으로 공개되었다. '청색시대의 인체측정'이라고 이름 붙여진 이 퍼포먼스에서 끌랭은 누드 모델들의 몸에 물감을 바른 뒤, 자신의 〈모노톤 심포니〉를 지휘했다. 세 명의 모델들은 벽에 붙여진 큰 종이 위에 몸을 누르고 굴려서 작품을 찍어냈다. 끌랭은 실내악단을 지휘하는 간간이 모델들에게 이런 저런 지시를 하며 자신이 원하는 작품을 만들어 냈다.

1960년 3월 9일 파리 현대예술 갤러리에서 열린 '앙트로메트리' 퍼포먼스 장면. 끌랭은 자작곡인 〈모노톤 심포니〉에 맞추어 모델들의 몸에 푸른 물감을 칠했고 모델들은 벽에 몸을 문질러 작품을 창조해 냈다 ⓒYves Klein | ADAGP, Paris-SACK, Seoul, 2005

얼마나 기막힌 광경이었을까! 그러나 이 퍼포먼스는 전혀 우습거나 에로틱하지 않았으며 오히려 매우 진지한 분위기에서 40여 분간 진행되었다. 끌랭은 검은 정장에 흰 타이를 매고 있었고 초대받은 100여 명의 관객들 역시 정장 차림이었다. 그의 모습은 마치 오케스트라 지휘자 또는 종교의식의 사제 같았다.

당연하게도 끌랭의 '인체측정' 퍼포먼스는 대단한 센세이션을 불러일으켰다. 지금도 이브 끌랭하면 떠오르는 이미지는 푸른색으로 채워진 캔버스와 함께 '인체측정' 퍼포먼스를 진행하는 모습이다. "탄탄한 살로 채워진 인간의 몸, 특히 몸통과 허벅지에서 나는 놀라운 진실을 본다. 그 속에는 진정한 우주, 그리고 창조의 원리가 숨어 있다." 겨우 서른 살을 넘긴 이 화가는 시대를 이렇게 한참이나 앞서 가고 있었다.

화가, 허공 속으로 몸을 던지다

뒤의 사진을 한번 보라. 남자가 4, 5미터 밑의 아스팔트 바닥은 개의치 않는 듯, 두 팔을 활짝 펴 허공으로 날아오르는 자세를 취하고 있다. 아마 0.1초 후에 그는 아래의 아스팔트 바닥으로 떨어질 것이고 어딘가 뼈가 부러지고 말 것이다. 운 나쁘게 머리를 부딪친다면 바로 사망할지도 모른다. 그러나 사진 속의 남자는 그런 위험을 아예 모르는지 무한한 환희에 차 있는 표정이다. 정말 밑으로 낙하하지 않고 허공으로 날아갈 수 있다는 듯이 말이다.

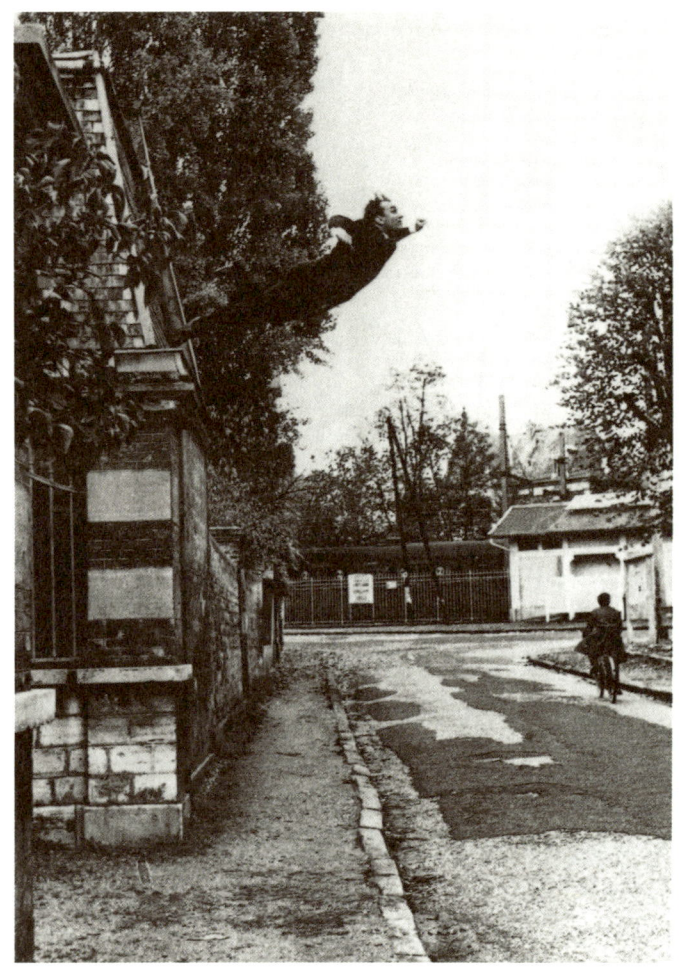

이 사진의 제목은 '허공으로 도약하다 Leap into the Void' 이다.
1960년 10월 23일 파리 근교에서 촬영된 이 사진 속의 남자는 물
론 이브 끌랭 자신이다. 끌랭은 이즈음 '인간은 날 수 있다.' 는
근거 없는 확신에 빠져 있었다. 당시 소련과 미국은 경쟁적으로
우주개발에 매달리고 있었고 우주 공간에 사람이 가는 건 시간문
제였다. 소련의 유리 가가린이 인류 최초로 우주 공간을 비행하
며 "지구는 푸른 별이다." 라는 메시지를 남긴 것은 이로부터 불
과 반년 후인 1961년 4월 12일의 일이다. 우주비행, 하늘을 난다
는 것은 유쾌한 몽상가 끌랭에게는 실로 무한한 유혹이었다.

"그는 사람이 실제로 날 수 있다고 굳게 믿고 있었어요." 동료 화가이자 훗날 끌랭의 아내가 된 로트로의 회고담이다. "이브는 옛날의 수도승들이 공중부양을 했다는 기록이 남아 있다면서, 언젠가는 대부분의 사람들이 모두 수도승처럼 날 수 있을 거라고 말하곤 했지요. 어린아이처럼 그는 진짜로 그렇게 믿었어요."

끌랭의 친구인 화가 장 팅겔리Jean Tinguely의 증언도 이와 비슷하다. "끌랭은 만화책을 즐겨 읽었고, 만화 속에 나오는 중세의 기사들이나 성배the Holy Grail의 전설을 좋아했어요. 마치 어린아이처럼 순진하고도 정열적인 사람이었죠."

그리고 진짜 만화 속 주인공처럼, 끌랭은 환희에 찬 표정으로 건물에서 뛰어내려 날개처럼 팔을 편 채 잠시나마 하늘을 날았다. 예술가 이브 끌랭의 실체를 이처럼 압축적으로 표현해 낸 작품이 또 있을까.

그런데 이쯤에서 이런 의문이 고개를 든다. 과연 끌랭은 이처럼 무모한 시도를 하고도 무사했을까? 그는 유도 유단자답게 멋진 낙법으로 착지했을까? 혹시 어딘가 다치지는 않았을까?

사실 이 사진은 조작된 것이다. 실제로는 끌랭의 발 아래에 친구들이 안전망을 받쳐든 채로 그를 받을 준비를 하고 있었다. 끌랭은 아무 안전장치 없이 뛰어내릴 생각이었고 실제로 연습도 했지만, 로트로와 친구들은 "최소한 무릎을 부러뜨릴 것"이라고 적극 만류했다. 사진작가인 해리 슝크Harry Shunk가 몽타주 기법으로 이 사진을 제작했다.

끌랭은 단순히 이런 사진을 촬영하는 데 그치지 않았다. 그는 이 사진을 1면에 실은 신문까지 만들었다. 사진 설명은 '화가, 허공 속으로 몸을 던지다.'였다. '디망쉬Dimanche 일요일'라고 이름 붙여진 이 4면 신문은 1960년 11월 27일자 단 하루만 제작되었다. 끌랭의 친구들은 이 신문 7,000부를 파리의 신문가판대에 배포했다. 웃지 못할 해프닝이었지만 '디망쉬'는 날개 돋친 듯 팔려 나갔다.

미완성으로 남은 금색과 장미색 시대

끌랭이 청색 이외의 색깔로 그림을 그렸다는 사실은 널리 알려져 있지 않다. 그러나 끌랭은 1960년을 기점으로 IKB 외에 새로운 색깔을 찾기 시작했다. 그가 찾아낸 색깔은 금색Monogolds과 장미색Monopinks이었으며 두 가지 색깔을 통해 화가는 블루 못지않게 풍성한 색채감을 거두는 데 성공했다. 파랑과 금색, 그리고 붉은색은 불꽃을 이루는 세 가지 색깔이기도 하다. 끌랭은 고대 그리스의 철학자들이 말했던 불, 물, 대기, 흙 등 세상을 이루는 기본 원소들 중에서 불이 가장 중요하다고 믿었다.

재미있는 사실은 끌랭이 모노골드 작품을 만들면서 실제로 금을 녹여 넣었다는 사실이다. 화가로 활동하기 전, 끌랭은 영국에서 금도금 기술자로 일한 적이 있는데 이때의 경험이 모노골드 회화 작업에 적지 않은 도움이 되었다.

1961년 1월 14일 시작된 독일 크레펠트 하우스 랑게 미술관 Museum Haus Lange에서의 끌랭 초대전은 6년에 걸친 그의 작품 세계를 집대성하는 최초의 대규모 단독전이었다. 전시장에는 IKB 작품 못지않게 모노골드와 모노핑크 작품도 골고루 등장했다. 이 초대전은 끌랭의 작품세계를 보여 주는 동시에 그의 미래를 예고해 주는 전시이기도 했다. 끌랭은 미술관 야외에서 분젠 버너로 자신의 작품을 그을리는 퍼포먼스를 벌였다.

끌랭은 유도 유단자답게 항상 건강하고 단단한, 그리고 사교적이고 유쾌한 성격이었다. 우울함이나 병의 징후 같은 건 찾아볼 수가 없었다. 그는 매사에 자신만만했고 다른 사람을 설득해 자신의 편으로 끌어들이는 데도 능했다. 무엇보다 그는 스스로의 천재성을 굳게 믿고 있었다. '예술은 영감이나 학습에 의한 것이 아니라 몇몇 천재들의 능력에 의해 탄생하는 것'이라는 것이 그의 평소 지론이었다.

그러나 이처럼 굳건한 자기애도 외부의 싸늘한 시선에 완전히 무심할 수는 없었다. 1961년 뉴욕 맨해튼의 레오 카스텔리Leo Castelli 갤러리에서 열린 야심 찬 미국 전시는 미지근한 반응을 얻는 데 그쳤다. 비록 앤디 워홀Andy Warhol, 1928~1987은 그의 전시를 본 후 "와, 정말 파랑군!"이라는 감탄사를 터뜨렸지만 끌랭이 남몰래 흠모했던 마크 로스코Mark Rothko, 1903~1970는 이 전시를 완전히 무시했다. 미국 언론도 거의 관심을 기울이지 않았다. 뉴욕에서 단 한 점의 작품도 팔지 못한 끌랭은 전에 없이 좌절한 모습을 보였다.

또 이 해에 한 일본 설치예술가가 끌랭의 〈허공으로 도약하다〉를 흉내 내 도쿄의 고층건물에서 뛰어내리다 사망했다. 그리고 칸느 필름 페스티벌에서 자신이 비웃음의 대상이 된 것도 화가의 영혼에 깊은 상처를 남겼다. 클로드 샤브롤Claude Chabrol이 끌랭을 주인공으로 만든 필름을 칸느에 출품했지만 영화인들은 이 필름을 예술로 인정해 주지도 않았다.

1962년 1월 21일, 끌랭은 자신의 아이를 임신한 로트로와 파리에서 결혼식을 올렸다. 뒤셀도르프에서 결성된 예술가 모임 제로Zero 그룹에서 만난 두 사람은 운명적인 연인이자 예술적 동료로 오랫동안 결혼을 갈망하고 있었다. 두 사람의 결혼식은 누보 레알리즘 예술가들의 흥겨운 잔치로 치렀다. 신랑은 성 세바스찬 기사단의 예복을 입었고 신부는 흰 베일 아래 푸른 왕관을 썼다. 결혼 행진곡 대신 끌랭의 〈모노톤 심포니〉가 연주되었다.

끌랭의 종말은 너무도 급작스럽게 다가왔다. 1962년 5월 11일, 칸느 필름 페스티벌에 참석하고 있던 끌랭은 갑자기 심장 발작을 일으켰다. 급히 파리의 집으로 돌아왔지만 4일 후인 15일 두 번째 발작이 일어났고 6월 6일에 일어난 세 번째 발작은 그를 영원히 쓰러뜨렸다. 이해 8월, 로트로는 니스에서 유복자인 아들을 낳았다. 아들의 이름 역시 '이브Yves'로 붙여졌다.

끌랭은 불가능한 꿈을 꾼 몽상가였을까? 그는 예상외로 경건한 사람이었다. 잘 알려져 있지 않지만 끌랭은 몇 번이나 이탈

리아로 성지 순례를 갈 정도로 신비주의와 옛 성인들을 숭배했
다. 그는 장미십자단의 교리에 몰두했고 성 세바스찬 기사단에
정식으로 입단했으며 갖가지 엄숙한 종교 의식을 매우 좋아했다.

　그에게 삶은 하나의 즐거운 유희였을지도 모른다. 그러나
그의 예술, 그의 푸른빛은 유희이기 이전에 절대적인 종교이자
삶 자체였다. 끌랭은 7년에 불과한 화가로서의 삶 동안 1천 점이
넘는 작품을 남겼다.

　　'인류는 미사일이나 인공위성으로는 절대 우주를 지배할 수 없다. 우주
　　를 지배할 수 있는 힘은 오직 하나, 감각Sensibility뿐이다.'

　끌랭은 이 말처럼 경쟁적인 우주개발이나 강대국의 힘의 논
리가 아닌, 예술과 감각을 통해 평화를 찾는 '푸른 혁명'을 꿈꾸
었다. 정말로 그는 푸른 별 지구에 잠깐 기착했다 다시 우주로 떠
난 메신저였을지도 모를 일이다.

　　'이제 나는 예술을 넘어서기를 원한다. 감각과 삶 역시 넘어서기를 원한
　　다. 나는 다만 허공으로 뛰어들고 싶다. 내 삶은 1947년에 작곡한 내 교
　　향곡 같았다. 하나의 음이 처음부터 끝까지 계속되는, 그래서 시작도 끝
　　도 없이 영원한 삶…… 훗날 사람들이 나에 대해 이렇게 말해줬으면 싶
　　다. '그는 살았고, 지금도 살고 있다.'고.'

　죽기 직전 남긴 끌랭 최후의 메시지다.

· · · · · · · · 화 · 가 · 이 · 브 · 끌 · 랭 · · · · · · · · ·

Yves Klein

1928. 4. 28~1962. 6. 6

1928년 4월 28일 프랑스 니스 출생

1947년 유도 시작, 유도 수련 중 평생의 친구가 된

클로드 파스칼Claude Pascal과 아르망Arman을 만남,

자신의 핸드 프린팅을 이용한 첫 번째 모노크롬 작품 제작

1949년 독일에서 군 복무

1950~1952년 영국, 스페인, 이탈리아 등을 여행하며 다양한 직업 전전

1952~1953년 일본 도쿄 체류, 유도 4단 획득

1955년 파리의 레알리테 누벨 살롱이

오렌지색으로만 그려진 모노크롬 작품 전시 거절

1957년 '청색 시대' 전시 런던, 뒤셀도르프 등에서 호평

1958년 독일 겔젠키르첸 오페라 극장의 로비 인테리어를 맡아

극장 로비를 푸른색 회화로 장식

1961년 최초의 대규모 단독전인 '이브 끌랭 :

모노크롬과 불' 전시 독일 크레펠트의 하우스 랑게 미술관에서 개최,

약혼녀 로트로 우에커Rotraut Uecker와 미국 여행, 뉴욕 전시,

1962년 1월 21일 결혼,

6월 6일 심장마비로 사망,

8월 아들 이브 출생

최후의 마스터피스

〈에덴 동산 Garden of Eden〉

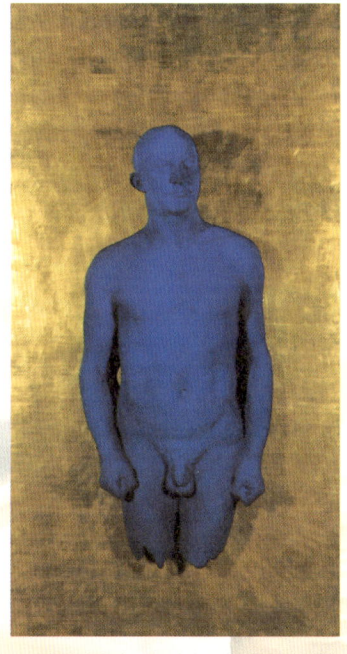

끌랭의 마지막 작품인 〈에덴 동산〉 시리즈 중의
〈아르망의 초상 부조 *Portrait Relief of Arman*〉
이브 끌랭 | 1962 | 브론즈 | 프랑스 국가 컬렉션
ⓒYves Klein | ADAGP, Paris-SACK, Seoul,
2005

끌랭은 결혼 직후인 1962년 벽두부터 새로운 연작 작업에 착수한다. 〈에덴 동산〉이라고 이름 붙여진 이 연작은 실제 크기의 인체 누드를 석고로 떠서 IKB를 칠한 뒤, 황금빛 배경 앞에 세우는 조형물 시리즈로 구상되었고 배경에는 정원과 호수 등도 만들 계획이었다.

끌랭은 이 시리즈를 만들기 위해 2월부터 자기 자신의 누드를 비롯해서 친구인 아르망, 마르샬 래스 Martial Raysse, 클로드 파스칼의 누드를 석고로 떴다. 고전적인 포즈로 우뚝 선 이들의 누드는 푸른빛으로 칠해져 눈부신 황금빛 패널 앞에 세워졌다. 황금색을 배경으로 한 채 서 있는 푸른 인체는 비잔틴의 성화, 또는 동양의 불상을 연상시키기도 한다.

끌랭이 〈에덴 동산〉을 어떤 모습으로 만들려고 했는지는 정확히 알 수 없다. 작업이 반정도 진행된 상태에서 그는 급사했고, 작품은 미완성으로 남았다. 다만 끌랭은 '에덴 동산 한가운데에 나의 석고 모형을 세울 것'이라고 말했을 뿐이었다.

끌랭이 사망한지 6년 후인 1968년 프랑스 정부는 이 시리즈의 일부인 〈아르망의 초상〉을 사들였다. 끌랭의 작품을 프랑스 정부가 구입한 것은 이 작품이 처음이었다.

가수 빌리 홀리데이 가수 빌리 홀리데이 가수 빌리 홀리데이

가수 빌리 홀리데이 가수 빌리 홀리데이

가 수 빌 리 홀 리 데 이

가·수·빌·리·홀·리·데·이

Billie Holiday

사라 본, 엘라 피츠제럴드와 함께 3대 여성 재즈 보컬로 불리는 가수. 열다섯 살부터 뉴욕의 클럽에서 노래하기 시작했다. 1930년대부터 본격적으로 음반을 녹음했으며 콜럼비아, 버브Verve 등의 음반사에 100여장 이상의 주옥 같은 음반을 남겼다. 미국의 인종차별 문제를 정면으로 비판한 노래 〈이상한 과일 Strange Fruit, 1939〉은 발표 직후 모든 라디오 방송국에서 방송금지를 당했다.

가수로서 거둔 성공에 비해 사생활은 불우해 마약 소지죄로 여러 번 체포되고 세 번의 결혼은 모두 실패로 끝났다. 마약 남용과 알코올 중독으로 건강을 해쳐 한창 나이인 44세에 세상을 떠났다. 그녀의 자서전 〈블루스를 부르는 레이디 Lady Sings the Blues〉는 1972년 다이애나 로스가 주연한 영화로 제작되기도 하였다. 1999년 시사주간지 '타임'은 빌리의 〈이상한 과일〉을 20세기 최고의 노래로 선정했다.

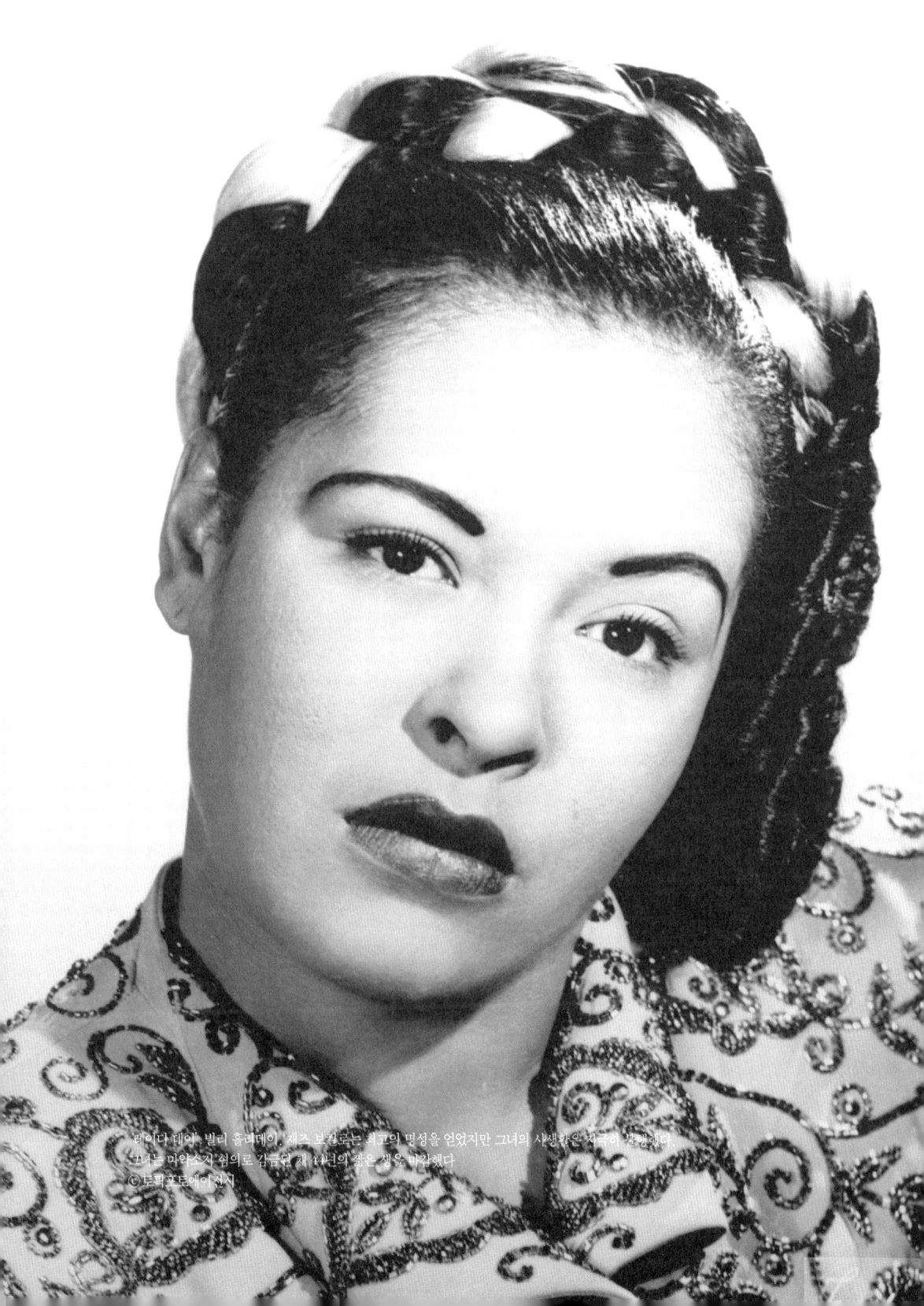

레이디 데이, 빌리 홀리데이. 재즈 보컬로는 최고의 명성을 얻었지만 그녀의 사생활은 지극히 불행했다. 그녀는 마약소지 혐의로 감금된 채 44년의 짧은 생을 마감했다.
© 토픽포토에이전시

슬픈 블루스의 레이디

재즈 애호가 무라카미 하루키-하루키는 자신의 방에서 글을 쓰며 항상 음악을 듣는다고 한다. 그래서인지 재즈에 대한 그의 식견은 웬만한 전문가를 한참 뛰어넘는다-는 재즈 뮤지션들을 주제로 쓴 책 〈재즈 에세이〉에서 가수 빌리 홀리데이에 대해 이렇게 말한다.

'젊었을 때는 꽤나 빌리 홀리데이를 들었다. 그 나름대로 감동도 하였다. 하지만 빌리 홀리데이가 얼마나 멋진 가수인가를 정말로 알게 된 것은 훨씬 훗날의 일이다. 그러니 나이를 먹는다는 것도 그리 나쁜 것만은 아니다.'

옛날에는 1930년대에서 1940년대에 걸쳐 녹음한 그녀의 음반을 즐겨 들었다. 그녀가 아직 젊고 싱그러운 목소리로 열심히 노래한 시대의 노래들이다. 나중에 미국의 콜럼비아 레코드사는 그 대부분을 재녹음하여 음반을 내놓았다. 그 음반들은 믿어지지 않을 만큼 충만한 상상력으로 넘실거리고, 눈이 번쩍 뜨일 만큼 높이 비상한다.

그녀의 스윙에 맞추어 세계가 스윙하였다. 지구 그 자체가 흔들흔들 흔들렸다. 과장이 아니다. 그것은 이미 예술이 아니라 마법이었다.……'

이렇듯 빌리 홀리데이의 노래에 푹 빠져 있던 하루키지만, 1950년대 이후의 녹음은 별로 즐겨 듣지 않았다고 한다. 1950년대라면 이 가수가 마약과 알코올 중독에 젖어 스스로를 한창 파멸시키고 있을 때였다. 세 명의 남편들은 하나같이 빌리를 개 패

듯 때리는 건달들이었고, 빌리는 자신의 레코드와 공연 수익조차
도 제대로 챙기지 못한 채 약물로 하루하루를 망가뜨리고 있었
다. 당연히 전성기 때의 멋진 보컬도 잃어 버렸다.

그런데 웬일인지, 하루키는 언제부터인가 빌리의 후반기 녹
음을 다시금 찾아 듣게 되었다고 한다. 이 쇠잔한 가수의 음성에
서 목소리의 기교 이상인 어떤 것을 발견했던 게 분명하다. 조금
길어지긴 했지만, 다시 한번 하루키의 감상을 인용해 보자.

'어떤 의미에서는 퇴락했다고도 할 수 있는 빌리 홀리데이의 만년의 노
래에서, 내가 들을 수 있었던 것은 과연 무엇이었나? 그에 관해서 여러
가지로 생각해 보았다. 그 안에 있는 것이 대체 무엇인지, 왜 나를 그렇
게 강하게 흡인하는 것인지?

어쩌면 그것은 '용서' 같은 것이 아닐까? '이제 그만 됐으니까 잊어버려
요.'라는.'

그렇다. 빌리 홀리데이의 녹슬고 쇠약해진 음성, 전성기의
빛이 이미 스러지고 난 후의 음성에서 우리가 들을 수 있는 것은
지쳐 버린 삶에 대한 연민이자 용서다.

그 누가 그녀처럼 지독하게 신산한 삶을 살았을까. 흑인 노
예의 후손, 미혼모의 딸, 열 살에 경험한 강간, 감화원 수용, 어린
창녀, 10여 년 간 녹음했던 수많은 레코드 수입은 단 한 푼도 받
지 못했고, 흑인이라는 이유로 얼굴에 흰 칠을 하고 무대에 올라
야 했고, 한결같이 폭력적이었던 세 명의 남편에다, 마약과 알코

올 중독으로 형무소를 들락거리다 임종의 병상에서까지 체포당하고…… 삶은 단 한순간도 그녀에게 관대했던 적이 없었다.

그러나 그 모든 와중에도 그녀는 노래를 불렀다. 그리고 노래 속에서 우리에게 미소짓는다. "그래도 노래가 있으니까 난 괜찮아." 하고 말하듯이.

버림받은 아이

모든 아기들이 부모와 주위 어른들의 축복 속에서 탄생하는 것은 아니다. 더구나 미국의 하류계층인 흑인 사회에서는 축복보다는 경멸과 질시 속에서 탄생하는 아기가 더 많다. 빌리 홀리데이 역시 마찬가지였다.

빌리는 1915년 4월 7일, 필라델피아에서 엘레노라 페이건 Eleanora Fagan이라는 이름으로 태어났다. 페이건은 엄마 새디 페이건Sadie Fagan의 성이었다. 이름에서도 알 수 있듯이 그녀는 미혼모의 딸이었다. 아버지인 클라런스 홀리데이Clarence Holiday는 나중에 꽤 이름을 날린 밴조 연주자이자 기타리스트였다.

하지만 핸섬한데다 악기를 잘 다뤄 여자들에게 인기가 많았던 클라런스는 축제에서 만나 하룻밤 정분의 상대였던 새디와 결혼할 생각은 추호도 없었다. 빌리는 사망 3년 전에 출판된 자서전 〈블루스를 부르는 레이디 Lady Sings the Blues, 1956〉에서 '자신의 부

모가 나중에 결혼했다.'라고 쓰고 있지만 그것은 사실이 아니다
(빌리가 저널리스트 윌리엄 뒤프티William Dufty에게 구술해 만든 이
자서전은 유감스럽게도 많은 부분이 사실이 아니라 극적으로 꾸며
낸 허구로 채워져 있다. 예를 들면 새디가 겨우 열세 살에 빌리를
낳았다거나, 빌리가 열네 살에 어머니의 병구완을 위해 할렘의 '제
리 프레스톤 로그 캐빈 클럽' 무용수로 취직하려 했다는 등의 이야
기는 사실이 아니다. 빌리를 낳았을 때 새디는 열아홉, 클라런스는
열일곱이었다. 그러나 이 자서전을 토대로 할리우드가 동명의 영
화를 제작하는 바람에 빌리가 꾸며 낸 상당 부분의 삶은 빌리의 진
짜 생애로 굳혀지고 말았다).

아무튼 빌리가 환영받지 못하는 사생아였으며, 어린 엄마인
새디가 딸을 이곳저곳에 맡긴 채로 일자리를 찾아 전전했던 것은
분명한 사실이다. 새디는 뉴욕에서 웨이트리스나 하녀로 일하기
도 하고 비슷한 신분의 남자와 결혼하기도 했으나 교육받지 못한
흑인 여자의 삶이 순탄할 리가 없었다. 결혼한 남자들은 한결같
이 새디를 이용해 먹다 떠나 버렸다. 빌리가 성장시절 만났던 남
자들은 이처럼 반은 건달, 반은 포주인 남자들뿐이었다.

빌리의 팬들은 지금도 왜 빌리가 세 번의 결혼에서 모두 그
처럼 시시한 남자들을 선택했는지를 의아해 한다. 훗날 그녀가
결혼한 세 남자 - 조니 먼로, 존 레비, 루이스 맥케이 - 들은 정도
의 차이는 있지만 하나같이 빌리를 등쳐 먹었고 그녀를 때리며
재산을 갈취했다. 빌리가 헤로인 중독에 빠졌던 것도 이 변변찮

은 남편들 때문이었다. 더욱 기막힌 것은 무대의 여왕이자 '레이디 데이Lady Day' 라는 애칭으로 불렸던 빌리가 이 남편들에게 극진하게 순종적이었다는 사실이다. 그녀는 이상할 정도로 남편들에게 매달렸고 이런 점이 상황을 더욱 악화시켰다.

그러나 빌리에게는 다른 선택의 여지가 없었다. 어린 시절의 빌리가 본 남자들은 한결같이 그런 남자들뿐이었다. 빌리의 머릿속에 각인된 '남자' 는 자상하고 여자의 생계를 책임지는 든든한 동반자가 아니라 여자가 벌어온 돈을 뺏고 여자를 때리는 건달 같은 존재였던 것이다.

아무튼 빌리의 정규교육은 초등학교 5학년으로 끝났다. 필라델피아와 볼티모어를 오가며 성장한 엘레노라 페이건은 다른 여자아이들과는 달리 사내아이들과 야구, 롤러 스케이트 등을 하며 노는 걸 좋아하는 말괄량이였다. 물론 음악교육을 받을 기회는 전혀 없었다. 빌리는 직업 가수로 데뷔한 이후에도 꽤 오랫동안 악보를 읽지 못했다.

그러나 이런 와중에도 '스승' 은 있었다. 10대 초반부터 빌리는 베시 스미스Bessie Smith, 1894~1937와 루이 암스트롱Louis Armstrong, 1900~1971의 레코드를 즐겨 들었다. 레코드 속의 음성을 그대로 따라해 보려고 애쓰기도 했다. 20세기 초반의 많은 위대한 재즈 뮤지션들처럼, 빌리에게도 레코드는 가장 훌륭한 교사였다.

빌리에게 영향을 준 뮤지션으로 아버지 클라런스를 빼놓을 수 없다. 비록 자신의 딸을 거의 방치하긴 했지만 클라런스는 루이 암스트롱, 베니 카터Benny Carter, 1907~2003 등과 함께 연주한 기타리스트였고 훗날 재즈 가수가 된 딸 빌리를 여러 뮤지션들에게 소개해 주기도 했다. 빌리의 정확한 리듬감은 기타를 쳤던 아버지에게서 물려받은 것이라는 게 전문가들의 공통된 견해다.

친척집을 전전했던 빌리의 어린 시절은 빈말로라도 행복했다고는 할 수 없었다. 그녀를 맡아 키운 사촌 아이다는 빌리를 몹시 구박했고 집안의 다른 남자아이들은 이 더부살이 아이를 예사로 지분거려 댔다. 그녀에게 다정하게 대해 준 유일한 사람은 아흔이 넘은 증조모뿐이었다. 증조모는 빌리에게 자주 성경을 읽어주곤 했다.

그러나 이 유일한 사랑의 대상마저 지울 수 없는 상처를 남기고 떠난다. 어느 날 밤, 빌리를 끌어안고 잠든 증조모가 밤사이 세상을 뜨고 만 것이다. 아침에 눈을 뜬 빌리는 이미 굳어 버린 할머니의 팔에서 도저히 빠져 나올 수가 없었다. 결국 시신의 팔을 비틀어서야 빠져 나올 수 있었던 빌리는 그 충격으로 한 달이나 병원에 입원해야 했다. 한 달 후 집으로 돌아온 빌리를 기다리고 있었던 것은 아이다 아줌마의 '죄 많은 년은 역시 다르다.' 는 욕설과 매질이었다.

결정적으로 빌리의 삶이 어그러진 것은 열 살 때의 사건이었다. 그녀는 겨우 열 살의 나이에 이웃에 살던 딕이라는 중년 남성에게 강간당하고 감화원으로 보내진다. 경찰과 감화원 관계자들은 피해자인 그녀를 남자를 유혹한 못된 창녀처럼 다루었다.

"그들은 내가 사람을 죽인 살인자라도 되는 양 굴었다. 딕 씨는 사십대 남자였고 나는 겨우 열 살이었는데도 말이다. 소식을 듣고 달려온 엄마가 울며 애원했지만 경찰은 엄마를 경찰서 바깥으로 쫓아냈다."

빌리 자신의 기록이다. 그녀는 볼티모어에 있는 흑인 소녀들을 위한 가톨릭 감화원에서 1년간 수용되었다. 말이 감화원이지 수용된 소녀들이 예사로 죽어 나가는, 감옥이나 다름없는 끔찍한 곳이었다.

가수로 변신한 어린 창녀

이런 생활 속에서 닥치는 대로 살던 빌리가 뉴욕 할렘의 어린 창녀가 된 것은 어찌 보면 당연한 귀결이었다. 열 살 즈음부터 빌리는 최소한 열네 살은 되어 보이게 성숙한 모습이었다. 더구나 흑인치고는 살결이 흰 편이어서 그녀를 찾는 남자 손님들 중에는 백인이 적지 않았다. 그리고 할렘의 클럽들을 전전하다 그녀는 어느 순간 가수로 180도 변신하게 된다.

　할렘의 클럽을 찾는 손님들은 클럽의 어린 여종업원들에게 가끔 노래나 춤을 시켰다. 빌리는 이럴 때마다 베시 스미스의 〈센티멘털 베이비Sentimental Baby〉나 〈눈물방울Teardrops〉을 불렀다. 손님들은 인기 가수의 노래를 곧잘 흉내 내는 빌리에게 아낌없는 환호를 보내 주었다. 운이 좋으면 하룻밤에만 100달러가 넘는 팁을 챙길 때도 있었다.

1933년, 빌리는 할렘의 클럽 '브라우니'에서 여느 때처럼 노래를 부르고 있었다. 그런 빌리의 모습을 주목하는 남자가 있었다. 존 해먼드John Hammond라는 흥행사였다. 아직 십대였지만 이미 성숙한 여자의 모습을 갖춘 빌리는 베시 스미스의 노래 속에서 묘하게 도시적인 냄새를 풍기고 있었다. 그후 며칠동안 밤마다 해먼드는 브라우니를 찾았다. 빌리는 루이 암스트롱Louis Armstrong의 노래인 〈당신이 미소지을 때 When You're Smiling〉, 〈내 모든 것 All of Me〉, 〈내 마음의 조지아 Georgia on My Mind〉 등을 불렀다.

해먼드는 이 소녀의 음성이 에델 워터스Ethel Waters와 비슷하다고 생각했다. 그러나 빌리의 노래에는 워터스와도, 또 루이 암스트롱과도 다른 그녀만의 미묘한 떨림이 있었다. 결코 큰 성량은 아니었지만 그 속에는 마치 나뭇결처럼 어둡고도 부드러운 음색이 느껴졌다. '이 소녀의 노래는 그 누구와도 다르다.'고 해먼드는 생각했다.

그는 빌리를 클라리넷 주자인 베니 굿맨Benny Goodman, 1909~1986에게 소개했고 그 이름처럼 굿맨은 빌리에게 '좋은 사람'이 되었다. 굿맨의 도움으로 빌리는 10대 창녀에서 재즈 가수로 변모하게 된 것이다. 그때까지 엘레노라 페이건이었던 빌리는 자신의 이름을 '빌리 홀리데이'로 개명하고 첫 음반을 녹음하게 된다. '홀리데이'는 물론 아버지의 성을 따른 것이고 '빌리'란 이름은 당시 인기 있는 여배우였던 빌리 도브Billie Dove의 이름을 딴 것이었다.

베니 굿맨은 처음에 흑인 여가수와 함께 음반을 녹음한다는 점을 주저했다. 1930년대만 해도 백인과 흑인 뮤지션이 한 무대에 서는 일은 거의 없었다. 하지만 빌리의 재능에 대해 확신을 가진 해먼드는 굿맨을 설득했다. 마침내 1933년 11월, 베니 굿맨 오케스트라와 함께 한 빌리의 첫 번째 녹음이 이루어 진다. 이어 테디 윌슨Teddy Wilson, 1912~1986, 듀크 엘링턴Duke Ellington, 1899~1974 등 쟁쟁한 재즈 피아니스트들도 빌리의 파트너가 되었다.

1935년부터 십여 년 동안 빌리는 콜럼비아 레코드와 〈빌리의 블루스 Billie's Blues〉, 〈당신 때문에 웁니다 I Cried for You〉 등 200여 곡을 녹음했다. 그러나 당시만 해도 가수가 음반 수익을 받는 일이 정착되지 않은 때였기에 빌리는 이 노래들에 대한 로열티를 전혀 받지 못했다.

사실 빌리는 가수로서 압도적인 성량을 가지거나 보컬의 톤이 좋다거나 기교가 뛰어난 것은 아니었다. 목소리의 톤은 엘라 피츠제럴드Ella Fitzgerald, 1917~1996보다 약하고 리듬감은 사라 본Sarah Lois Vaughan, 1924~1990에 비해 뒤떨어진다는 게 일반적인 평가다. 결정적으로 빌리는 다른 기존 가수들에 비해 성량이 작았다. 마이크라는 20세기 기술의 산물이 없었다면 빌리는 지금처럼 위대한 가수의 반열에 올라서지 못했을 것이다.

그러나 빌리에게는 자신의 감정을 노래 속에 아주 우아하게, 그리고 애절하게 이입시키는 능력이 있었다. 사람들은 그녀의 노래를 들으며 영혼의 밑바닥까지 내려가는 듯한 느낌을 받았다. 그것은 어떤 말로도 설명할 수 없는 강력한 중독이었다.

빌리가 세상을 떠난 지 반세기가 다 되어 가는 지금까지도 걸출한 재즈 보컬로 추앙받는 이유는 바로 이 '영혼을 흔드는 듯한 강렬한 중독성' 때문일 것이다. 기구한 삶의 편린들이나 마약 중독으로 인한 요절, 언제나 흰 치자꽃을 머리에 꽂고 무대에 섰던 습관 등이 뒤엉켜 현실과 허구가 교차된 '빌리의 전설'이 탄생하긴 했지만 어디 마약에 빠졌던 재즈 뮤지션이 빌리뿐이랴. 마약이나 사생아, 결혼 실패, 투옥 등은 흑인들의 음악인 재즈의 세계에서는 드문 일이 아니었다.

빌리의 위대함은 이 모든 신산한 삶에도 불구하고 그 삶에 바래지 않은 자신의 음악, 어느 누구와도 다른 그녀만의 음악을 탄생시켰다는 데에 있다. "나는 같은 노래라고 해도 한 번도 이틀 연속 똑같이 부른 적이 없다. 이 지구상에 있는 사람들 하나하나는 모두 다른 사람들이듯, 어제와 오늘이 똑같은 노래라면 그것은 이미 음악이 아니다."는 그녀 자신의 말처럼, 그리고 "빌리는 단 한 소절의 노래에서 연극의 3막 분량보다 더 많은 감정을 표현한다."는 진 모로 Jeanne Moreau의 말처럼, 그녀는 자신만의 목소리로 자신만의 노래를 부를 줄 아는 가수였다.

인종차별의 두터운 벽

1937년부터 1938년까지 빌리는 카운트 베이시 밴드의 멤버로 전미 순회 공연을 다녔다. 짧지만 빛나는 날들이었다. 비록 견해 차

이와 계약 문제들이 뒤얽혀서 카운트 베이시Count Basie, 1904~1984와
는 1년만에 결별했지만 이 악단에는 빌리의 음악적 파트너인 색
소폰 주자 레스터 영Lester Young, 1909~1959이 있었다. 다른 멤버들도
모두 그녀에게 편안한 친구들이었다. 벅 클레이톤Buck Clayton의 말
에 의하면 빌리는 '선머슴 같은 여자'였다. 남자 멤버들은 한 버
스에서 동고동락하면서도 옷을 갈아입는 순간 외에는 빌리를 의
식하지 않았다.

그러나 아직 인종차별 의식이 뿌리 깊던 시대에 순회공연을
하는 흑인 여성 보컬에 대한 눈길은 그리 따스하지 않았다. 빌리
는 흑인치고는 피부가 흰 편이었는데 그 때문에 '유독 눈에 띈
다.'는 이유로 얼굴에 검은 칠을 하고 무대에 올라야 하는 경우도
있었다. 빌리는 나중에 이 일을 회상하며 "모든 비즈니스가 다 더
러운 면이 있지만 쇼 비즈니스처럼 구역질나는 일도 없을 것"이
라고 내뱉듯 말했다.

1938년, 카운트 베이시를 떠난 빌리는 아티 쇼 밴드로 옮겨
갔다. 클라리넷 주자였던 아티 쇼Artie Shaw, 1910~2004는 백인으로만
구성된 밴드를 이끌고 있었다. 빌리의 보컬 스타일과 아티 쇼 밴
드는 곧잘 어울렸다. 잡지 '다운비트Down Beat'는 '빌리 홀리데이
의 경쾌한 노래와 아티 쇼 밴드의 조화가 아름답다. 이 밴드는 빌
리라는 가수를 만나 재즈의 최상급을 구현해 내는 데 성공했다.'
고 평가했다.

　　그런데 이번에도 피부색이 문제였다. 1930년대에 백인 악단과 함께 노래부르는 흑인 가수는 눈을 씻고도 찾을 수가 없었다. 아티 쇼 밴드의 열네 명 구성원은 모두 백인 남성들이었다. 빌리는 밴드 멤버들과 같은 호텔에 투숙할 수 없었고 같은 식당에서 밥을 먹을 수도 없었다. 카운트 베이시 밴드 시절에는 '너무 희다.'는 이유로 얼굴에 검은 칠을 해야 했던 빌리는 이제 무대에 서기 위해 흰 분장을 해야 했다.

　　빌리는 이런 상황을 더 이상 참아 내지 못했다. 남부 지방 순회공연 도중, 무대에 앉아 있던 빌리를 발견하지 못한 관객이 "노래하는 검둥이는 어디 갔어?"하고 조롱하자 빌리는 "꺼져버려! 개새끼야!"하고 마주 고함을 질렀다. 밴드는 부랴부랴 연주를 시작했으나 관객들의 아우성 때문에 바로 무대에서 철수해야만 했다.

　　1938년 말, 아티 쇼 밴드는 순회공연에서 돌아와 뉴욕의 링컨 호텔과 전속 계약을 맺었다. 그런데 호텔 매니저가 유독 빌리만 호텔 정문으로 들어오지 못하게 했다. 빌리는 격렬하게 반발했고 결국 이 사건으로 아티 쇼는 새로운 가수를 찾게 된다. 빌리의 주장에 따르면 아티 쇼가 빌리에게 5년 계약을 제의했으나 그녀가 거절했고, 그 때문에 둘 사이가 급격히 악화되었다고 한다.

　　1939년부터 10년 동안 빌리는 그리니치 빌리지의 '카페 소사이어티' 등 뉴욕의 여러 클럽들에서 노래를 불렀다. 그리고 아폴로 극장Apollo Theater에서 듀크 엘링턴, 카운트 베이시, 플레처 핸더슨Fletcher Henderson, 루이 암스트롱, 냇 킹 콜Nat "King" Cole,

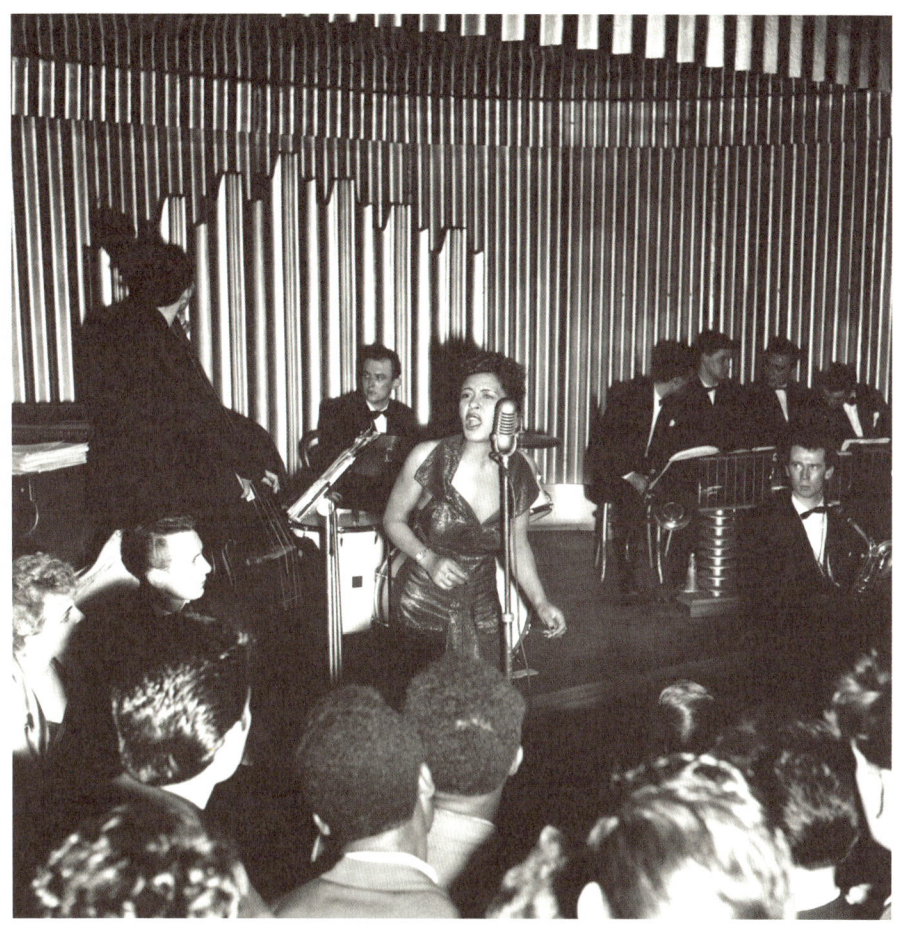

1930년대에 백인들과
한 무대에 선 흑인 가수
는 거의 없었다.
빌리는 순회공연 내내
각종 인종차별의 벽에
부딪쳐야만 했다
ⓒ토픽포토에이전시

1917~1965 등과 매년 공연을 가졌다. 전문가들은 이때를 빌리의 전
성기이자 그녀의 보컬이 완성된 시기라고 꼽는다. 그녀의 전기를
쓴 로버트 오밀리Robert O'Meally는 이 시기를 '빌리 홀리데이의 2
기'로 규정하였다.

　　결정적으로 빌리가 사회적인 문제에 대해 발언한 곡 〈이상
한 과일Strange Fruit〉을 발표한 때는 바로 1939년이다. 〈이상한 과
일〉은 뉴욕의 교사인 루이스 알렌Lewis Allen이 가사를 쓰고 빌리 홀
리데이 자신과 '카페 소사이어티'의 피아니스트인 소니 화이트
Sonny White가 함께 곡을 붙인 노래다. 노래의 가사는 제목처럼 기

묘하기 짝이 없다. 벌판의 나무 한 그루에 이상한 과일이 달려 있어 가까이 다가가 보니 그 과일은 피가 말라붙어 있는 흑인의 목매단 시체였다는 내용이다.

이처럼 정치적인 노래가 대공황에서 막 벗어난 미국 사회에 호락호락 받아들여질 리가 없었다. 빌리 자신도 이런 노래를 불러야 하는지에 대해 반신반의했다. "카페 소사이어티에서 〈이상한 과일〉을 처음 불렀을 때의 반응을 잊을 수가 없다. 클럽의 조명은 모두 꺼져 있었고 오직 내게만 환하게 스포트라이트가 비췄다. 노래가 끝나고 조명이 다시 들어왔는데도 관객은 머뭇거릴 뿐, 누구도 선뜻 박수를 치려 하지 않았다."

미국의 모든 방송국은 이 노래에 대해 방송금지 조치를 내렸다. 그러나 역설적으로 차별 받던 흑인 여가수 빌리는 〈이상한 과일〉을 통해 당대의 사회적인 이슈로 떠올랐다. 빌리의 노래를 듣기 위해 카페 소사이어티에 대통령 부인인 엘레노어 루즈벨트 Eleanor Roosevelt가 찾아올 정도였다. 〈이상한 과일〉은 빌리가 가수 생활을 통틀어 사회적인 문제에 대해 자신의 목소리를 낸 유일한 곡으로 남아 있다.

빌리가 이런 노래를 부르게 된 데에는 개인적인 아픔도 적지 않게 작용했다. 1937년, 빌리의 아버지 클라런스가 폐렴으로 타계했다. 순회 공연 중이던 클라런스는 텍사스에서 병원에 가려 했지만 당시만 해도 흑인은 병원에서 제대로 환자 취급을 해 주지 않았다. 클라런스는 차라리 자신이 평소 가던 달라스의 병원으로 가는 게 낫겠다고 생각했다. 그러나 이미 병세가 악화된 후여서 클라런스는 달라스의 병원에 도착하자마자 숨졌다. 클라런스는 〈이상한 과일〉이 비판하고 있는 남부의 인종차별적인 분위기에 희생된 수많은 흑인 중 한 사람이었던 것이다.

실패로 끝난 세 번의 결혼

〈이상한 과일〉 말고도 이 시기에 빌리는 수많은 명곡들을 남겼다. 아직 마약이나 알코올에 중독 되지 않은 싱싱한 음성으로 부른 빌리의 노래들. 예를 들면 〈멋지고 달콤하게 Fine and Mellow〉, 〈우울한 일요일 Gloomy Sunday〉, 〈이 아이에게 축복을 God Bless the Child〉, 〈나의 남자 My Man〉, 루이 암스트롱의 곡을 리메이크 한 〈나는 블루스를 부를 거야 I Gotta Right to Sing the Blues〉 등이 모두 이 시절 클럽 무대에서 탄생한 명곡들이다. 비슷한 시기에 활동했던 엘라 피츠제럴드만큼 화려하지는 않지만 한결 구슬프고도 담담한, 빌리 홀리데이만의 스타일이 확립된 곡들이 봇물처럼 쏟아졌다.

빌리의 인기가 높아지면서 그녀가 클럽에서 받는 주급은 2,000달러까지 뛰어올랐다. "나는 카페 소사이어티 무대에 처음 설 때만 해도 무명의 가수였어요. 하지만 2년 후 그 무대를 떠나 '페이머스 도어 Famous Door' 클럽으로 갈 때는 완전히 스타 대접을 받았지요." 흑인으로서는 이례적으로 뉴욕 메트로폴리탄 오페라와 카네기홀 무대에 설 정도로 인정도 받았다.

　　그러나 이 같은 성공과는 딴판으로, 그녀의 사생활은 여전히 불행했다. 1940년대에 결혼한 세 명의 남편들은 하나같이 건달들이었다. 첫 남편인 극장 매니저 조니 먼로와는 1941년에 결혼한 후 1년만에 이혼했지만, 그나마 이 첫 남편이 가장 나은 축이었다. 두 번째 남편인 존 레비John Levy는 툭하면 빌리에게 주먹을 휘둘렀고 그녀의 공연 수입을 빼돌리는 데에 혈안이 되어 있었다. 심지어 빌리의 소지품에 마약을 몰래 숨겨 두고 경찰에 연락해서 빌리가 마약소지죄로 체포되는 일까지 있었다.

　　마지막 남편인 루이스 맥케이Louis McKay 역시 다를 바가 없었다. 잘생긴 한량이었던 맥케이는 빌리의 팬이었고 로맨틱하게 구애해 왔다. 빌리는 자신보다 연하인 맥케이만은 그전 남편들과 다를 거라고 생각하고 세 번째 결혼을 감행했지만 이 결혼 역시 두 번째 못지 않은 지옥이었다. 남편에게 맞아서 무대에 오르지 못하는 날이 허다할 정도였다.

　　이런 와중에서도 빌리는 '현모양처의 생활'을 포기하지 않았다. 그녀는 세 번째 남편마저 구제불능의 건달이라는 사실을 익히 알고 있던 1957년에도 '다운 비트'와의 인터뷰에서 "남편을 내조하며 살림만 하는 여자가 되고 싶다."고 말했다. 그녀는 혼외정사로 태어난 사생아라는 자신의 '원죄'를 모범적인 결혼생활로 보상받고 싶어 했다. 그러나 그녀의 남편들은 하나같이 이 소박한 바람을 끝까지 외면했다. 남편들에게 시달리며, 마약과 알코올 중독으로 체포와 형무소행을 반복하며 빌리는 급격하게 무너져 내렸다. 1954년 떠난 유럽 순회 공연에서 열광적인 반응을 얻으며 일시적으로 재기의 몸부림을 보이기도 했지만 마약 복용 전과 때문에 뉴욕의 클럽 무대에는 더 이상 설 수 없었다.

1959년, 빌리의 20년 지기이자 음악의 동반자였던 레스터 영이 세상을 떠났다. 둘은 카운트 베이시 밴드에서 만나 〈당신이 미소지을 때 When you are Smiling〉 등 숱한 명곡을 함께 녹음했다. 레스터 영과 빌리가 함께 노래하면 "마치 색소폰 같은 노래와 노래 같은 색소폰 연주를 들려 준다."는 평을 듣곤 했다. 둘은 서로에게 '대통령(프레즈)'와 '레이디'라는 별명을 붙여 주기도 했다.

영의 죽음은 빌리에게 큰 충격을 주었다. 장례식장을 찾은 빌리는 옛 친구들에게 "프레즈가 갔으니 다음은 내 차례"라고 비통하게 말했다. 빌리와 남편 사이를 항상 의심했던 영의 미망인은 장례식장에서 노래를 부르고 싶다는 빌리의 부탁을 거절했다.

이해 5월, 그리니치 빌리지의 피닉스 극장에서 열린 자선 콘서트 무대에 선 빌리의 모습을 본 사람들은 큰 충격을 받았다. 몇 달 사이에 그녀는 완전히 늙고 쇠약한 노인이 되어 있었다. 44세 생일을 넘긴지 얼마 되지도 않은 때였다.

같은 공연에 출연한 코미디언 스티브 알렌은 대기실에서 그녀를 알아보지 못할 정도였다고 술회한다. "내가 들어간 대기실에 자그마한 흑인 할머니가 먼저 와 앉아 있었다. 그녀를 알아보는 데는 시간이 좀 걸렸다. 세상에, 빌리 홀리데이잖아! 얼마 전에 보았을 때는 최소한 20킬로그램은 더 나가는 몸무게에 팽팽하고 윤기 나는 여자였는데! 그녀는 뼈에 가죽만 발라놓은 것처럼 쪼글쪼글하게 말라 있었다. 할렘의 가난한 흑인 노파 같았다. 그런 빌리에게서 제대로 된 노래를 기대하는 건 무리였다. 무대에 선 그녀는 쇳소리를 내며 간신히 노래를 불렀다……."

마지막 길까지 편안히 가지 못하고

마치 유령 같았던 이 모습이 빌리가 선 최후의 무대가 되었다. 조 글레이저, 알렌 모리슨 등 빌리의 지인들과 에이전트들이 빌리를 병원에 데려가려 했지만 그녀는 완강하게 거부했다. 갖가지 전력으로 다섯 번이나 투옥되었던 그녀가 재활원이나 감옥을 연상시키는 병원에 가고 싶을 리가 없었다.

그러나 6월 초의 어느 날, 자신의 집에서 의식을 잃고 쓰러진 빌리를 이웃이 발견했다. 그녀는 앰뷸런스로 뉴욕 니커버커 병원에 실려 갔다. 응급실 의사들은 '엘레노라 맥케이'라는 흑인 여자의 팔에 숱하게 남아 있는 주삿바늘 자국을 대번에 알아보았다. 마약 전과가 있는 흑인 여자는 뻔했기에 의사들은 응급실 한 구석에 이 환자를 방치해 두었다. 뒤늦게야 뒤프티가 달려와 주치의가 있는 메트로폴리탄 병원으로 그녀를 옮겼다.

한눈에 보기에도 빌리의 상태는 심각했다. 혼자서는 일어나 앉을 수도 없는 상태였다. 뒤프티는 캘리포니아에 있던 그녀의 세 번째 남편 맥케이에게 연락을 했다. 뒤늦게야 병원에 나타난 맥케이는 엉뚱하게도 얼마 전 출판된 빌리의 자서전 〈블루스를 부르는 레이디〉의 저작권부터 요구했다. 빌리는 이 요구를 거절했지만 맥케이는 포기하지 않았다.

빌리의 삶은 마지막까지도 편안할 수 없었다. 한 간호사가 빌리의 방에서 헤로인을 발견한 것이 화근이었다. 병실로 경찰이 들이닥쳤다. 걸을 수도 없는 환자인 빌리는 병실 안에 감금되는 상태로 체포되었다. 경찰에게 이 흑인 여자는 위대한 가수 빌리 홀리데이가 아니라 마약중독자에 전과자인 엘레노라 맥케이일 뿐이었다.

경찰은 빌리를 독방에 가두고 마지막 위안이나 다름없던 라디오와 카세트 플레이어를 모두 압수했다. 뒤프티는 '뉴욕 포스트New York Post'의 기자에게 호소하고 뉴욕 시장에게 전화를 걸어 '마지막 길을 가는 레이디 데이의 자존심을 지켜 달라.'고 애원했으나 아무 소용이 없었다. 독방에 감금된 채 빌리는 서서히 혼수 상태에 빠졌다.

입원한지 44일째 되는 날인 7월 17일, 빌리는 두 명의 간호사와 뒤프티가 지켜보는 가운데 잠자듯이 숨을 거두었다. 그녀의 공식적인 사인은 폐색증으로 기록되었다.

쓸쓸했던 임종과는 달리, 장례식은 7월 21일 60번가의 세인트 폴 사도 성당에서 성대하게 치렀다. 관속에 누운 빌리는 평소 좋아하던 무대 의상인 분홍빛 드레스에 장갑을 낀 채였다. 3,000

명의 사람들이 장례식에 참석했으며 성당 바깥에는 안에 들어가지 못한 500명의 팬들이 빌리의 가는 길을 지켰다.

빌리는 아무런 유언장도 남기지 않았다. 남편인 맥케이는 자신이 요구했던 〈블루스를 부르는 레이디〉 저작권 외에도 빌리의 모든 재산과 음악저작권을 상속받았다. 훗날 빌리의 자서전이 영화화되었을 때도 원작의 판권을 챙긴 사람은 맥케이였다. 맥케이가 죽은 지금, 빌리의 저작권을 가지고 있는 사람은 빌리와는 아무런 혈연 관계도 없는 맥케이의 아들이다.

가난한 흑인에다 사생아였던 빌리가 가장 원했던 것은 존경받는 예술가의 모습이었다. '듀크(공작)' 엘링턴이나 '카운트(백작)' 베이시, '프레즈(프레지던트. 대통령)' 레스터 영처럼 빌리는 스스로를 '레이디' 데이라고 부르길 좋아했다. 그리고 빌리는 그 이름처럼 위대한 가수가 되는 데는 성공했으나 '사생아로 태어난 흑인 여자'에게 주어진 숙명은 끝내 뛰어넘지 못했다.

누구보다도 더 뛰어난 재즈가수로 추앙받으면서도 백인인 밴드 멤버들처럼 호텔 정문으로 들어갈 수 없었던 빌리. 출생부터 불우했던 그녀는 성인이 된 후에도 마약과 알코올 중독, 형무소행, 이혼, 남편으로부터의 배신 등 최악의 고통을 골고루 다 겪었다. 그리고 결국 그 고통을 이기지 못하고 한창 나이에 삶을 접었다.

　그러나 그렇다고 해서 그녀의 노래마저 비극적이거나 슬픈 것은 결코 아니다. 빌리의 노래를 한번 들어 보라. 만년의 녹음에서도 빌리는 슬픔을 담담하게 관조하고 때로는 마치 그 슬픔을 즐기는 듯한 제스처까지 보인다. 한 인간으로서 그녀는 운명에 지고 만 패배자인지도 모르지만 그녀는 노래로 자신에게 주어진 숙명과 화해하고 있다.

　그래서일까, 빌리의 노래를 듣고 있으면 아무리 가혹한 삶도 결국은 살 만한 가치가 있는 게 아닐까 하는 생각이 든다. 그것이 바로 음악의 위력이자 시간이 흘러도 퇴색하지 않는 '레이디 데이' 의 매력이다.

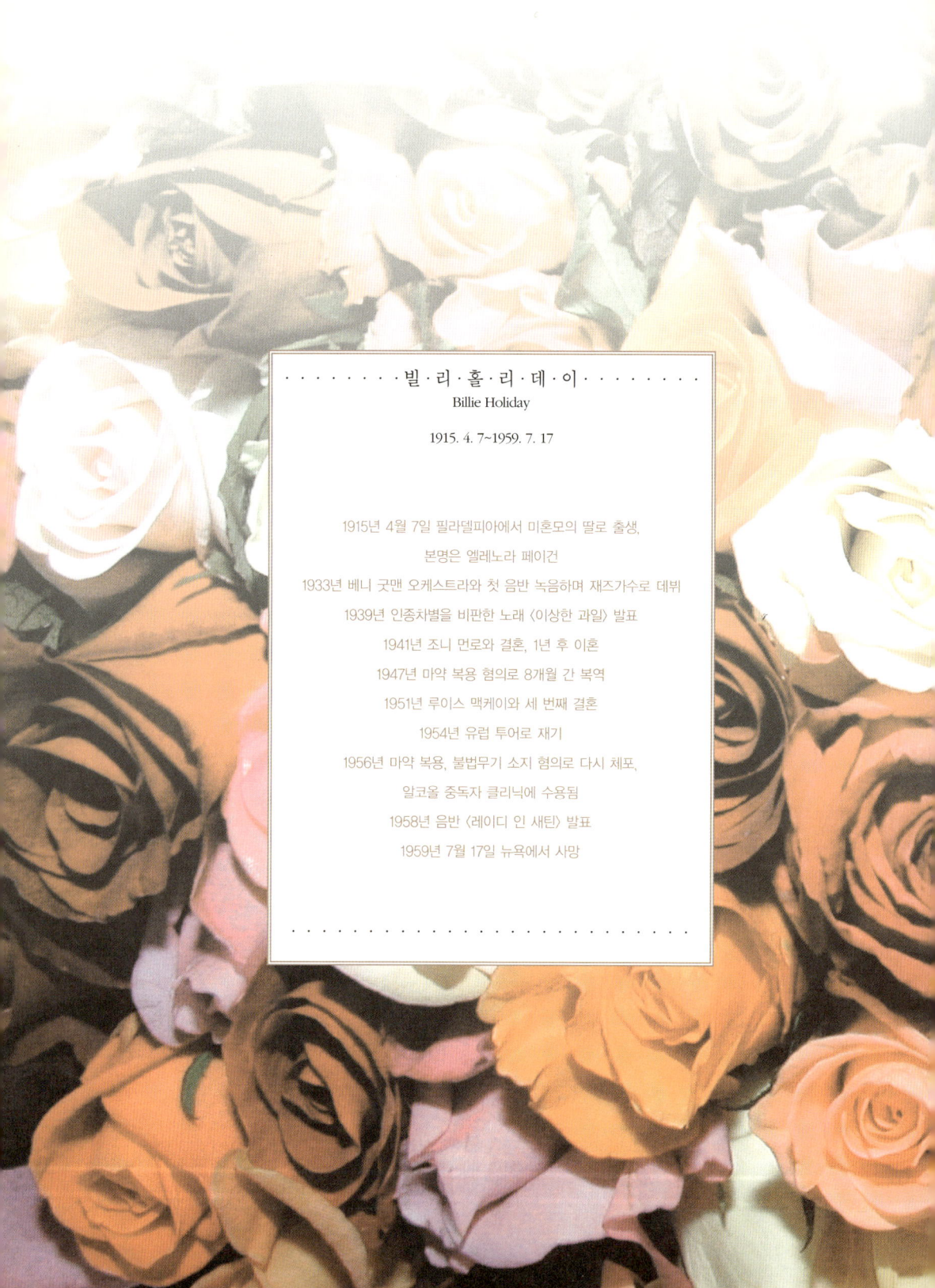

· · · · · · · · · 빌·리·홀·리·데·이 · · · · · · · ·
Billie Holiday

1915. 4. 7~1959. 7. 17

1915년 4월 7일 필라델피아에서 미혼모의 딸로 출생,
본명은 엘레노라 페이건
1933년 베니 굿맨 오케스트라와 첫 음반 녹음하며 재즈가수로 데뷔
1939년 인종차별을 비판한 노래 〈이상한 과일〉 발표
1941년 조니 먼로와 결혼, 1년 후 이혼
1947년 마약 복용 혐의로 8개월 간 복역
1951년 루이스 맥케이와 세 번째 결혼
1954년 유럽 투어로 재기
1956년 마약 복용, 불법무기 소지 혐의로 다시 체포,
알코올 중독자 클리닉에 수용됨
1958년 음반 〈레이디 인 새틴〉 발표
1959년 7월 17일 뉴욕에서 사망

최후의 마스터피스

〈레이디 인 새틴Lady in Satin〉(콜롬비아)

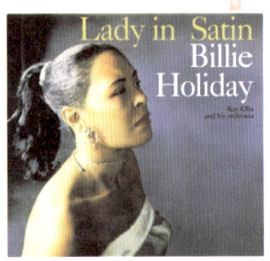

빌리 홀리데이의
〈레이디 인 새틴Lady in Satin〉.
우리에게 익숙한 〈나는 당신을 원하는
바보I'm a Fool to Want You〉가
들어 있는 음반이다
ⓒ SONY BMG ENTERTAINMENT
KOREA INC.

중얼거리듯 낮게 깔리는 저음의 보이스, 〈나는 당신을 원하는 바보 I'm a Fool to Want You〉는 한 TV CF의 광고음악으로 잘 알려진 곡이다. 빌리 홀리데이라는 한 시대 전의 재즈보컬을 우리에게 각인시켜 준 곡이기도 하다.

이 곡이 들어 있는 음반이 바로 〈레이디 인 새틴〉(콜럼비아)이다. 빌리는 수많은 녹음을 콜럼비아와 버브 등의 음반사에 남겨 두기는 했지만, 의외로 자신의 독집 앨범은 많지 않고 중복되는 녹음 등이 많아 정확하게 '몇 장'이라고 디스코그라피를 확정지을 수는 없다. 이 중 〈레이디 인 새틴〉은 빌리가 남긴 마지막에서 두 번째 음반이자 그녀의 만년을 극명히 들여다볼 수 있는 최후의 결작이다. 1958년 2월에 완성된 이 음반 이후 빌리는 겨우 17개월을 더 살았을 뿐이다.

〈레이디 인 새틴〉에 대한 청자들의 평가는 서로 엇갈린다. 전성기의 광휘를 잃어버린 음색이라는 것과 진정한 내면의 고통을 표현해 내는 뛰어난 보컬이라는 호평이 그것이다. 마일스 데이비스Miles Davies, 1926~1991는 이 음반 출반 직후의 인터뷰에서 "나는 지금의 빌리가 사양길을 걷고 있는 가수라고는 생각하지 않는다. 그녀는 지금에야 스스로를 컨트롤할 수 있는 법을 배운 듯 하다. 많은 가수들이 빌리처럼 노래하려고 애쓰지만 그들은 단순히 빌리를 흉내 낼 뿐이지 그녀처럼 영혼을 담아 노래하지는 못한다."고 말하기도 했다.

진정한 빌리의 팬이라면 알리라. 〈레이디 인 새틴〉이야말로 가수 빌리 홀리데이의 정수를 보여 주는 주옥 같은 음반이라는 사실을 말이다. 잘 알려진 〈나는 당신을 원하는 바보〉 말고도 은근히 미소짓는 듯한 〈제발For Heaven's Sake〉, 다정하고 따스하게 울리는 〈우리가 아는 모든 것For All We Know〉 등을 들어 보면 정말로 기교나 음색은 아무 것도 아니라는 생각이 든다. 음반 끄트머리에 〈연애의 끝The End of A Love Affair〉을 연습하는 빌리의 음성이 오디오 스토리로 들어 있는 것도 흥미롭다.

화가아메데오모딜리아니 화가아메데오모딜리아니

화 가 아 메 데 오 모 딜 리 아 니

화 · 가 · 아 · 메 · 데 · 오

모 · 딜 · 리 · 아 · 니

Amedeo Modigliani

이탈리아 출신의 화가. 어린 시절부터 늑막염 장티푸스 등을 앓은 병약한 체질이었다. 베네치아 등지에서 이탈리아 고전 미술을 공부하다 1906년 프랑스 파리로 와 남은 삶을 몽마르트르와 몽파르나스에서 보냈다. 세잔을 존경했으며 피카소와 위트릴로 등 당대의 젊은 화가들과 교류했다. 1909년에는 조각가 브랑쿠시에게 조각을 배우기도 했으나 좋지 않은 건강과 경제적 사정 때문에 다시 회화로 돌아와 이후 계속 초상화와 누드화를 그렸다.

자신의 친구들이나 이름모를 여자들을 그린 그의 초상화는 인체의 비율을 단순화시킨 우아한 라인과 애수 어린 이미지로 모딜리아니 특유의 스타일을 구축하는 데 성공했다. 그러나 작품이 생전에 거의 팔리지 않아 몇몇 화상들의 도움만으로 곤궁한 생활을 이어갔다. 첫 번째 개인전이 경찰에 의해 개막 당일 철거되는 등 불운도 겹쳤다. 서른여섯에 결핵성 뇌막염으로 요절했다.

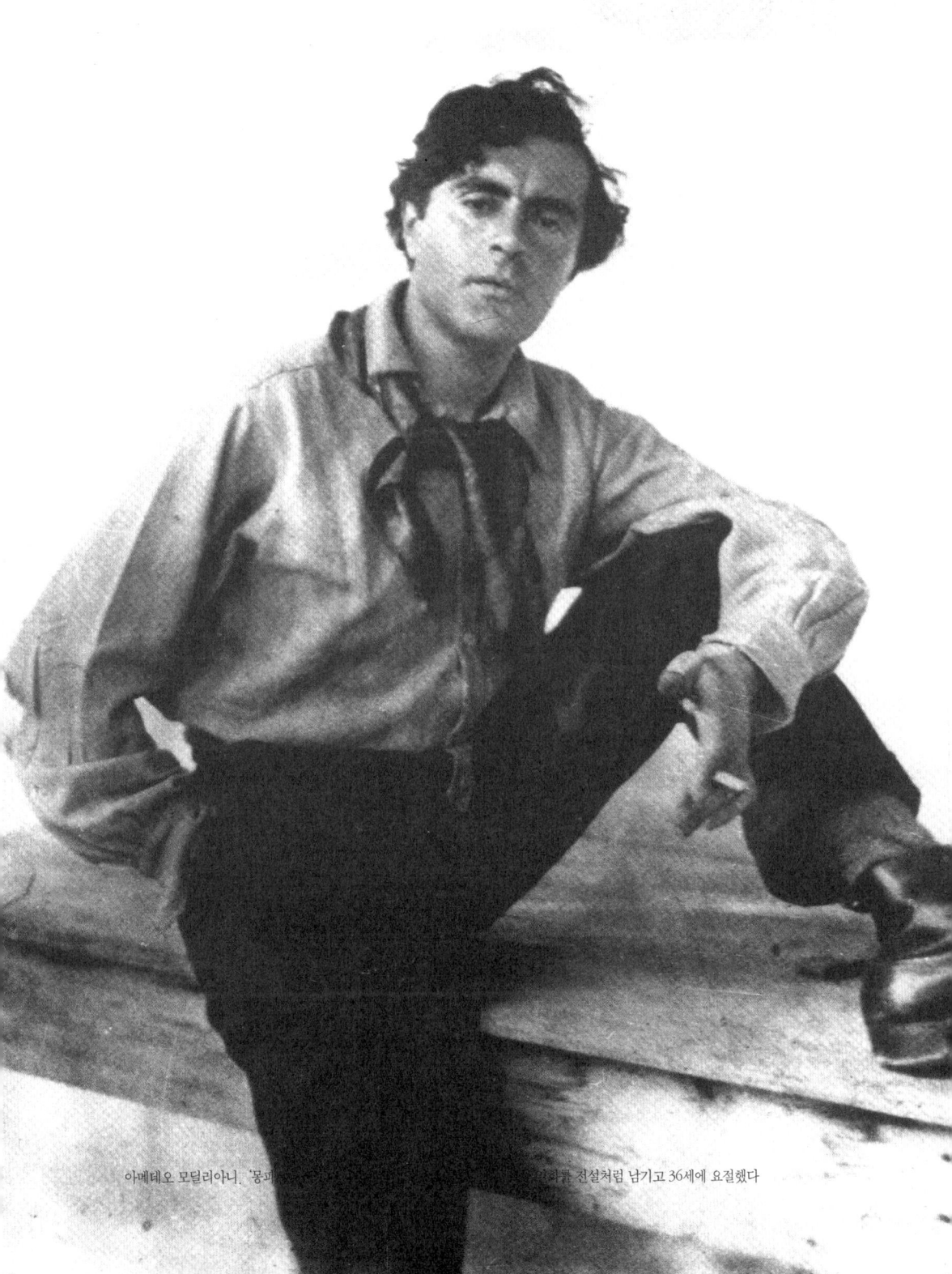

아메데오 모딜리아니. '몽파······ 를 전설처럼 남기고 36세에 요절했다

몽파르나스의 마지막 보헤미안

아마도 중학교 3학년 때로 기억한다. 그때 우리 교실 벽에는 패널로 만들어진 모딜리아니의 〈검은 타이를 맨 여자〉(1917)가 걸려 있었다. 모딜리아니를 좋아해서 누군가 일부러 만들어 왔는지 아니면 몇 년 전부터 그 자리에 걸려 있었는지는 기억나지 않는다. 아무튼 교실을 가득 채운 열다섯 살 여학생들은 누구도 그 그림에 대해 관심이 없었다. 온종일 뛰고 떠들어도 체력이 남아돌던 시절, 미래에 대한 분홍빛 상상으로 가득 차 있던 건강한 소녀들의 눈에 유령처럼 창백한 모딜리아니의 그림이 들어올 리 없었다. 초상화에서 팔의 비율이 맞지 않는다고 불평하는 귀부인에게 "부인, 이것은 팔이 아니라 그림입니다."고 말했다는 마티스Henri Matisse, 1869~1954의 예를 굳이 들지 않더라도, 인체를 왜곡해 표현한 모딜리아니의 그림은 정말 이상해 보였다. 왜 눈동자가 없을까, 왜 목이 저렇게 길까 그리고 무슨 그림이 저렇게 울적하고 시들시들할까. 누군가가 그 그림을 가리키며 '기분 나쁜 여자'라고 불렀던 것도 기억난다.

어느 날인가 가끔 시를 읽어 주시던 국어 선생님께서 우리에게 그 그림에 대해 설명하려고 애쓴 적도 있었다. 그러나 선생님 역시 모딜리아니에 대한 구체적인 지식은 없었다. 때문에 선생님의 설명은 그저 "화가가 모델을 왜 저렇게 그렸는지 한번 생각해 보자."는 수준이었고 당연한 일이지만 우리에게는 아무 생각도 없었다. 그러나 당시 국어 선생님이 이 화가의 슬픈 생애와 요절을, 잔느 에뷔테른Jeanne Hébuterne과의 불멸의 사랑을, 긴 타원형으로 구성된 모딜리아니 특유의 인체 스타일을 설명해 주었다

해도 우리는 그 말을 제대로 알아듣지 못했으리라. 세상에는 그의 인생처럼 슬픔으로 가득한 삶도 있다는 걸 이해하기에 우리는 너무도 어렸으니까.

그렇다. 모딜리아니의 일생은 탄생부터 죽음까지, 시들어가는 백합 같았다. 몽마르트르와 몽파르나스Montparnasse를 주름잡던 잘생긴 이국의 화가, 마지막 보헤미안, 피카소Pablo Picasso, 1881~1978, 장 콕토Jean Cocteau, 1889~1963, 위트릴로Maurice Utrillo, 1883~1955, 브랑쿠시Constantin Brancusi, 1876~1957 등 젊은 예술가 그룹과의 교우, 모델이 된 아름다운 여자들과의 연애사건, 술과 마약에 탐닉해 스스로를 파멸시킨 안타까운 청춘. 그가 바로 모딜리아니였다. 그의 인생은 보헤미안의 삶을 그린 드라마 그 자체였다.

삶뿐만 아니라 죽음마저도 그는 극적이었다. 모딜리아니가 극빈자들이나 가는 시립병원에서 사망한 이틀 후, 임신 중이던 연인 잔느가 투신자살했다. 불운한 요절에 잔느의 비극까지 겹쳐 모딜리아니는 사망 직후부터 전설을 만들기 시작했다. 파리 페르라셰즈 묘지에 묻힌 그의 장례식에는 몽파르나스의 모든 예술가들이 몰려와 일대 혼잡을 이루었다. 그리고 지금까지도 모딜리아니처럼 많은 전설과 신화 속에 싸여 있는 화가는 거의 없다(아마 반 고흐 정도가 유일할 것이다).

그러나 이런 안타까운 종말과는 상관없이, 만년에 모딜리아니가 그린 자화상과 잔느의 초상들은 유난히 우아하고 부드러운 선과 파스텔 톤의 색조로 채워져 있다. 그의 그림을 가만히 들여

다보면 이 모든 어려움 속에서도 그림을 그릴 수 있다는 화가의 환희가 느껴진다. 항상 몽파르나스의 카페 한 구석에 앉아 말없이 사람들의 얼굴을 데생했다는 모딜리아니. 과묵하고 화난 듯한 표정 속에 인간에 대한 애정과 호기심을 숨겨 놓았던 화가. 그가 남긴 숱한 초상화들은 누군가의 주문을 받아 그린 것이 아니었다. 그 그림들은 바로 모딜리아니가 자기 나름의 방식으로 시도했던 세상과의 대화였으며, 삶에 대한 찬미였다.

팔리지 않는 그림을 그리고 또 그려야 했던 화가의 생애는 비극일 수밖에 없었다. 그러나 최소한 모딜리아니가 남긴 그림들, 그의 예술세계는 결코 비극이 아니었다.

빛의 도시 파리로

프랑스에서 생의 절반을 보냈지만 모딜리아니는 이탈리아 출신이다. 그는 1884년 7월 12일 이탈리아 리보르노에서 태어났다. 아버지는 유태인 상인으로 평범한 사람이었으나 어머니 유제니아는 교양 있는 여성이었다. 아버지의 사업이 망하자 어머니가 다눈치오Gabriele D'Annunzio, 1863~1938 등의 시를 번역하는 일로 생계를 꾸려갈 정도였다고 한다. 이렇듯 문학을 사랑한 어머니의 기질은 모딜리아니에게 그대로 이어졌다. 그는 평생 동안 단테, 로트레아몽, 랭보, 보들레르, 말라르메 등의 시를 열렬하게 사랑했다. 화가의 이런 문학적 기질은 그림에 그대로 반영되었다.

네 아이 중 막내였던 모딜리아니는 어릴 때부터 학교를 제대로 다닐 수 없을 정도로 허약했다. 10대 초반에 늑막염과 장티푸스 등을 연이어 앓는 바람에 제도권 교육의 틀에서는 자연스레 멀어졌다. 대신 그는 열네 살때부터 리보르노의 미술학교를 다니며 그림공부를 시작했다. 굴리엘모 미켈리Guglielmo Micheli가 그의 첫 번째 그림 선생이었다.

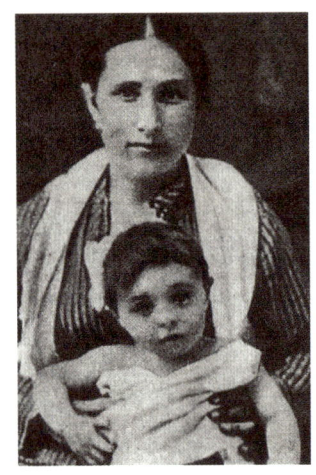

어머니 유제니아와 함께 한 어린 시절의 모딜리아니. 교양 있는 여성이었던 유제니아는 화가의 길을 가려는 막내아들을 적극적으로 후원했다

1901년 열일곱 살의 모딜리아니는 플로렌스와 베네치아를 연이어 방문했다. 이탈리아 르네상스 미술의 산실인 이들 도시에서 본 미켈란젤로와 베르니니의 조각들은 이후 모딜리아니의 작품 세계에 지속적인 영향을 미치게 된다. 모더니즘, 에콜 드 파리파의 선두로 일컬어지는 그림을 그리면서도 모딜리아니는 자신의 뿌리가 이탈리아 르네상스 미술에서 뻗어 나온 것이라는 사실을 잊어버린 적이 없었다.

베네치아에서 2년을 보내며 모딜리아니는 성인이 되었다. 그는 이미 화가로 자신의 장래를 결정지은 터였다. 부친은 막내아들이 그림을 그린다는 사실을 탐탁지 않아 했으나 아들의 예술적 자질을 알아본 유제니아는 그에게 용기를 북돋워 주었다.

그림을 그린다면 이제 어디로 가야 할까? 대답은 당연히 파리였다. 20세기 초의 파리는 유럽 예술의 중심지이자 젊은 예술가들의 성지聖地였다. 피카소, 브라크Georges Braque, 1882~1963, 마티스, 로랑생Marie Laurencin, 1883~1956 등 수많은 유·무명 화가들이 파리에서 예술혼을 불사르고 있었고 입체파, 야수파, 에콜 드 파리파 등의 미술 사조들이 바로 이 도시에서 시작되었다.

예술 외에도 파리는 모든 면에서 경이적인 도시였다. 20세기 초에 벌써 인구가 270만이 넘은 데다가 새로 설계된 도시계획의 결과로 모든 도로들이 방사형으로 쭉쭉 뻗어 있었다. 그리고 50만 개에 달하는 가로등이 밤마다 환히 불을 밝히는 빛의 도시이기도 했다. 파리는 모딜리아니뿐만 아니라 모든 젊은 예술가들의 꿈이었다.

1906년 모딜리아니는 풍운의 꿈을 안고 파리로 왔다. 그가 맨 처음 향한 곳은 몽마르트르Montmartre였다. 20세기가 막 시작되었지만 몽마르트르에는 아직도 19세기적 보헤미안의 삶의 방식들이 남아 있었다. 아직 세상의 인정을 받지 못한 젊은 예술가들이 이곳에서 집단을 이루어 창작하고 토론하며 통음했다. 피카소가 주도하고 마티스와 드랭Andre Derain, 1880~1954, 뒤피Raoul Dufy, 1877~1953, 아폴리네르Guillaume Apollinaire, 1880~1918, 마르쿠시Louis Marcoussis, 1883~1941 등이 드나들던 집합 아틀리에 '세탁선Bateau-Lavoir'도 몽마르트르에 있었다.

그리고 모딜리아니, 애칭 '모디'는 곧 몽마르트르의 유명인사로 떠올랐다. '역사상 가장 잘생긴 화가'로 손꼽힐 만큼 핸섬

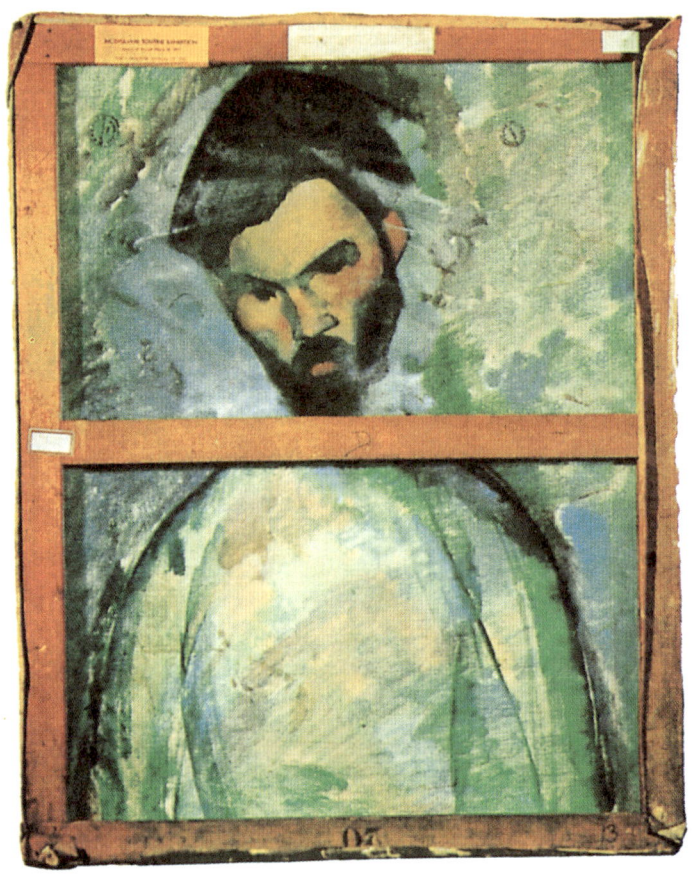

캔버스 뒤편에 그린
⟨브랑쿠시 초상
Portrait of Brancusi⟩
아메데오 모딜리아니
1909년 | 캔버스에 유채
개인소장

한 외모에 덥수룩한 수염을 기른 외국인 화가는 몽마르트르 사람
들의 관심을 끌기에 충분했다. 1908년에는 처음으로 앙데팡당전
에 회화 6점을 출품하면서 화가로 본격적인 첫발을 내딛기도 했
다. 그러나 브라크, 피카소 등의 입체파들이 두각을 나타내던 앙
데팡당전에서 모딜리아니의 그림을 주목하는 이는 거의 없었다.

　　이때 이미 모딜리아니는 풍경이나 정물이 아닌 사람에 집중
했다. 어찌 보면 이것은 화가 모딜리아니의 불운이기도 했다. 20
세기 들어 사진술이 발달하면서 초상화가 차지했던 자리가 급격
히 줄어들고 있었던 것이다. 사람들은 비싸고 제작 기간이 오래
걸리는 그림보다는 실물과 똑같고 간편한 사진을 선호했다. 때문

에 보이는 대로 그리는 게 아니라 인체의 선을 나름의 방식으로 단순화시킨, 그리고 모델의 내면에 담긴 심리를 은근히 드러내는 모딜리아니의 초상화들은 고객들의 인기를 끌지 못했다.

예를 들면 1909년 모딜리아니는 마르그리트 드 하스 드 빌러 남작부인의 초상화 제작을 의뢰받았다. 그러나 아름답기보다는 남작부인의 오만한 표정이 도드라진 초상이 완성되었고 그림을 본 남작부인은 몹시 불쾌해 하며 그림을 인수하기를 거부했다 (이 그림은 오늘날 '아마존'이라는 이름으로 알려져 있다). 즉 모딜리아니는 결코 '팔리는 초상화가'가 될 수 없었다.

팔리지 않는 그림을 그리는 화가의 삶은 궁핍할 수밖에 없었다. 고향에서 오는 충분치 않은 송금에 의존해 살아가는 생활이 계속되었다. 외국인인데다가 병약하기까지 한 모딜리아니는 점점 더 고독과 가난 속으로 침잠해 들어갔다.

'조각가 모딜리아니'

모딜리아니는 당대의 화가들 중에서 세잔Paul Cezanne, 1839~1906, 툴루즈-로트렉Henri de Toulouse-Lautrec, 1864~1901, 뭉크Edvard Munch, 1863~1944 등을 존경하고 그들의 작품 경향을 깊이 연구했다. 그러나 뭐니 뭐니 해도 모딜리아니 특유의 작품세계를 완성하는 데 가장 큰 영향을 미친 사람은 화가가 아닌 조각가 콘스탄틴 브랑쿠시다. 또한 모딜리아니는 몽마르트르와 몽파르나스에 살면서 파리에서 활동하던 많은 예술가들과 우정을 나누었다. 위트릴로, 피카소, 장 콕토, 막스 자코브Max Jacob와는 죽을 때까지 절친한 우정을 나누었다. 이 밖에도 문인 화상 등 예술계 주변의 친구들이 적지 않았다.

조각가인 브랑쿠시 역시 이 같은 경로로 만난 친구였다. 루마니아 출신인 브랑쿠시와 모딜리아니는 같은 외국인이라는 이유로 금세 친해질 수 있었다. 그리고 브랑쿠시를 만난 1909년을 기점으로 해 모딜리아니의 '조각 시대'가 시작되었다. 이 해에 모딜리아니는 몽마르트르를 떠나 몽파르나스에 있는 브랑쿠시의 아틀리에 근처로 이사했다. 관광객들이 북적대는 몽마르트르에 비해 파리 교외에 막 건설된 신흥 주거지 몽파르나스는 조용하고도 진지한 분위기여서 젊은 예술가 그룹들이 하나 둘씩 이리로 이주하고 있었다.

모딜리아니는 브랑쿠시의 단순화된 형태의 조각과 함께 아프리카 원시예술품들의 아름다움에 매료되었다. 제 1차 대전 직전의 유럽 여러 나라들은 대부분 아프리카에 식민지를 가지고 있었고 그 때문에 아프리카의 조각들은 유럽 어디서나 흔히 볼 수 있었다. 모딜리아니는 1909년부터 1914년까지 모두 25점의 조각을 제작했다. 이 작품들은 대부분 여인의 두상이다. 회화든 조각이든 모딜리아니의 관심은 인간이라는 주제를 떠난 적이 없었다.

모딜리아니는 조각가로 전업하고 싶었던 것일까? 10대 시절, 그가 피렌체와 베네치아에서 보고 경도되었던 르네상스 예술

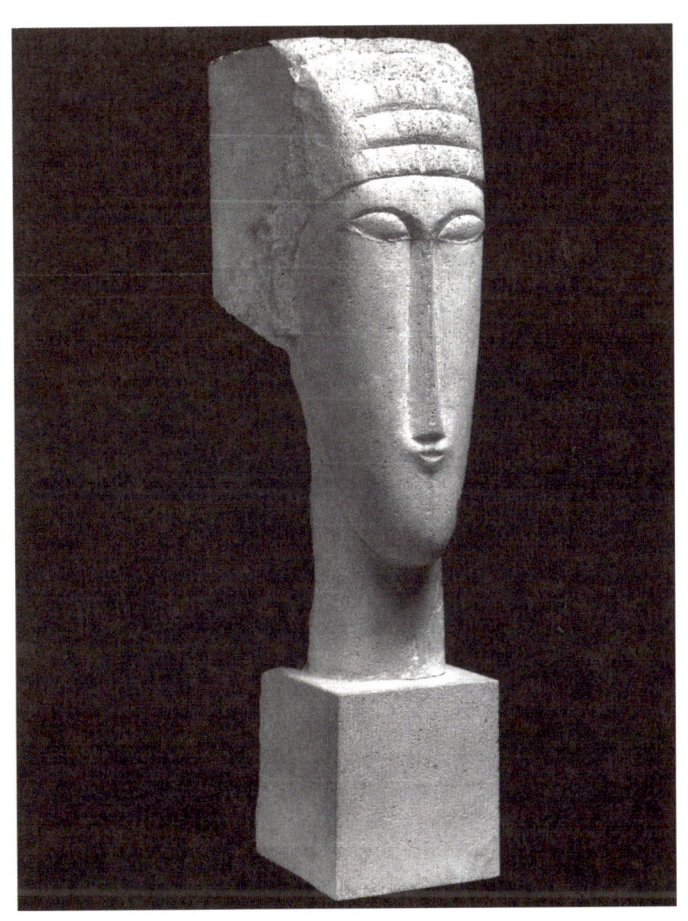

〈두상 *Head*〉
아메데오 모딜리아니
1911~1913 | 석회암
구겐하임 미술관, 뉴욕

역시 조각이었다. 특히 미켈란젤로의 수많은 대리석 작품을 보고
깊이 감동했던 그가 아닌가. 그는 1910년 어머니에게 보내는 편
지의 말미에 이렇게 서명했다. '조각가 모딜리아니.'

그러나 1914년, 즉 제 1차 세계 대전 발발과 함께 모딜리아니는 조각을 포기하고 회화로 다시금 돌아오게 된다. 여기에는 여러 가지 이유가 있었다. 가장 큰 문제는 무거운 석재를 다루기에는 모딜리아니의 체질이 너무 허약했다는 점이었다. 1912년에는 건강이 너무 악화되어 잠시 이탈리아로 요양을 가야 했을 정도로 그의 건강상태는 좋지 않았다. 그리고 재료를 구하기도 쉽지 않았다. 조각을 하기 위해서는 돌이든 대리석이든 돈을 주고 사야 했는데 작품 거래가 전혀 없는 모딜리아니는 이런 재료비를 감당할 길이 없었다. 그는 심지어 몽파르나스 인근의 건축 현장에 나가 몰래 돌을 훔쳐오기도 했다.

결국 5년간의 '조각 외유'는 이렇게 막을 내렸지만 조각에서 얻은 경험은 모딜리아니의 이후 작품 경향에 큰 영향을 미치게 된다. 그의 초상화에 담긴 신비스러운 표정과 갸름한 얼굴형, 그리고 둥글고 부드러운 곡선의 몸매 등은 조각에서 얻은 아이디어들이었다. 상징주의 시들을 사랑했던 모딜리아니는 자신의 조각에 문학적, 종교적인 색채를 불어넣으려고 애썼다(아프리카의 조각들 역시 종교적인 이유로 만들어진 작품들이었다). 조각을 거쳐 회화로 돌아오며 모딜리아니 특유의 인체 스타일이 굳어진 셈이다. 비록 생전에는 철저하게 외면당했지만 한 화가가 이처럼 자신만의 확고한 화풍을 구축했다는 것은 실로 대단한 축복이다. 오늘날 모딜리아니가 '에콜 드 파리파'(20세기 초 파리에서 활동했던 외국인 화가들의 작품 경향)의 선두주자로 손꼽히는 것도 이 때문이다.

마지막 진정한 보헤미안

모딜리아니의 몽파르나스 시절 친구인 독일인 화가 루트비히 마이트너Ludwig Meidner는 모딜리아니를 가리켜 '마지막 진정한 보헤미안'이라고 불렀다. 실제로 모딜리아니는 관습에 얽매이지 않고 자유롭게 예술과 술, 여자에 열중하는 진짜 보헤미안의 생활을 했다. 물론 보헤미안답게 가난했지만 자존심만은 꼿꼿했다. 앙데팡당전에서 주목받지 못한 후로는 전시에도 거의 참가하지 않고 오로지 그림만 그려 댔다. 몸을 돌보지 않고 일과 술에 탐닉한 이 보헤미안적 삶은 원래 허약했던 모딜리아니의 건강을 더욱 악화시켜 결국 때 이른 죽음으로 그를 내몰았다.

'모디'는 저녁이면 대부분 몽파르나스의 카페 로통드Rotonde에 나타났다. 언제나 입고 있는 회색 빌로드 작업복 차림이었다. 회색 작업복을 입고 수염을 기른 모딜리아니에게서는 묘한 기품이 우러났다. 그는 격정적이지만 또 말이 없는 성격이어서 다른 친구들과 쉽게 어울리지는 않았다. 카페에 나타나서 그가 하는 일은 항상 똑같았다. 구석자리에 앉아 입을 꾹 다문 채 친구들의 모습을 드로잉하는 것. 한 점의 초상화를 제작하기 위해 수십 점의 드로잉을 해 보는 버릇 때문에 모딜리아니는 늘 그리고 또 그렸다. 친구인 조각가 자크 립시츠Jacques Lipchitz의 말에 따르면 그는 "단 한번의 휴식도 없이, 드로잉을 고치거나 꼼꼼하게 살펴지도 않고 미친 듯 맹렬하게" 그림을 그려 댔다. 잠시나마 쉴 때는 품에서 로트레아몽의 시집 〈말도로르의 노래〉나 단테의 〈신곡〉을 꺼내 읽었다. 그의 벗은 몇몇 화가 친구들과 밤의 여자들, 그리고 술과 마약(하시시)뿐이었다. 작가인 친구 앙드레 살몽André Salmon 은 이런 그의 삶을 담은 소설 〈몽마르트르-몽파르나스. 모딜리아니의 삶〉을 쓰기도 했다.

　　문제는 모딜리아니의 그림이 여전히 팔리지 않는다는 데 있었다. 파리에 정착한 지 10여 년 가까운 세월이 흐른 후에도 그의 수입은 이탈리아에서 오는 조금의 송금과 몇몇 후원자들이 보태주는 돈이 전부였다. 몽마르트르에서 만난 젊은 의사 폴 알렉상드르Paul Alexandre는 모딜리아니의 가장 큰 후원자였다. 그러나 1914년 제 1차 세계 대전이 터지면서 상황은 더욱 나빠졌다. 모딜리아니는 참전을 희망했지만 신체검사에서 낙방해 군대에 갈 수 없었다. 하지만 알렉상드르가 참전하면서 보잘것없던 주 수입원마저 끊어지고 말았던 것이다.

　　어렵고 궁핍한 생활, 그리고 점차 나빠지는 건강과 싸우며 모딜리아니는 절망적으로 그림에 매달렸다. 1914년 이후로 그가 그린 그림 중 초상화가 아닌 것은 단 몇 점 밖에 없다. 당시 그가 그린 초상화는 크게 두 부류로 나누어진다. 하나는 피카소, 장 콕토, 막스 자코브, 새로운 후원자인 레오폴드 즈보로프스키Leopold Zborovsky 등 지인들의 초상화다. 그리고 나머지는 이름 모를 사람들, 특히 여성들의 초상화. 물론 모딜리아니는 모델료를 지불할 돈이 없었다. 대부분 밤거리의 여자들이었던 모델들은 이 화가를 동경하거나 불쌍하게 여기며 기꺼이 모델로 나서 주었다.

그렇다면 모딜리아니는 왜 팔리지도 않는 그림을 '죽도록 그리고 또 그려야' 했을까. 그리는 과정이 그저 즐거웠던 걸까. 아니다. 차라리 그릴 수밖에 없어서, 그리지 않고서는 견딜 수 없어서 그렸다는 것이 더 적절한 답일 것이다.

예술에 대한 모딜리아니의 시각을 간접적으로 알려 주는 일화가 있다. 모딜리아니는 제 1차 대전 중 파리가 위태로워지자 잠시 니스로 피난을 떠난 적이 있었다. 이때 그는 니스 인근에 사는 르누아르Pierre-Auguste Renoir, 1841~1919를 찾아갔다. 노화가는 젊은 후배를 친절하게 맞아 주었다. 그리고 "그림은 즐겁게, 그리고 끈기 있게 엉덩이를 붙이고 앉아 그려야 하는 것"이라고 충고했다. 이 말을 들은 모딜리아니는 대번에 자리를 박차고 나와 버렸다. 평생을 이젤 앞에서 보낸 르누아르의 충고는 당연한 말이었다. 그러나 모딜리아니는 그 충고를 받아들일 수 없었다. 어떻게 그림이 끈기와 인내의 산물이며, 어떻게 그리는 과정이 즐거울 수가 있단 말인가. 그에게 그림은 번뜩이는 영감의 산물인 동시에 떼려야 뗄 수 없는 숙명적 고통이었다.

개막 당일 끝난 개인전

모딜리아니 주변에는 항상 여자들이 있었다. 이들은 하룻밤의 상대이기도 했고 그림의 모델, 또는 연인이기도 했다. 모딜리아니는 몇 번이고 이들과 복잡한 연애관계에 휩싸였다. 1914년 모딜리아니는 영국인 저널리스트인 베아트리스 헤이스팅스Beatrice Hastings를 만났다. 그녀는 영국의 신문 '뉴 에이지'에 '파리의 인상주의'라는 기사를 쓰기 위해 막 파리로 건너온 터였다. 당시 영국의 독자들은 도버 해협 건너에 있는 보헤미안 예술가 그룹에 큰 흥미를 가지고 있었다. 그들은 어떻게 살까? 정말 가치 있는 예술을 하는 걸까? 그렇게나 술을 마셔대고 연애도 잘한다던데 등등. 베아트리스 역시 그런 독자들의 흥미를 만족시키는 기사를 쓰기 위해 취재를 온 길이었다. 그리고 몽파르나스에서 취재 중에 모딜리아니를 만나 동거까지 하게 됐던 것이다.

저널리스트답게 베아트리스는 모딜리아니의 첫인상에 대해 흥미로운 글을 남겨 놓았다.

'그는 실로 복잡한 성격이었다. 어찌 보면 돼지 같고 어찌 보면 진주 같은 존재랄까. 나는 모딜리아니를 카페 '크레메리'에서 처음 만났다. 나는 당시 그의 맞은편에 앉아 있었는데 그는 이미 하시시와 브랜디에 취해 있었다. 몹시 지저분하고 사나워 보이는 남자였다. 그런데 며칠 후 '로통드'에서 만난 그는 완전히 다른 사람이 되어 있었다. 깔끔히 면도를 한 모습이 너무도 매력적이었다. 모자를 세련된 제스처로 치켜 올리면서 그는 나에게 말을 걸었다. 자신의 그림을 보러 와 달라고도 부탁했다. 그의 작업복 주머니에는 항상 로트레아몽의 시집 〈말도로르의 노래〉가 들어 있었다.…… 그는 피카소와 막스 자코브 외에는 누구에게도 공손한 태도를 보이지 않았으며 장 콕토는 대놓고 경멸했다.……'

이 짧은 글에서 모딜리아니라는 남자가 어떤 사람이었는지, 그리고 왜 여자들이 모두 모딜리아니에게 반했는지를 짐작할 수 있다. 그가 존중한 몇 안 되는 친구였다는 막스 자코브 역시 "예술에 대해 이야기할 때면 언제나 순수함을 강조했던 모디"를 기억한다. 자코브가 이야기하는 모딜리아니는 오만할 정도로 자부심 가득한 자세와 마치 깨지기 쉬운 유리잔처럼 예민한 성격을 가진 예술가였다. 장 콕토의 말처럼 모딜리아니는 "샴고양이처럼 부드러운 선으로 그림을 그리는 우리의 귀족"이었다.

베아트리스는 런던에서 오는 연금을 모두 모딜리아니에게 쏟아 부으면서 그를 도왔다. 그러나 이들의 사랑은 3년을 못 가 종말을 고하게 된다. 별다른 수입도 없는데다 알코올 중독자나 마찬가지인 모딜리아니의 술버릇을 견뎌낼 수 있는 여자는 드물었다. 피카소는 "몽파르나스에서 술에 취하지 않은 모디를 본 날이 없었다."고 빈정거렸다. 술만 취하면 모딜리아니는 몹시 난폭해졌다. 심지어 베아트리스를 들어 창문 밖으로 내던진 일까지 있었다. 결국 1916년 베아트리스는 모딜리아니를 떠나 영국으로 돌아갔다.

전쟁이 길어지며 몽파르나스 예술가들의 삶도 점점 더 신산해졌다. 모딜리아니는 화상 폴 기욤Paul Guillaume, 폴란드 출신 시인인 레오폴드 즈보로프스키 등 몇몇 화상들의 경제적 지원으로 간신히 연명하며 그림을 그렸다. 특히 즈보로프스키의 도움이 컸다. 프랑스에서 열린 몇몇 전시와 런던 화이트채플 갤러리에서

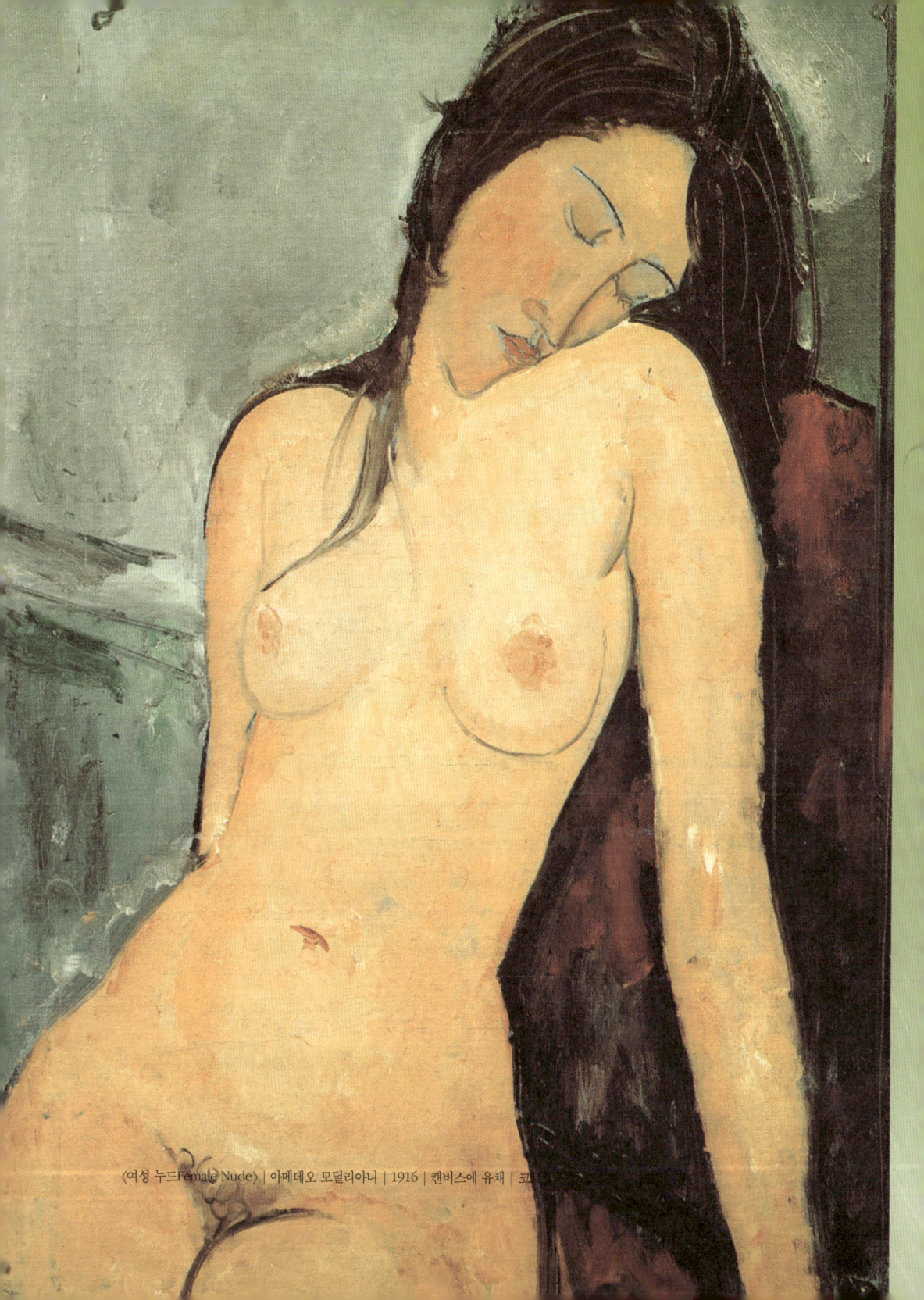

〈여성 누드Female Nude〉 | 아메데오 모딜리아니 | 1916 | 캔버스에 유채 | 코

열린 '20세기의 미술' 등에 참가할 수 있었던 것도 모두 즈보르 프스키 덕분이었다. 또 즈보르프스키는 모딜리아니 대신 모델들 의 모델료를 내 주기도 했다. 덕분에 모딜리아니는 그동안 그리 고 싶었던 누드화를 드디어 시작할 수 있었다. 복숭아빛 살결의 여인들을 그린 이 스타일리쉬한 누드화들에는 보티첼리, 지오르 지오네Giorgione 등 이탈리아 르네상스 화가들의 숨결이 엿보인다.

　1917년을 기점으로 해서 모딜리아니의 작품이 조금씩 팔리 기 시작했다. 이 해 12월 즈보르프스키는 파리의 베르트 베유 Berth Weill 화랑을 빌려 모딜리아니의 개인전을 열 계획을 세웠다. 서른 셋, 파리로 온 지 11년 만의 첫 개인전이었다. 모딜리아니는 누드화들을 중심으로 서른 점의 회화와 드로잉을 골라냈다.
　오페라 인근에 있었던 베르트 베유 화랑은 문을 연 지 얼마 되지 않은 곳이었다. 전시를 개막하기까지 아무도 이 화랑 바로 맞은편에 경찰서가 있다는 사실에 신경을 쓰지 않았다. 이게 모 딜리아니의 불운이었다. 전시회를 개막한 12월 3일, 화랑 측은 누드화 몇 점을 화랑 전면의 유리창에 걸었다. 그러자 오가던 사 람들이 이 누드화를 보면서 웅성대기 시작했고 곧 경찰이 이 '수 상한 그림'의 존재를 눈치 챘다. 경찰은 모딜리아니의 누드화가 음란한 그림이라며 전시 철거를 명령했다.

　"한 무리의 경찰이 들어와 제각기 모딜리아니의 누드화를 양팔에 안고 나갔다. 나는 황급히 갤러리 문을 닫아 걸었고 개막 식에 온 손님들의 도움을 받아 나머지 그림들을 벽에서 떼어 냈

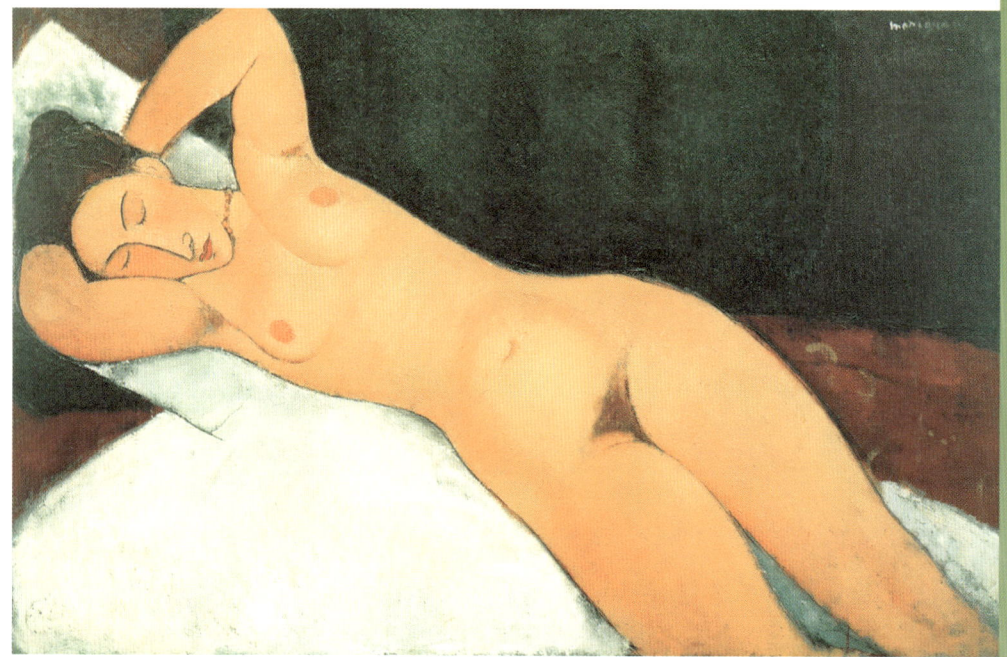

다." 화랑 주인인 베르트 베유의 회고다. 모딜리아니 생전에 열린 유일한 개인전은 이처럼 안타까운 해프닝으로 끝나고 말았다.

⟨목걸이를 건 누드
Nude with Necklace⟩
아메데오 모딜리아니
1917 | 캔버스에 유채
구겐하임 미술관, 뉴욕

불멸의 연인 잔느

우아하고도 건강한 누드화 속의 여자들과는 달리, 모딜리아니의 건강은 점점 더 나빠지고 있었다. 아무도 말릴 수 없는 술과 마약 중독, 그리고 찌들은 가난에 과로까지 겹쳐 그는 가망 없는 사람

처럼 보였다. 처음이자 마지막 개인전을 연 1917년에 모딜리아니
는 최후의, 그리고 불멸의 연인을 만나게 된다.

잔느 에뷔테른은 모딜리아니를 처음 만난 당시 열아홉의 소
녀였다. 양갓집 규수였던 그녀는 모딜리아니가 가끔 학생들의 그
림을 봐 주러 가던 콜라로시 아카데미에서 그림을 공부하고 있었
다. 이들은 곧 뜨거운 사랑에 빠졌고 잔느는 집을 나와 모딜리아
니와 동거를 시작했다. 열정적이고 다정다감하다가도 술에만 취
하면 돌변해 여자를 때리는 모딜리아니의 태도는 베아트리스 때
와 다름이 없었다. 앙드레 살몽은 몽파르나스의 밤거리에서 술에
취한 모딜리아니가 잔느의 머리채를 붙들고 질질 끌고 가는 딱한
장면을 보았다고 한다. 그러나 잔느는 모딜리아니가 어떤 태도를
보이든 변함없이 헌신적인 사랑을 그에게 바쳤다. 잔느는 여러
여성들을 거친 모딜리아니가 생의 최후에 만난 진정하고 평화로
운 안식이었다.

두 사람이 동거를 시작한 이듬해인 1918년, 전쟁의 여파로
파리까지 위태로워졌다. 모딜리아니와 잔느는 남프랑스의 니스
로 피난을 떠났다. 코트 다쥐르의 눈부신 햇살에 경도되어 몇 점
의 풍경화를 그리기도 했지만 그는 곧 자신의 영원한 주제인 인
간으로 돌아왔다. 모딜리아니는 다시 실내에 이젤을 세우고 초상
화를 그리기 시작했다. 분홍빛 뺨을 가진 남불의 소년·소녀들,
노인과 여자들, 그리고 무엇보다 가장 이상적인 모델 잔느가 있
었다. 모딜리아니는 마치 그림에 중독된 사람처럼 그리고 또 그

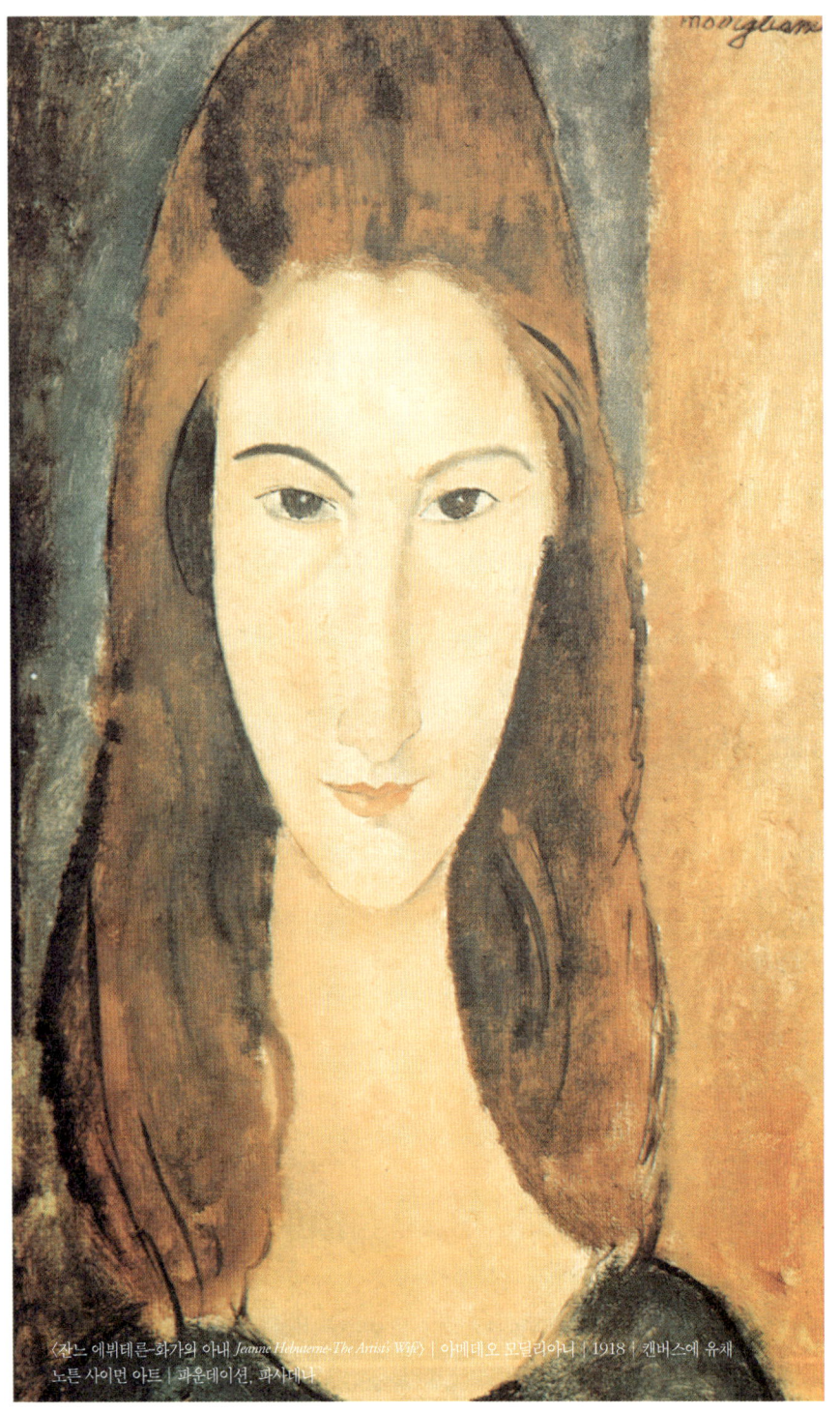

〈잔느 에뷔테른-화가의 아내 *Jeanne Hébuterne-The Artist's Wife*〉 | 아메데오 모딜리아니 | 1918 | 캔버스에 유채
노튼 사이먼 아트 | 파운데이션, 파사데나.

렸다. 생의 마지막 두 해인 1918년과 1919년에 모딜리아니는 스물 다섯 점 이상의 잔느 초상화를 그렸다. 비록 다른 화가들처럼 코트 다쥐르의 풍광을 그리진 않았지만 니스에서 제작된 초상들은 유난히 밝은 색채로 그려져 그의 심경 변화를 느끼게 한다.

니스에서 두 사람의 딸 잔느가 태어났다. 아직 결혼을 하지 못한 사이였지만 모딜리아니는 아이를 자신의 딸로 인정하고 곧 결혼하겠노라고 잔느와 약속했다. 그러나 이 약속은 끝내 지켜지지 못했다. 1920년 양친이 모두 사망한 후, 두 살 배기인 잔느는 피렌체에 사는 모딜리아니의 누나에게 입양되었다. 1984년 사망한 잔느는 〈모딜리아니 : 인간과 신화〉라는 책을 썼는데 이 책은 모딜리아니의 예술세계 연구에 중요한 자료로 손꼽힌다.

1919년 5월, 모딜리아니는 잔느, 딸과 함께 파리로 돌아왔다. 그는 그랑 쇼미에르 거리에 아파트를 얻었다. 한때 고갱도 살았던 이 아파트는 두 사람이 처음으로 얻는 진짜 '집'이었다. 5년을 끈 전쟁은 드디어 끝났다. 모딜리아니는 심기일전해서 더 많은 그림을 그리고 전시회에도 참가하리라고 다짐했다.

1920년 새해 첫날, 모딜리아니는 기분 좋게 신년을 축하했다. 그리고 바로 그날 밤부터 그는 고열에 시달리기 시작했다. 며칠 후 이웃에 사는 화가 오르티즈 드 자라테Ortiz de Zarate가 모딜리아니의 아파트를 방문했을 때 모딜리아니는 고열에 들떠 헛소리를 하고 있었다. 두 번째 아이의 해산이 임박한 잔느는 겁에 질려

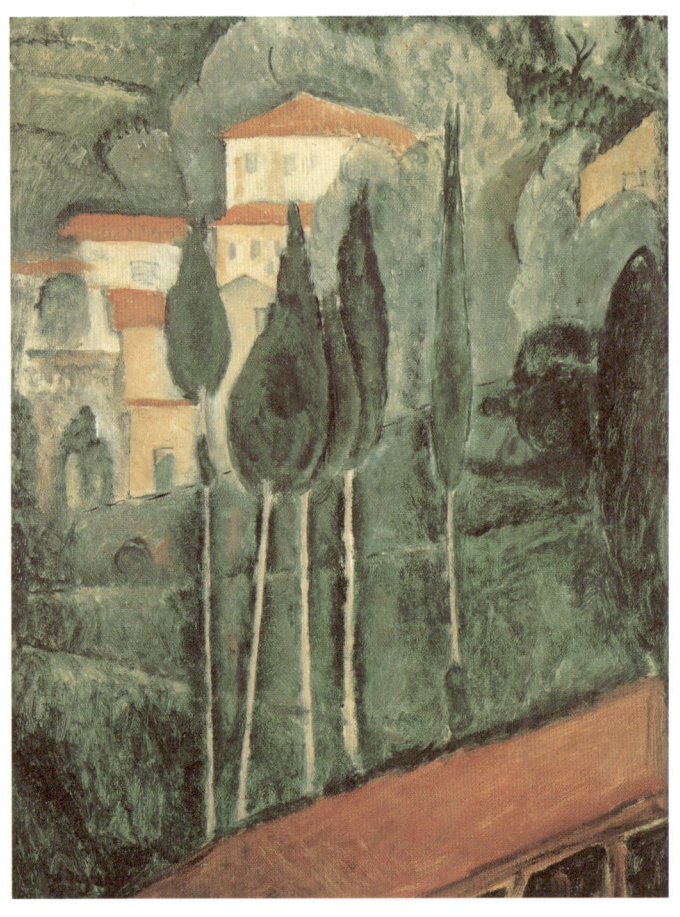

〈풍경 *Landscape*〉
아메데오 모딜리아니
1919 | 캔버스에 유채
카르스텐 그레베 갤러리,
쾰른

의사를 부를 생각도 못하는 것 같았다. 자라테는 즉시 의사를 불렀고 의사는 "이미 늦었다."며 시립병원으로 환자를 옮기라고 말했다. 모딜리아니는 의식이 없는 상태에서 며칠 더 앓다가 1월 24일 시립병원의 초라한 침대에서 숨을 거두었다. 사인은 결핵성 뇌막염이었다. 일설에 의하면 그는 죽기 직전, 정신을 차리고 "카라 이탈리아(그리운 이탈리아)……."라고 중얼거렸다고 한다.

모딜리아니의 사망 이틀 후, 반쯤 정신 착란 상태가 된 그의 아내 잔느는 5층 건물에서 바깥으로 몸을 던져 즉사했다. 그때 잔느는 임신 9개월이었다. 27일 모딜리아니는 시끌벅적한 장례식과 함께 페르 라 셰즈 묘지에 묻혔다. 이틀 후 자살한 잔느의 장례식이 비밀리에 치러졌다.

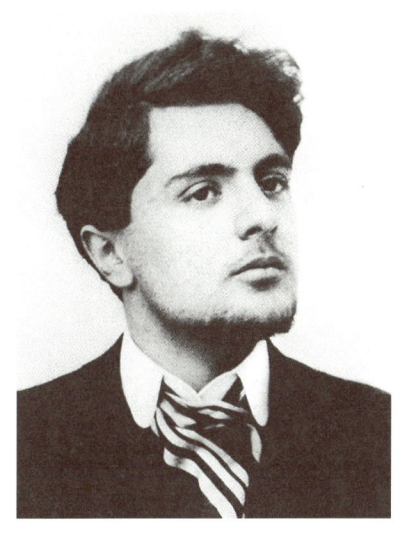

오만할 정도로 자부심 가득한 자세와 마치 깨지기 쉬운 유리잔처럼 예민한 성격을 가진 모딜리아니는 결핵성 뇌막염으로 숨을 거두었다

만년(겨우 삼십대 중반에 요절한 화가에게 이런 말을 쓰기는 좀 미안하지만)에 그린 그의 초상화들 중 많은 수가 잔느를 모델로 한 것이다. 이 그림들에는 모딜리아니 특유의 애수 어린 기품과 함께 모델에 대한 화가의 무한한 애정이 담겨 있다. 마치 화가 자신의 자화상처럼 느껴지는 이 작품들을 통해서 우리는 모딜리아니가 잔느를 얼마나 사랑했는지를, 그와 잔느가 얼마나 깊은 유대감으로 연결되어 있었는지를 새삼 실감하게 된다.

잉태된 생명을 몸속에 안은 채 남편의 뒤를 따라 숨을 끊은 비극의 여인 잔느. 그러나 이 여자는 남편이자 위대한 화가 모딜리아니의 붓을 통해 영원한 생명을 얻었다. 그녀는 여전히 캔버스 안에서 보일 듯 말 듯 신비로운 미소를 머금고 있다.

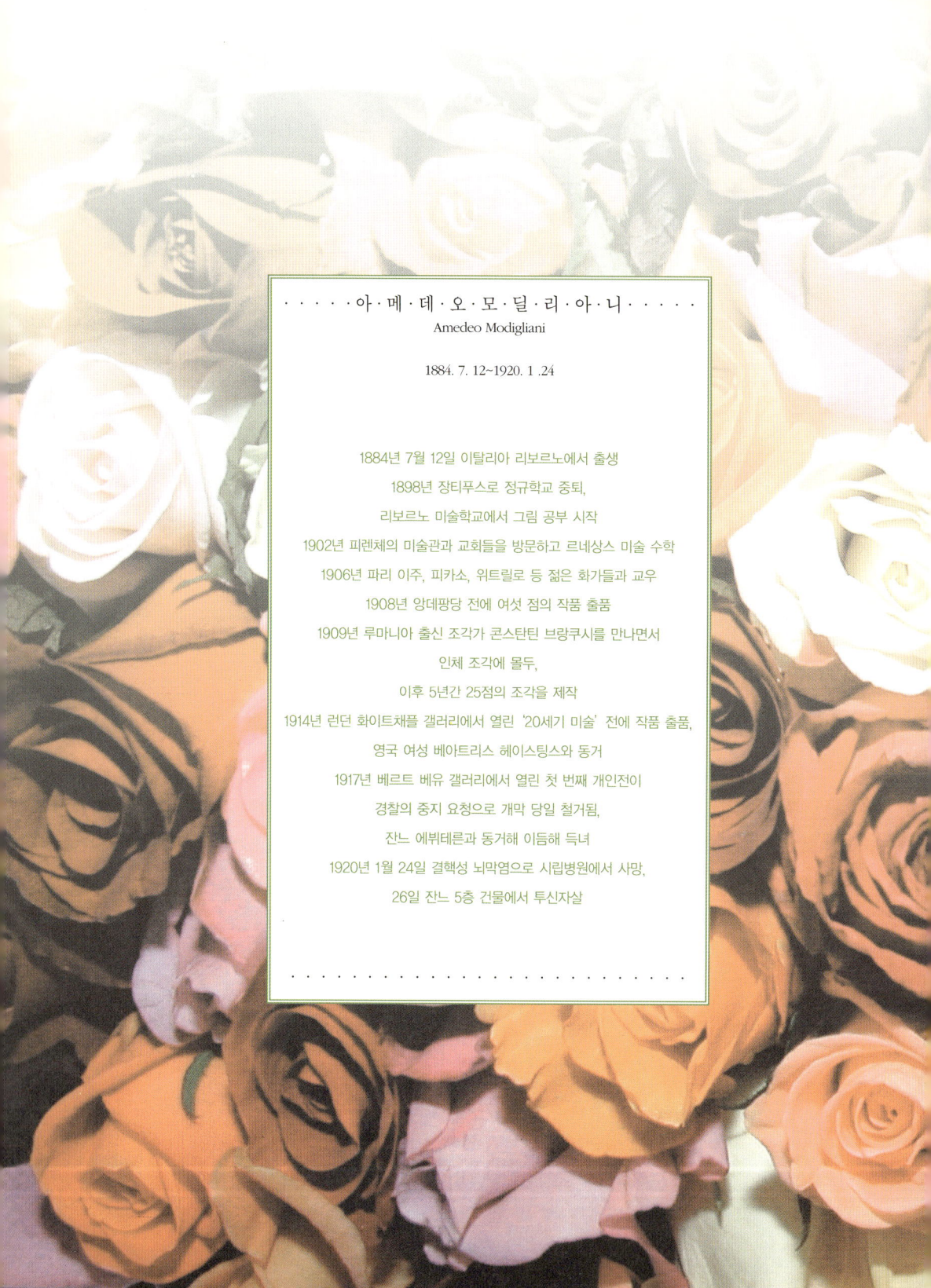

· · · · · 아 · 메 · 데 · 오 · 모 · 딜 · 리 · 아 · 니 · · · · ·

Amedeo Modigliani

1884. 7. 12~1920. 1 .24

1884년 7월 12일 이탈리아 리보르노에서 출생

1898년 장티푸스로 정규학교 중퇴,

리보르노 미술학교에서 그림 공부 시작

1902년 피렌체의 미술관과 교회들을 방문하고 르네상스 미술 수학

1906년 파리 이주, 피카소, 위트릴로 등 젊은 화가들과 교우

1908년 앙데팡당 전에 여섯 점의 작품 출품

1909년 루마니아 출신 조각가 콘스탄틴 브랑쿠시를 만나면서

인체 조각에 몰두,

이후 5년간 25점의 조각을 제작

1914년 런던 화이트채플 갤러리에서 열린 '20세기 미술' 전에 작품 출품,

영국 여성 베아트리스 헤이스팅스와 동거

1917년 베르트 베유 갤러리에서 열린 첫 번째 개인전이

경찰의 중지 요청으로 개막 당일 철거됨,

잔느 에뷔테른과 동거해 이듬해 득녀

1920년 1월 24일 결핵성 뇌막염으로 시립병원에서 사망,

26일 잔느 5층 건물에서 투신자살

최후의 마스터피스

〈자화상 Self-Portrait〉

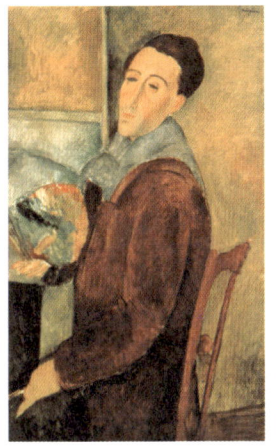

〈자화상 Self-Portrait〉
아메데오 모딜리아니 | 1919
캔버스에 유채 | 상파울로 현대미술관

모딜리아니는 생애의 대부분 '사람'을 그리는 데 보냈음에도 불구하고 자화상을 거의 그리지 않았다. 그의 자화상은 죽기 1년 전에 그린 1919년의 단 한 작품뿐이다. 초상화에 전력하지 않는 화가들도 대부분 자화상을 그린다. 자화상은 모델을 구할 필요가 없을 뿐만 아니라 화가가 스스로의 내면을 탐구하는 기회이기도 하기 때문이다. 그런데 줄기차게 인간에 대한 관심을 갖고 있었던 모딜리아니가 정작 자신의 얼굴은 그리지 않았다는 것은 기묘한 아이러니다.

유일한 자화상 속에서 모딜리아니는 갈색 재킷을 입고 의자에 앉아 있는 모습이다. 멋스럽게 목에 맨 스카프에서 '댄디한 화가' 모딜리아니의 면모를 읽을 수 있다. 그림을 그리는 도중인 듯, 손에는 팔레트를 잡고 있다. 무엇보다 이 자화상에서 주목할 부분은 화가의 얼굴표정이다. 그는 눈을 뜨고 있지도 않고 감고 있지도 않다. 입술을 보면 상냥한 표정을 짓고 있는 것 같지만 어찌 보면 슬픈 미소를 머금은 것 같기도 하다.

모딜리아니는 이 그림을 통해 무엇을 표현하고 싶었던 걸까. 이 그림이야말로 화가의 무의식, 화가의 영감을 보여 주는 단서가 아닐까. 최근 폴 알렉상드르에게 남긴 400여 점의 드로잉 중에서 모딜리아니가 쓴 메모가 발견되었다. 스케치북의 빈 공간에 쓰여 있는 이 메모에 모딜리아니는 "현실도 비현실도 아닌 무의식의 그 무엇, 인간의 영감이 가지고 있는 신비를 찾아 내고 싶다."고 써 놓았다. '무의식'과 '영감'. 이 두 단어야말로 모딜리아니가 진정으로 추구했던 두 가지 키워드였던 것이다. 그리고 그 해답이 이 자화상에 어렴풋이나마 들어 있는 듯싶다.

피아니스트 디누 리파티 피아니스트 디누 리파티

피 아 니 스 트 디 누 리 파 티

피 · 아 · 니 · 스 · 트

디 · 누 · 리 · 파 · 티

Dinu Lipatti

루 마니아의 피아니스트 겸 작곡가. 루마니아 부쿠레슈티에서 출생해서 양친에게서 음악교육을 받았다. 16세에 빈 국제 콩쿠르 2위 입상. 부쿠레슈티 음악원과 파리 고등음악원을 거쳐 1935년 파리 무대에 데뷔했다. 알프레도 코르토 Alfredo Corto, 1877~1962, 나디아 블랑제 Nadia Boulanger, 1887~1979, 파울 뒤카 Paul Dukas, 1865~1935, 샤를르 뮌슈 Charles Munch, 1891~1968 등 당대의 일급 피아니스트와 작곡가, 지휘자를 사사했다. 제 2차 세계 대전 발발 이후 루마니아를 떠나 스위스에서 거주하며 연주활동을 펼쳤다.

디누 리파티 연주의 가장 큰 특징은 '예민하면서도 내성적이다.' 라는 것에 있다. 이 때문에 그는 주로 바흐와 쇼팽, 모차르트, 슈만 등에 주력했으며 베토벤 피아노 소나타와 같은 대규모의 곡은 거의 연주하지 않았다. '가장 민감한 감수성을 지닌 피아니스트' 라는 평을 들었으며 특히 우아하고도 정밀한 분위기의 쇼팽의 곡은 그가 세상을 떠난 지 반 세기가 지난 지금에도 변함없이 추앙받는 디누 리파티 최고의 레퍼토리이다. 백혈병으로 1950년 9월 스위스 브장송 페스티벌 독주회를 마지막으로 은퇴, 그해 12월에 33세를 일기로 사망했다.

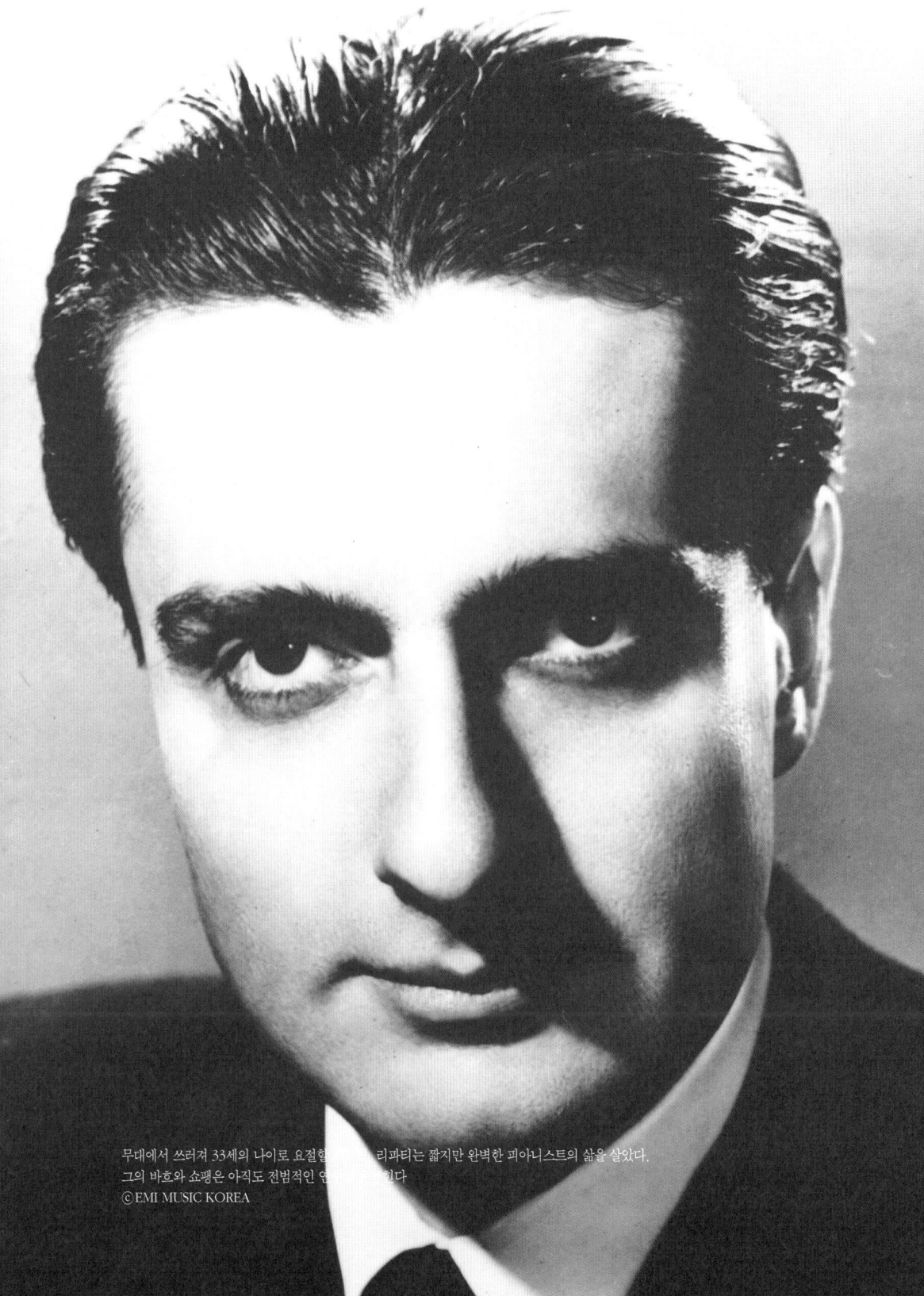

무대에서 쓰러져 33세의 나이로 요절한 리파티는 짧지만 완벽한 피아니스트의 삶을 살았다.
그의 바흐와 쇼팽은 아직도 전범적인 연주로 꼽히곤 한다
ⓒEMI MUSIC KOREA

짧았던 영광, 부재의 긴 여운

한 천재 음악가가 있었다. 열다섯 살에 이미 걸출한 피아니스트였으며 열여섯 살에 국제 콩쿠르에 입상했다. 스물한 살에는 전 유럽에 명성을 떨쳤다. 뛰어난 음악비평가이자 작곡가, 교수이기도 했던 그는 남다른 재능에도 불구하고 더 높은 음악의 경지를 향해 각고의 노력을 멈추지 않았다. 그 노력이 절정에 다다랐을 무렵, 이 완벽하고도 순결한 천재의 육체는 백혈병에 잠식되었다. 마치 거짓말처럼 그는 무대에서 쓰러져 다시 일어나지 못했다. 불과 서른세 살의 나이로 생을 등진, 너무도 아깝고 안타까운 이 천재의 이름은 디누 리파티였다.

천재의 생은 짧고 그들이 남긴 부재의 여운은 길고 쓸쓸하다. 그런 면에서 리파티야말로 전형적인 천재의 삶을 살다간 경우이다. 그는 나무랄 데 없는 환경에서 태어나 최고의 교육을 받았으며 불세출의 재능과 성숙한 인간성마저 겸비한 인간이었다. 그러나 그의 천재성이 지상에 허락된 시간은 너무나 짧았다. 그는 마치 한 줄기의 빛처럼 가장 아름다운 순간을 남기고 흔적 없이 사라졌다.

그리고 보면 그의 생애를 빈곤하기 짝이 없는 언어로 재현한다는 것은 애당초 불가능한 일이다. 그 어떤 수사와 미사여구가 드라마와도 같았던 아니 드라마보다도 더 극적이었던 리파티의 삶을, 그리고 그 한정된 시간 속에서 그가 이루어 냈던 음악의 경지를 설명해 낼 수 있으랴.

완벽한 환경 속에서 꽃핀 완벽한 재능

리파티의 삶을 쫓기가 쉽지 않은 것은 그에 대한 자료들이 드물기 때문이기도 하다. 비단 국내뿐만 아니라 서구에서도 리파티에 대한 자료를 찾기란 쉽지 않다. 그도 그럴 것이 리파티의 국적은 유럽의 변방인 루마니아인데다가 파리와 제네바를 중심으로 활동했던 그의 전성기가 너무 짧았기 때문이다. 그가 파리 고등음악원을 졸업하고 유럽을 무대로 활동했던 기간은 불과 10년도 채 되지 않는다.

그나마 리파티의 삶을 엿볼 수 있는 것은 그가 자신의 스승들에게 보냈던 서간문들을 통해서이다. 루마니아어로 쓰여진 이 자료들은 오늘날 리파티를 연구하는 데 거의 유일무이한 자료들로 남아 있다. 이 편지글들에서 리파티는 담담하면서도 다정다감한 감수성으로 자신의 활동, 무대에 나서기 직전의 떨림, 그리고 자신을 서서히 좀먹던 무서운 병세에 대해서 아주 솔직하게 토로하고 있다.

리파티는 1917년 루마니아의 수도 부쿠레슈티에서 태어났다. 부친인 테오도르 리파티Theodor Lipatti는 칼 플레쉬와 동문수학한 바이올리니스트로 사라사테의 제자였다. 그는 바이올리니스트 대신 직업외교관의 길을 택했지만 뛰어난 아마추어 연주자인 동시에 유럽에서도 이름난 바이올린 수집가였다. 모친인 안나 라코비셰누Anna Racoviceanu 역시 피아니스트였으니 리파티는 음악가로서는 더할 나위 없이 완벽한 환경에서 성장한 셈이다. 루마니

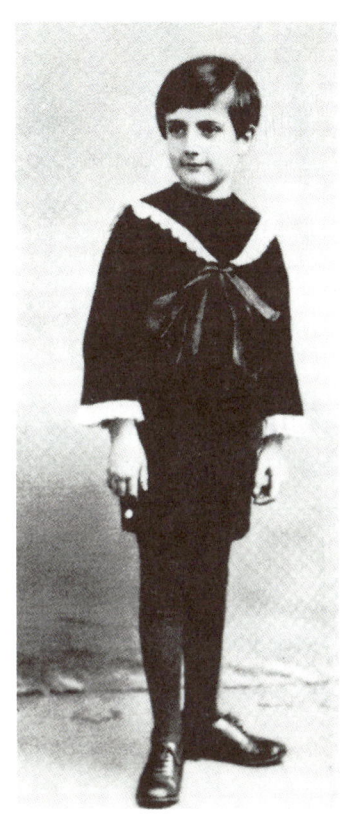

일곱 살때의 리파티.
그는 조숙하고 명민한
소년이었다

아에서 손꼽히는 명문가였던 리파티의 집은 작은 성城을 연상시킬 정도였다.

어린 리파티는 분명 남다른 재능의 소유자였다. 그는 절대음감을 가지고 있었으며 만 한 살이 되기 전에 음악에 맞추어 손뼉을 쳤다. 리파티의 부모는 아들에게 각기 바이올린과 피아노를 가르쳤다. 그러나 테오도르는 어린 아들이 본격적으로 바이올린을 배웠다가는 자신이 애써 수집한 고악기들을 망가뜨릴지도 모른다고 생각했다. 결국 잘 망가지지 않는 악기인 피아노가 리파티의 몫이 되었다. 그는 네 살때 치러진 자신의 세례식에서 모차르트의 미뉴에트를 직접 연주했다. 아버지와의 오랜 친분으로 리파티의 대부代父가 된 조르주 에네스쿠 Georges Enesco, 1881~1955는 어린 신동의 머리에 월계관을 얹으며 장래를 축복해 주었다.

이러한 재능에도 불구하고 리파티가 정식으로 피아노를 배운 것은 열한 살이 지나서였다. 그의 부모는 한 번 들은 곡들을 그대로 쳐내는가 하면, 즉흥적으로 피아노 소품들을 지어 내기도 하는 리파티의 천부적인 재능이 정규교육에 시들까 봐 염려했던 것이다. 부모의 예상은 상당 부분 적중했다. 어린 시절 자유로운 분위기에서 성장한 리파티의 청음과 작곡 능력은 그의 생애 내내 큰 도움이 되었다.

부모의 뜻에 따라 리파티의 음
악교육은 피아노가 아닌 작곡에서부
터 시작되었다. 일곱 살부터 그는 미
하일 요라Mihail Jora에게 작곡을 배웠
다. 요라는 훗날 부쿠레슈티 왕립음
악원에서 만난 플로리카 무지세스쿠
Florica Musicescu, 파리 고등음악원의 나
디아 블랑제와 함께 리파티에게 영혼
의 부모이자 영원한 스승이 되었다.

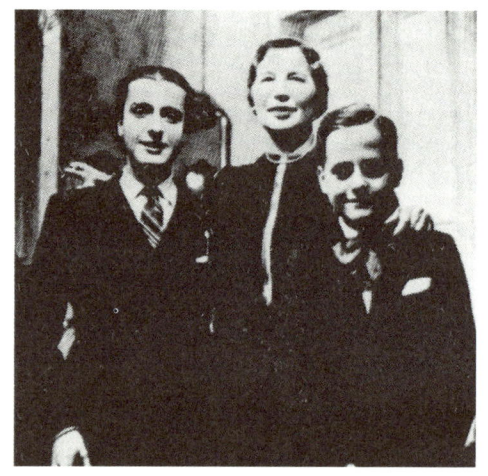

늦게 얻은 아들의 건강을 병적
으로 걱정했던 리파티의 부모는 아들을 정규학교에 보내지 않는
대신 최고의 가정교사들을 초빙했다. 리파티는 음악 외에도 문학
과 과학에 재능을 보였으며 사진, 공예, 심지어 뜨개질도 배웠다.
대단한 재력가였던 그의 부친은 아들을 위해서 따로 화학과 물리
실험실을 만들어 주기까지 했다.

첫 번째 피아노 교사였던
플로리카 무지세스쿠가
파리에서 유학 중인 제자
리파티(사진 왼쪽)를
찾았다

리파티의 부모가 아들에게 아낌없는 후원을 베풀고 한편으
로는 아들의 재능에 기뻐 어쩔 줄을 몰랐다면, 요라와 무지세스
쿠는 보다 엄격한 편이었다. 특히 그의 피아노 선생이었던 무지
세스쿠는 '음악이란 보통의 노력으로는 도달할 수 없는 높은 이상
향이며 아무리 뛰어난 재능도 꾸준한 연습 없이는 사장될 수밖에
없다.'고 믿었던 완벽주의자였다. 스승의 이러한 완벽주의는 리
파티에게 그대로 전수되었다. 그는 에네스쿠, 알프레드 코르토,

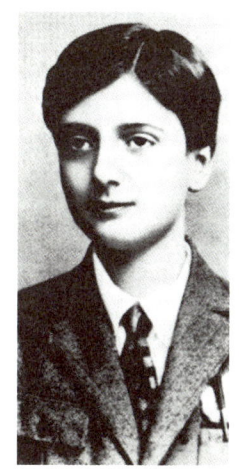

나디아 블랑제, 샤를르 뮌슈, 클라라 하스킬Clara Haskil, 1895~1960 등 쟁쟁한 선배 음악가들의 찬사에도 불구하고 끝까지 자신의 재능을 믿지 않았다. 연주회가 끝나면 으레 언론의 호평이 소나기처럼 쏟아졌지만 정작 리파티 자신은 '그럭저럭 해냈다.'는 말로 연주의 성과를 표현하곤 했다.

부쿠레슈티 음악원을 졸업한 15세의 리파티

1932년 리파티는 부쿠레슈티 음악원을 졸업했다. 이때 이미 테크닉상으로 루마니아에서 그와 겨룰 수 있는 피아니스트는 없다 해도 과언이 아니었다. 이즈음 그가 즐겨 연주했던 곡들은 그리그와 쇼팽, 리스트의 피아노 협주곡들이었다. 그는 피아니스트인 동시에 〈바이올린과 피아노를 위한 소나티나〉 등 몇 곡의 실내악곡을 써 조르주 에네스쿠 상을 받은 전도유망한 작곡가이기도 했다.

1934년 리파티는 최초로 국제무대에 도전했다. 빈의 무지크페라인 잘에서 열린 빈 국제 콩쿠르에 출전한 것이다. 난생 처음 방문한 빈의 거리는 잊을 수 없도록 인상적인 것이었지만 콩쿠르의 경쟁은 예민한 성격의 소년에게 끔찍한 기억을 남겼다. 이 콩쿠르에서 그는 2등상을 수상했다. 빌헬름 박하우스William Backhaus, 1884~1969, 에밀 자우어Emil von Sauer, 1862~1942, 펠릭스 바인가르트너 Felix Weingartner, 1863~1942, 클레멘스 크라우스Clemens Krauss, 1893~1954 등

심사위원들은 그의 걸출한 재능
을 인정하면서도 열여섯 살은 국
제 콩쿠르에 우승하기에 너무 어
린 나이라고 판단했다.

　　1등상은 당시 콩쿠르의 출
전 제한 연령을 꽉 채운 나이였
던 폴란드의 볼레슬라프 쿤에게
돌아갔다. 심사위원 중 한 명이
었던 알프레드 코르토는 "예술에
나이가 무슨 상관이냐?"고 격노

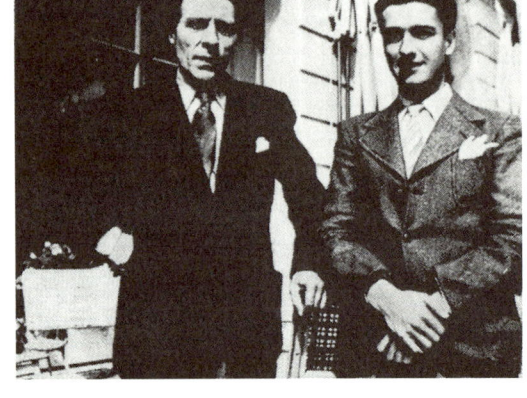

스승 알프레도 코르토와
함께(사진 오른쪽)

하면서 심사위원직을 사퇴해 버렸다. 그리고 코르토는 자신이
교수로 있는 파리 고등음악원으로 리파티를 초청했다. 자녀 교
육에 열성적이었던 모친 안나는 지체없이 아들을 데리고 파리로
향했다.

파리, 꿈처럼 아름다운 도시

같은 해 8월 드디어 리파티는 꿈처럼 아름다운 도시 파리에 도착
했다. 그는 고등음악원에서 코르토에게 피아노를, 그리고 파울
뒤카에게 작곡을 배웠다. 리파티의 재능에 언제나 감탄을 금치
못했던 코르토는 자신의 수업에 처음 들어온 리파티를 다른 학
생들에게 이렇게 소개했다. "여기 젊은 거장 한 사람이 우리 수업
에 새로 들어왔습니다." 리파티가 학생들 앞에서 연주를 마치자

그는 다시 말했다. "완벽한 연주에는 비평이나 해석이 필요 없는 법이지."

리파티는 대도시에서 새로운 생활에 만족하며 맹렬한 연습에 빠져드는 한편 고향의 정취를 몹시 그리워했다. 그는 루마니아 민속음악의 선율과 리듬을 자신의 작품에 응용하는 것을 즐겼다. '민족주의는 이미 한물 지나간 사조'라고 생각했던 뒤카는 리파티의 재능을 인정하면서도 이러한 민족주의적 성향을 그리 탐탁지 않게 생각했다.

뒤카와 리파티의 인연은 생각보다 길지 않았다. 고등음악원이 주최한 리파티의 첫 독주회를 며칠 앞두고 뒤카는 지병으로 세상을 떠났다. 공교롭게도 장례식 날이 바로 독주회가 열리는 날이었다. 리파티는 스승을 추모하며 독주회 첫 곡으로 바흐의 칸타타 147번 중 코랄을 연주했다. 모든 청중들은 일어서서 이 연주를 들었다. 이 곡은 후일 바흐에 특별히 천착했던 리파티가 연주회의 앙코르 곡으로 가장 즐겨 연주한 곡이 되었다. 바흐의 코랄에 담긴 해맑은 순수함에서 리파티는 형언할 수 없는 평안을 느꼈을지도 모른다.

십대 후반의 리파티는 희고 날씬한 얼굴과 검은머리, 그리고 다감한 성격을 가진 소년이었다. 그는 거의 매주 루마니아의 스승들에게 편지를 보냈다. 이 편지들 속에는 파리에서 만난 음악인들과의 교류도 자세히 묘사되어 있어 흥미를 끈다. 예를 들자면 무지세스쿠에게 보낸 편지에서 리파티는 에트빈 피셔Edwin

Fischer, 1886~1960의 가르침에 대해 이렇게 설명하고 있다.

> '감사하게도 피셔 선생님께서 제 독주회에 와 주셨습니다.…… 선생님
> 께서는 바흐의 토카타 연주는 좋았지만 브람스의 인터메초는 좀 더 '곰'
> 처럼 연주해야 한다고 말씀하셨습니다. 말하자면 브람스의 곡에 너무 많
> 은 정열을 담아 연주하는 것은 어울리지 않는다는 것이지요. 그리고 또
> 선생님께서는 저의 연주 스타일에는 바흐와 스카를라티가 특히 어울릴
> 것 같다고도 말씀해 주셨어요.……'

조숙한 천재였던 리파티는 적잖은 나이 차이에도 불구하고
당시 파리에서 활동했던 여러 대가들과 교류를 나누었다. 특히
그의 대부이자 루마니아 음악인들의 정신적 지주였던 조르주 에
네스쿠와는 여러 번에 걸쳐 듀오 연주회를 가졌다. 역시 같은 루
마니아인인 클라라 하스킬 역시 22년의 나이 차이에도 불구하고
리파티의 친구가 되었다. 하스킬과 리파티는 하나의 공통점을 가
지고 있었는데 그것은 병적일 정도로 자신의 연주에 대해 자신
없어 한다는 점이었다. 두 사람은 항상 서로가 더 뛰어난 피아니
스트라고 상대방을 추켜세우곤 했다. 그것은 나이와 상관없이 세
상의 때가 묻지 않은 두 천재의 진심이었다.

코르토와 뒤카 외에도 나디아 블랑제에게 작곡과 실내악을,
그리고 샤를르 뮌슈에게 지휘를 사사하며 리파티는 점차 원숙한
연주자로 성장해 갔다. 스무 살 때인 1937년에는 HMV와 컬럼비
아 레코드에서 첫 음반도 녹음했다. 완벽주의자였던 리파티의 성

격은 녹음 과정에서 그대로 드러났다. 브람스의 왈츠 한 곡을 녹음하기 위해 열여덟 번씩 연주를 되풀이하고서도 그는 자신의 연주에 만족하지 못했다.

"나는 음악에 봉사하는 사람"

1939년 리파티는 최고상을 수상하며 파리 고등음악원을 졸업했다. 고향인 부쿠레슈티로 돌아간 리파티는 잦아진 공개연주에 대비하기 위해 하루 열두 시간씩 피아노 연습에 매달렸다. 그렇게나 맹렬히 연습하면서도 그는 베토벤과 같이 자신이 아직 준비되지 않았다고 생각하는 곡의 연주는 완곡하게 사양했다. 유럽 순회연주가 줄을 이었으며 그의 작품인 관현악곡 〈축제〉가 뉴욕의 메트로폴리탄 오페라 하우스에서 연주되기도 했다. 연주회 프로그램은 주로 바흐와 쇼팽, 브람스, 모차르트 등과 자작곡들로 구성되었다.

1941년 루마니아의 평론가 로메오 알렉산드레스쿠Romeo Alexandrescu가 쓴 독주회 평은 리파티가 궁극적으로 지향하는 연주의 성격을 분명하게 드러내 준다.

'……음악에 깊숙이 숨겨진 표현들을 디누 리파티처럼 신중하고 사려 깊게 재현해 내는 피아니스트를 나는 알지 못한다. 그 자신이 뛰어난 비르투오소임에도 불구하고 디누 리파티는 연주회의 프로그램을 소박한 테크닉만을 필요로 하는 곡들로 주의 깊게 엄선한 듯 하다. 그는 독주회 내내 손가락의 기교가 아니라 음악 속에 담겨진 시적 감흥, 그리고 그 심연에 깔린 영감에 중점을 두고 있었다.……'

　음악 속에 감추어진 진정으로 고귀한 시적 영감. 이것이야말로 리파티가 일생동안 쫓았던 이상이었다. "나는 음악에 봉사하는 사람이다." 라는 그 자신의 고백처럼, 리파티는 음악 앞에서 절대적으로 겸손했으며 겉으로 드러난 기교보다는 그 속에 담긴 심오한 정신을 드러내는 연주를 추구했다.
　음악평론가로도 활약했던 그가 가장 가혹한 비평을 썼던 경우는 바로 자신의 기교를 자랑하고 싶어 하는 연주자들을 대할 때였다. 재미있게도 그에게 예외적으로 가혹한 리뷰를 들었던 연주자는 당대 최고의 비르투오소인 블라디미르 호로비츠Vladimir Horowitz, 1904~1989였다.

　'……음악의 마술사라는 표현은 호로비츠에게 걸맞는 말임이 분명하다. 그러나 그는 왜 자꾸 손끝의 기교에만 치중하는가. 이것이야말로 음악을 죽이는 길임을 그는 모르는 것일까……. 자연스러운 직관과 감성 대신 테크닉과 철저한 계산으로 이루어진 연주를 듣는 일은 진정 슬픈 일이었다. 1부의 베토벤 소나타 3번에서 철두철미하게 계산된 연주는 절정에 달했다. 다행히도 2부에 연주된 쇼팽의 녹턴과 발라드 4번에서 비로소 호로비츠는 '자신이 호로비츠라는 사실'을 잊고 자연스러운 연주를 들려주었으며 이 연주는 마법처럼 청중의 마음을 뒤흔들었다.……'

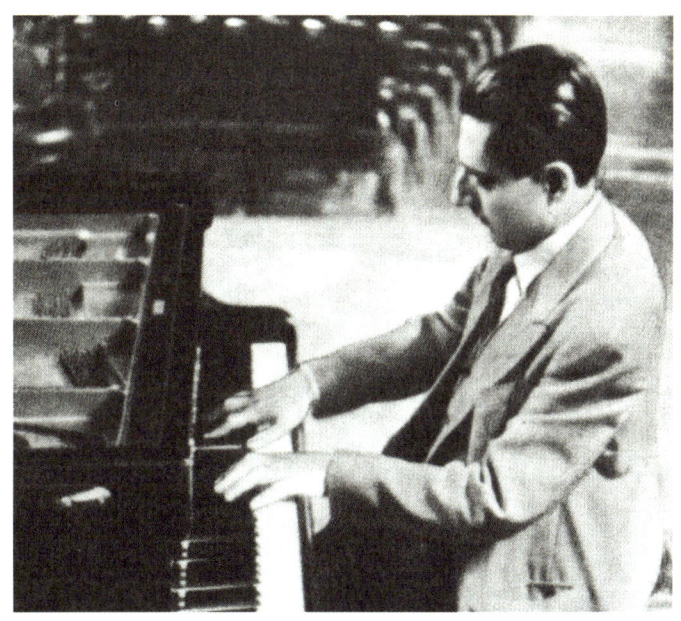

리파티의 연주.
그는 음악 속에 감추어진
시적 영감을 끌어낼 줄
아는 연주자였다
ⓒEMI MUSIC KOREA

리파티의 겸허함은 그 자신이 즉흥연주의 대가임에도 불구
하고(리파티는 뛰어난 작곡가이기도 했다) 좀처럼 즉흥연주를 하
지 않았다는 데에서도 드러난다. 음악은 결코 선물처럼 주어지는
것이 아니라 진지한 노력의 산물이기 때문에 즉흥적으로 연주를
하는 것은 올바른 태도가 아니라는 것이 그의 생각이었다.

그러나 이러한 신중함이 지나쳤을까. 소년 시절부터 남다르
게 예민했던 리파티는 성년이 된 후로 차츰 심해지는 무대공포증
에 시달렸다. 무대에 나가서는 놀라울 정도로 침착한 무대 매너
를 보여 주는 그였지만 연주 며칠 전부터 이유를 알 수 없는 고열

에 시달리는 일이 점점 잦아졌다. 그런가 하면 연주 직전에는 손이 얼음장처럼 차가워져 뜨거운 물병으로 손을 데워야만 했다. 실제로 몇몇 의사들은 리파티의 신경이 너무 예민하다는 이유로 연주자보다는 작곡가로 방향을 바꾸는 것이 낫겠다는 충고를 했다. 루마니아의 시골 풍광을 몹시 사랑했던 리파티 자신도 친구들에게 "연주를 포기하고 농부가 되어 살면 어떨까." 하는 농담을 던지곤 했는데 이 말은 사실상 그의 진심이자 닥쳐올 운명에 대한 예언이었을지도 모른다.

그런 바램과는 달리, 1940년대가 되면서 리파티의 연주일정은 더욱 바빠졌다. 독일, 스위스, 프랑스, 이탈리아 등 유럽 각지에서 연주요청이 쇄도했다. 베를린에서 열린 리파티의 독주 무대를 지켜본 피아니스트 빌헬름 켐프Wilhelm Kempff, 1895~1991는 그를 '우리 시대 최고의 연주자이며 해석자'로 평가했다. 특히 바흐와 브람스, 슈만, 쇼팽, 스카를라티 등의 피아노곡에 있어서 리파티의 해석은 독보적인 경지에 올랐다는 것이 평론가들의 공통된 의견이었다. 20대 후반이라는 일천한 나이도 이제 그에게 아무런 장애가 되지 않았다.

리파티는 몸이 가늘었고 신장도 150cm를 겨우 넘길 정도로 작았다. 그러나 리파티는 피아니스트로서는 이상적인 팔과 어깨를 가지고 있었다. 한 비평가에 따르면 작은 체구에 어울리지 않게 그의 어깨와 팔은 '레슬링 선수를 연상시켰다.'고 한다. 손도 커서 한번에 12도의 건반을 짚을 수 있었다. 거기에 더해 어린 시절부터 제대로 받은 영재교육과 독일에서 공부한 요라, 무지세스쿠의 가르침, 코르토와 블랑제로부터 흡수한 프랑스적 연주 경향들은 그를 말 그대로 전인적인 연주자로 성장시켰다. 이밖에 슈나벨Artur Schnabel, 1882~1951, 피셔, 토스카니니Arturo Toscanini, 1867~1957, 카라얀Herbert von Karajan, 1908~1989, 그리고 리파티가 '스승 중의 스승'이라고 부른 에네스쿠 등 당대 음악인들과의 교류도 중요한 정신적 자양분이 되었다.

그러나 뭐니뭐니해도 리파티가 나이를 뛰어넘은 완벽한 연주자가 된 것은 타고난 재능에 더한 그 자신의 피나는 노력 덕분이었다. 결코 스스로의 연주에 만족하지 않는 완벽주의와 함께 '악보는 내 신앙고백이자 성경이다.'는 자세가 바로 리파티라는 뛰어난 연주자를 탄생시킨 힘이었다. 리파티는 이상적인 연주를 위해서는 과학자적인 분석과 예술가적인 직관이 필요하다고 믿었으며 특히 과거의 연주스타일에 지나치게 집착하는 연주태도를 배격했다. 여기서 원전연주에 대한 리파티 자신의 견해를 그대로 옮겨 보자.

'위대하고도 진실한 음악은 시대를 뛰어넘는다는 사실을 우리는 결코 잊어서는 안 된다. 음악은 한 특정 시대의 관습이나 연주경향에 머무르는 존재가 아니다. 과거의 경향에만 집착하는 자세는 마치 낙엽을 주워 모으고 있는 것과 마찬가지다. 스트라빈스키의 말처럼 음악은 바로 현재에 살고 있으며 시대가 아니라 우리의 손가락과 눈, 마음, 영혼 속에 깃든 존재인 것이다.'

리파티 연주의 또 하나의 비밀은 약박에 대한 연구와 치밀
한 페달링에 있다. 바흐나 슈만, 만년의 쇼팽 왈츠 등의 음반을
들어 보면 작곡가를 막론하고 리파티의 연주에는 자연스러운 노
래가 살아 있다. 리파티는 강박보다 약박의 처리가 곡의 생명력
을 좌우한다고 믿었다. 또 그래프로 그려질 정도로 정교하고 신
중한 페달링은 듣는 이로 하여금 피아노가 건반악기라는 사실을
잊게 할 정도이다.

흔히들 리파티 연주의 강점을 내세울 때 숭고한 인간성이나
고양된 시적 영혼 등을 앞세우곤 한다. 이 말들은 모두 사실이다.
리파티가 남긴 서신들에 담긴 순수하고 겸손한 인간성은 절로 읽
는 이의 고개를 숙여지게 한다. 그러나 동시에 리파티는 테크닉
상의 연구도 게을리 하지 않았던 연주자였다. 그에게도 음악은
천재성 하나만으로 해결되는 숙제가 아니었다.

전쟁에 휩쓸린 조국을 떠나다

기록을 보면 1943년 3월 한 달간 리파티는 유럽 각지에서 무려
14회나 연주를 하고 있다. 툭하면 엔진고장으로 불시착하는 비행
기를 타고 위험을 무릅쓴 연주여행을 다녀야만 했다. 루마니아의
푼다티앙카에 있는 조촐한 별장에서의 휴식도, 그 속에서 한가로
이 작곡이나 연습을 할 시간도 그에게 주어지지 않았다.

제 2차 세계 대전의 전황은 점차 급박하게 돌아가고 있었다.

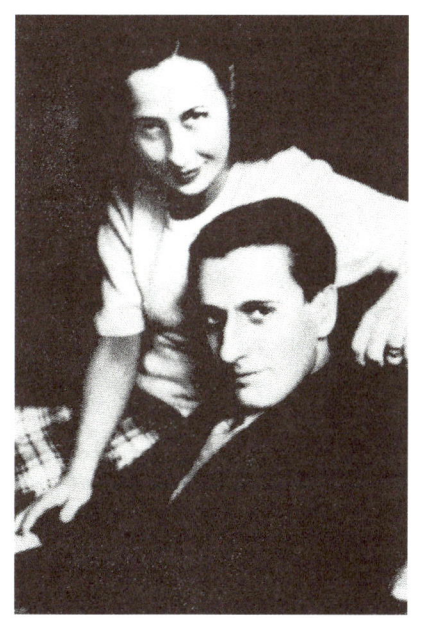

아내 마들레느와 함께
스위스 몬타나에서

루마니아 출신이라는 이유만으로 리파티의 연주를 거절하는 나라도 생겨났다. 루마니아의 정치적 상황에 위협을 느낀 리파티는 북유럽 순회연주를 마치고 연인인 마들레느 칸타쿠치노Madeleine Cantacucino와 함께 스위스 제네바로 망명했다.

무엇이든 풍족하게 누릴 수 있었던 루마니아에서의 생활은 모두 추억이 되었다. 당장 생계를 위해 무대에 서야 할 처지가 된 것이다. 당시 루체른에 망명하고 있던 에트빈 피셔와 함께 박하우스, 블랑제, 슈나벨 등이 적극적으로 나서서 리파티에게 제네바 음악원의 교수직을 주선해 주었다. 외국인인 리파티가 스위스에서 교수가 된다는 것은 불법이었다. 때문에 리파티는 교수이면서도 개인 레슨을 할 수 없었다. 레슨을 하지 못하는 교수의 월급은 그야말로 생계보조비에 불과했다.

다행히 연주 요청은 꾸준히 들어왔다. 그러나 이즈음 리파티는 이유를 알 수 없는 열병에 시달리고 있었다. 38도 정도의 열이 2~3주일 가량 계속되다가 사라지곤 했다. 의사는 결핵이라는 진단을 내렸다. 1943년 겨울부터 병을 이유로 리파티의 연주회가 취소되는 횟수가 부쩍 늘었다. 1943년 12월 8에 쓰여진 편지에는 답답한 심경이 비교적 담담하게 표현되어 있다.

'며칠째 열이 지속되고 있습니다. 의사는 자주 왕진을 오지만 병세에 대해서는 아무 이야기도 해 주지 않습니다. 열 이외에는 별다른 이상이 없다는 것입니다.……12월 17일로 예정되었던 베른 독주회도 취소할 수밖에 없을 것 같습니다. 연기할 수 있다면 좋겠습니다만……돈은 다 떨어진 상태입니다. 그저 막막하게 집에 머물러 있을 따름입니다. 피셔 선생과 다시 연주할 수 있는 날이 속히 왔으면 합니다.'

의사는 그에게 연주 횟수를 줄이고 요양할 것을 권했다. 달리 방도가 없었던 리파티는 마들레느와 함께 스위스의 휴양지인 몬타나로 향했다. 피셔는 '모든 연주자들에게는 가끔씩 휴식이 필요한 법'이라는 편지로 리파티를 위로했다. 경제적인 어려움은 계속되었고 루마니아에서는 아무런 도움도 기대할 수 없었다.

가장 치명적인 것은 그의 병이 결핵이 아니라는 사실이 밝혀졌다는 점이었다. 그의 병은 아무런 치료 방법도 없는, 사실상의 불치병인 백혈병이었다. 이제 겨우 스물일곱, 막 비상하고 있는 연주자에게 급작스레 사형선고가 내려진 셈이었다. 너무도 기막히고 가혹한 운명이었다.

리파티는 자신의 병을 알고 있었을까. 발병 후 얼마간 그는 친지들에게 결핵으로 병명을 속였던 듯 하다. 그러나 1944년 봄, 리파티는 자신이 불치의 병에 걸렸음을 알아차렸다. 그는 눈앞에 닥쳐온 죽음을 받아들이지 않았다. 의지를 가다듬어 병마에 맞섰으며 건강이 허락하는 대로 최선을 다해 연주를 해 냈다. 초기에

는 별 흥미를 느끼지 못하던 제네바 음악원의 교수직도 발병 이
후로는 더욱 열성적으로 매달렸다.

뜻밖에 병세는 일시적으로 호전되었다. 1946년의 영국 순회
연주에서 대단한 호응을 얻었다. EMI 음반사의 명 프로듀서 월터
레그가 1947년 런던에서 연주와 녹음을 하자는 제의를 해 왔다.
1946년과 1947년 시즌에 리파티는 60여 회의 연주를 소화해 낼
수 있었다. '신의 도우심으로 병을 이길 수 있다는 희망을 갖게
되었습니다.'고 리파티는 편지에서 쓰고 있다.

삽시간에 다가온 죽음의 그림자

그러나 운명 앞에서 그의 희망은 무력했다. 병마는 맹렬하게 그
의 육체를 침투해 오기 시작했다. 방사선 요법을 사용해 보았지
만 부작용이 심각했다. 지독한 현기증과 두통, 구토가 그를 엄습
했다. '이대로 죽는 것은 아닐까.' 하는 고통과 불안감이 점점 그
를 옥죄기 시작했다. 연주곡을 고를 때도 기교와 힘을 되도록 사
용하지 않는 곡을 우선 고려해야 했다. 슈만의 〈교향적 연습곡〉
같은 대규모의 곡은 더 이상 연주할 수 없었다.

병과 씨름하는 와중에서도 연주를 중단하지 않은 탓에 그
의 양팔은 무섭게 부어 올랐다. 청중들은 무대에서 꿈처럼 아름
다운 연주를 들려 주는 이 천재 피아니스트가 얼마나 극심한 고
통에 시달리고 있는지 전혀 눈치채지 못했다.

놀랍게도 이 당시, 아니 그가 사망한 해인 1950년의 녹음에서조차 병의 흔적을 찾아낼 수 없다. 죽기 다섯 달 전인 1950년 7월에 녹음한 쇼팽의 왈츠, 마주르카, 녹턴에서도 리파티는 자유로운 리듬, 영혼을 꿰뚫는 듯 영롱한 타건, 섬세하고 투명한 노래를 구현해 내고 있다. 그 어느 곳에서도 다가온 죽음의 그림자는 감지되지 않는다.

머리를 잘라 내면 다시 새 머리가 생겨나는 전설 속의 용처럼 병은 끊임없이, 그리고 지독하게 리파티를 공격해 왔다. 1944년부터 1950년까지 그는 자신을 점점 더 잠식해 가는 병마와 절망적인 싸움을 계속했다. 가끔 건강이 호전될 때마다 열리는 연주회는 여지없는 매진이었다. 런던 최대의 콘서트 홀인 로열 앨버트 홀마저 그의 연주회가 열리면 항상 매진사례를 기록했다.

런던의 한 교회에서 리파티의 독주회가 열린 날이었다. 청중들은 자리를 잡기 위해 이른 봄의 쌀쌀한 날씨 속에서 줄을 서서 기다리고 있었다. 마들레느는 이 줄 속에서 피아니스트인 아르투르 슈나벨을 발견했다. 당황한 마들레느의 사과에 슈나벨은 웃으며 이렇게 대답했다. "아니, 괜찮아요. 그렇지만 다음에는 로마의 성 베드로 대성당처럼 큰 교회를 빌려서 연주회를 하라고 리파티에게 전해 줘요."

이즈음 리파티는 자신의 운명에 느닷없이 찾아온 병이라는 존재를 인정하면서도 그것을 뛰어넘으려는 의지를 강하게 보여 주고 있었다. '몸은 피로하지만 연주하고자 하는 내 욕망은 피로

보다 훨씬 강하다.'고 그는 거듭 말했다. '파리 연주 후 저는 제 몸을 괴롭히는 병이 오히려 저를 예술적으로 성숙시켰다는 사실을 깨달았습니다. 얼마나 많은 편지와 전보를 받았는지, 그리고 그 메시지들이 저를 얼마나 깊이 감동시켰는지 도저히 설명드릴 길이 없습니다.'

절친한 친구가 된 의사 사라신Sarasin과 드보아-페리에르 Dubois-Ferriere가 항상 리파티의 곁을 지켰다. 1948년 봄에는 이탈리아 순회연주가 열렸다. 리파티는 바쁜 일정 짬짬이 스위스의 작은 시골교회들에서 연주하기를 즐겼는데 이럴 때면 꼭 연주료를 자선단체에 기부하고는 했다. 파리 연주회에서 한 가난한 음악애호가가 그의 연주를 듣기 위해 종일토록 걸어서 파리에 도착했다는 이야기를 들은 적이 있었기 때문이었다. 작은 무대에까지 설필요는 없지 않느냐는 친지들의 충고에 그는 '한 사람이라도 내연주를 들으러 와 준다면 얼마나 기쁜 일이냐'는 말로 대답을 대신했다.

1948년 여름, 방사선 요법의 부작용으로 리파티의 건강은 더욱 나빠졌다. 왼팔의 혈전증이 악화되면서 팔은 보통 사람의 서너 배 굵기로 부어 올랐다. 부은 팔을 숨기기 위한 특수하게 제작된 연주복을 입어야 했다. 이 와중에도 연주와 녹음은 계속되었다. 바흐의 코랄과 스카를라티의 소나타집, 그리그의 피아노 협주곡, 슈만의 피아노 소나타와 협주곡 음반이 속속 출시되어 폭풍우 같은 반응을 일으켰다. 유럽 이외에 미국과 남아메리카,

이집트, 오스트레일리아 등에서도 연주를 청해 왔지만 그는 도저
히 이 요청에 모두 응할 수가 없었다.

'오, 신이여! 어째서 저는 이 아름다운 삶의 순간에도 죽음을 두려워해
야만 하는 것입니까?'

브장송, 눈물 속의 연주회

1949년 리파티는 마들레느와 결혼했다. 식(式)은 두 사람만이 참
석한 채 조촐하게 치렀다. 리파티는 스승 무지세스쿠에게 보낸
편지의 말미에서 간략하게 결혼 사실을 알렸다. '마들레느와 마
침내 그의 남편이 된 디누로부터.'

　이 해에 리파티는 제네바 음악원의 교수직을 사퇴했다. 그
에게는 더 이상 학생들을 가르칠 기력도 시간도 거의 남아 있지
않다. 공개연주는 주로 바흐와 모차르트, 슈베르트, 쇼팽 등으
로 구성되었고 그의 건강이 좋을 때는 가끔 슈만과 바르토크도
포함되었다.

　고통스런 방사선 요법의 횟수만도 100회가 넘었다. 마침내
리파티도 희망을 포기하는 듯한 제스처를 보였다. 의사 드보아-
페리에르는 저명한 연주자들의 도움을 받아 미국에서 막 개발된
백혈병 치료제인 코티손Cortisone을 들여 왔다. 리파티는 코티손 치
료를 받은 최초의 유럽인이 되었다.

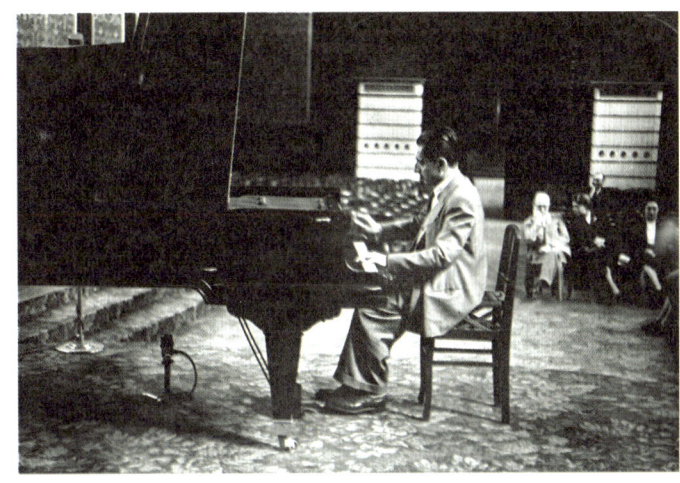

　　1950년 코티손을 복용한 후 기적처럼 리파티의 병세는 호전
되었다. 같은 해 여름 그가 여러 장의 음반을 녹음한 것도 코티손
의 약효에 힘입은 덕이었다. 리파티는 그동안 기피해 온 베토벤
의 발트슈타인 소나타를 녹음하고 런던의 로열 앨버트 홀에서는
푸르트뱅글러Wihelm Furtwängler, 1886~1954와 함께 슈만의 협주곡을 연
주하겠다는 야심 찬 계획을 세웠다.

　　스위스 브장송의 팔리아멘트 홀에서 열린 독주회 이틀 전,
무지세스쿠에게 보낸 편지에도 희망만이 가득하다. '조금씩 조금
씩 저는 기력을 되찾아가고 있습니다. 이제는 지금껏 연주하지
못했던 활기 있는 곡들도 연주할 자신이 생겼습니다. 앞으로는
한 달에 두 번씩 무대에 서려고 합니다.' 그러나 누가 알았으랴.
이 모든 계획과 희망이 불과 이틀만에 물거품이 되리란 것을. 무

지세스쿠에게 쓴 편지는 리파티
가 자신의 손으로 쓴 마지막 편지
가 되고 말았다.

브장송 연주회 당일인 1950
년 9월 16일, 리파티의 건강상태
는 급작스럽게 나빠졌다. 의사와
아내, 친구들 모두가 독주회를 말
렸지만 그는 고집을 꺾지 않았다.
리파티는 반드시 청중과의 약속
을 지켜야만 한다고 주장했다. 연
주를 서너 시간 앞둔 저녁, 그는
기절했다가 주사기운에 간신히
깨어났다. 드보아-페리에르가 호
텔에서 연주회장까지 따라가며
설득했다. 리파티는 한마디만 했

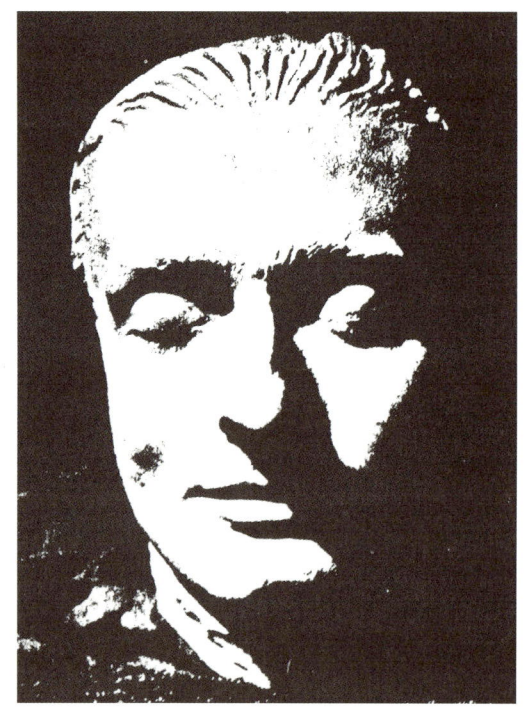

리파티의 데드 마스크

다. "약속대로 연주해야 합니다." 그 약속은 청중이 아니라 스스
로에게 한 약속일지도 몰랐다. 쓰러지는 그 순간까지 피아노 앞
을 떠나지 않겠다는.

연주회장의 계단을 오르기조차 힘겨워했다는 리파티가 어
떻게 바흐의 파르티타와 모차르트 피아노 소나타, 슈베르트의 즉
흥곡 등을 연주할 수 있었을까. 그것은 도저히 인간의 의지라고
는 설명할 수 없는, 불가해한 능력, 그의 손을 빌린 신의 능력일

지도 모를 일이었다. 일시적으로나마 기운을 회복하기 위해 너무도 많은 주사를 맞은 탓인지 리파티의 얼굴은 인형처럼 무표정했고 청중들은 눈물을 참지 못했다. 결국 쇼팽의 왈츠 열네 곡 중 마지막 한 곡을 마치지 못한 브장송 연주회 실황은 청중의 흐느낌마저 고스란히 녹음된 채 EMI에서 출반되어 듣는 이들을 눈물 짓게 만든다.

브장송 연주는 리파티 자신의 예감대로 백조의 노래가 되고 말았다. 생명의 불꽃은 브장송 연주회 후 석 달도 채 지속되지 못했다. 알프스의 찬 겨울바람이 제네바에 몰아치던 1950년 12월 2일 리파티는 가족들에게 둘러싸인 채 눈을 감았다. 만 33세. 언제나 음악의 봉사자가 되기를 원하던 숭고한 생명이 떠나는 순간, 스피커에서는 베토벤의 현악 4중주가 나지막이 울리고 있었다.

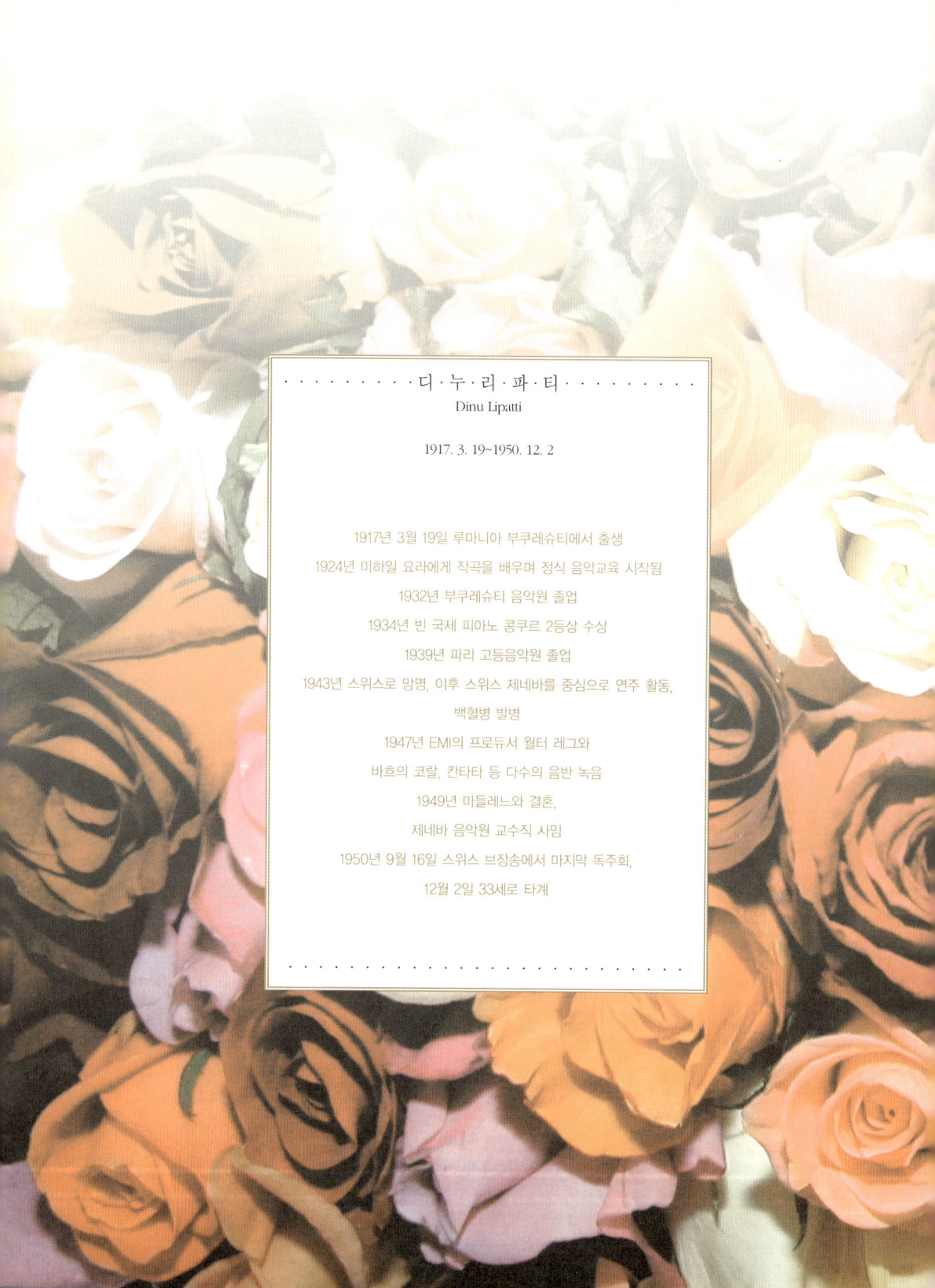

· · · · · · · · · 디 · 누 · 리 · 파 · 티 · · · · · · · · ·

Dinu Lipatti

1917. 3. 19~1950. 12. 2

1917년 3월 19일 루마니아 부쿠레슈티에서 출생

1924년 미하일 요라에게 작곡을 배우며 정식 음악교육 시작됨

1932년 부쿠레슈티 음악원 졸업

1934년 빈 국제 피아노 콩쿠르 2등상 수상

1939년 파리 고등음악원 졸업

1943년 스위스로 망명, 이후 스위스 제네바를 중심으로 연주 활동,

백혈병 발병

1947년 EMI의 프로듀서 월터 레그와

바흐의 코랄, 칸타타 등 다수의 음반 녹음

1949년 마들레느와 결혼,

제네바 음악원 교수직 사임

1950년 9월 16일 스위스 브장송에서 마지막 독주회,

12월 2일 33세로 타계

최후의 마스터피스

〈브장송 리사이틀 실황음반〉(EMI)

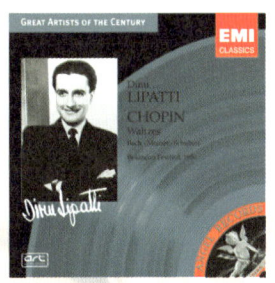

1950년 9월 16일 브장송 독주회 실황녹음. 이 음반은 리파티의 마지막 생명의 불꽃이나 다름없다. 리파티는 브장송 독주회 후 3개월도 안 되어 백혈병으로 세상을 등졌다.
ⓒEMI MUSIC KOREA

이 음반이 실황녹음으로 남아 있다는 것은 '작은 기적'이다. 죽음 직전의 리파티가 자신의 마지막 힘을 다해 연주한 음악들이 기록되어 있다는 사실만으로도 음악애호가들은 레코딩 기술의 발전에 머리 숙여 감사해야 할 것이다.

수록곡인 바흐의 〈파르티타 1번 B플랫 장조〉와 모차르트의 〈피아노 소나타 8번 K.310〉, 슈베르트의 〈즉흥곡 2, 3번〉, 그리고 쇼팽의 〈왈츠〉 등은 모두 리파티가 평소 장기로 삼던 곡들이었다. 리파티 본인으로서도 어떤 새로운 시도를 하기에는 육체적으로 너무 힘거운 상태였을 것이다. 육체의 한계를 뛰어넘은 위대한 음악혼을 담아 낸 이 음반만으로도 우리는 리파티라는 예술가의 진가를 실감할 수 있다.

연주의 질은 연주자의 상태가 그토록 위중했다는 사실을 믿기 어려울 정도로 차분하고 고르다. 명징하고 가지런한 터치와 침착한 서정성이 감동적이며, 특히 바흐 파르티타의 고요한 음색과 템포, 또 시적 영감이 넘치는 쇼팽의 왈츠들은 리파티가 구현하려 했던 맑고 우아한 고전의 세계가 어떤 것이었는지를 극명하게 보여 준다. 테크닉상으로 가장 어려운 슈베르트의 〈즉흥곡 2번〉의 후반부에서 군데군데 연주자의 호흡이 흐트러지는 부분이 있지만 그러한 부분이 오히려 더 벅찬 감동을 전해 준다. 모노 녹음이지만 1950년의 실황음반이라는 사실을 감안하면 그리 나쁜 상태는 아니다. 실로 '최후의 마스터피스'라는 찬사가 아깝지 않은 귀중한 앨범이다.

화가 장 미셸 바스키아 화가 장 미셸 바스키아

화 가 장 미 셸 바 스 키 아

화 · 가 · 장 · 미 · 셸

바 · 스 · 키 · 아

Jean-Michel Basquiat

뉴욕에서 태어난 흑인 화가. 열여덟 살에 집을 떠나 맨해튼 거리와 지하철역사의 벽에 스프레이로 그림을 그리기 시작했다. 뉴욕현대미술관 앞에서 자신이 그린 티셔츠와 엽서를 파는 등, 거리의 화가 생활을 하다 낙서화의 화풍을 간직한 독특한 작품으로 명성을 얻었다. 인종주의, 흑인 영웅, 도시 풍경, 만화 주인공 등을 다룬 그의 작품은 섬뜩하고 강렬한 메시지와 함께 낙서를 예술로 끌어올렸다는 평가를 받으며 '검은 피카소'라는 별명을 안겨 주었다. 이어 1982년 카셀 도큐멘타 VII 초대 작가, 1983년에 휘트니 비엔날레에 최연소 초대 작가가 되며 단숨에 국제적인 작가로 부상했다. 이후 미국과 유럽을 오가며 작품 활동을 했다. 1984년부터는 앤디 워홀과 공동작품을 제작하기도 했다. 1985년을 전후로 슬럼프에 빠졌다가 1988년 27세의 나이에 코카인 중독으로 급사했다. 1996년 그의 짧은 삶을 주제로 한 영화 〈바스키아〉가 제작되었다.

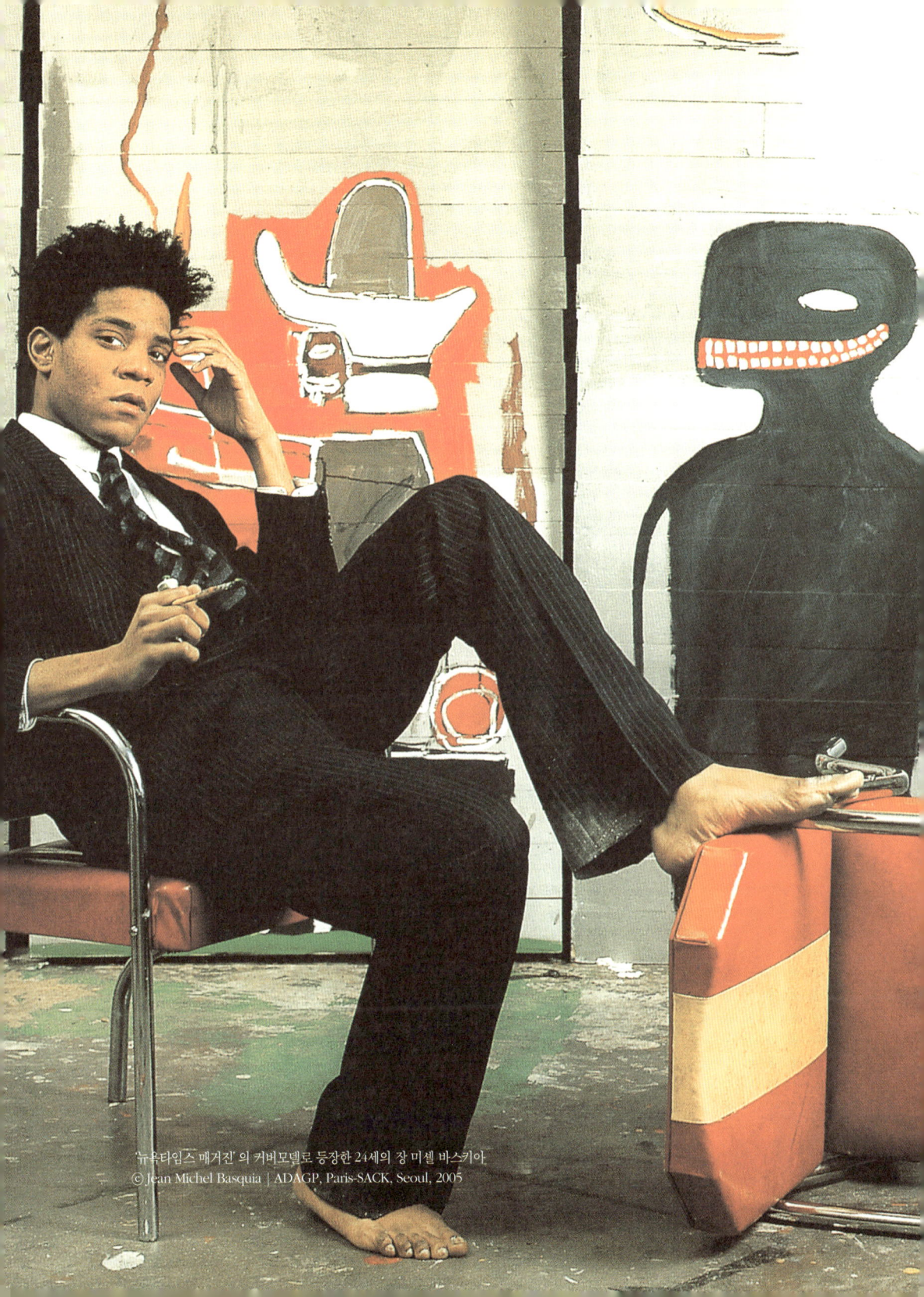

'뉴욕타임스 매거진'의 커버모델로 등장한 24세의 장 미셸 바스키아
© Jean Michel Basquia | ADAGP, Paris-SACK, Seoul, 2005

검은 피카소

'열일곱 살 때부터 나는 언젠가 스타가 될 것이라고 생각했다. 내 영웅들인 찰리 파커나 지미 핸드릭스처럼……. 유명해진다는 건 얼마나 낭만적인 일인가.'

그렇다. 유명해진다는 건 분명 아주 근사한 일이다. 거리에서 마주친 사람들이 모두 나를 알아보고, TV와 신문이 예사로 자신의 얼굴을 싣고, 영화배우나 가수와 연인이 되고, 쉽사리 큰 돈을 벌고…… 말 그대로 하늘의 별Star처럼 빛나는 사람이 되는 것, 얼마나 낭만적인가.

그러나 모든 일이 그렇듯 유명세에도 양면이 있다. 사람들은 쉽게 스타에 열광하지만 그 스타가 지속적으로 작품을 생산해 내지 못하면 쉽게 그를 잊어 버린다. 한때 슬럼프에 빠졌다가 재기한 영화배우 레오나르도 디카프리오-그는 바스키아 작품의 컬렉터이기도 하다-는 '뉴욕타임스 매거진'과의 인터뷰에서 "내가 한창 영화를 찍을 때는 사람들이 나만 보면 달려와 악수를 청했다. 그러나 영화에 출연하지 않자, 사람들은 나를 쳐다보기만 하고 더 이상 달려오지 않았다."고 이야기했다.

대중은 그처럼 냉정하다. 그렇다면 유명세의 정점에 올라섰다가 바닥으로 추락한 장본인이라면 그 고통은 얼마나 클까. '검은 피카소'라는 별명으로 알려진 낙서화가 장 미셸 바스키아가 바로 이런 경우다. 그는 우리가 흔히 생각하는 천재 화가의 인생-팔리지 않는 그림을 고통스럽게 그리다가 요절하는-과는 영 딴

판인 삶을 살았다. 바스키아는 20대 초반에 카셀 도큐멘타 VII과 휘트니 비엔날레 등의 국제적 전시에 최연소 초대 작가로 선정되었고 몇 만달러를 호가하는 작품을 그렸다. 그가 전시회를 열면 개막 당일에 모든 작품이 다 팔려나가곤 했다. 거리의 담벼락에 스프레이로 낙서화를 그리던 흑인 소년이 뉴욕의 최고급 로프트loft에 사는 셀레브리티Celebrity로 급부상하는 데 걸린 시간은 불과 2, 3년이었다.

그러나 이 폭풍 같은 유명세가 그를 잠식하고 마침내 그를 파멸에 이르게 했다. 바스키아에게 미친 듯 열광하던 비평가들은 그가 잠시 주춤하자 이내 가혹한 비평을 쏟아 내며 그에게서 등을 돌렸다. 갑자기 스포트라이트의 중심으로 들어왔던 이 젊은이는 자신에게 갑자기 닥쳐온 유명세와 그 이면을 감당하기에는 너무 어렸다.

1980년에 신성처럼 등장한 바스키아는 1980년대가 다 가기도 전인 1988년에 약물중독으로 죽었다. 그가 스물일곱이라는 젊은 나이로 세상을 떠나자 사람들은 다시금 바스키아를 재조명하기 시작했다.

지미 헨드릭스나 제임스 딘처럼 잘생기고 재능 있는 젊은이가 그 재능을 미처 꽃피우기도 전에 죽어 버렸으니 대중의 호기심을 충족시키기에 이렇게 완벽한 시나리오가 없었다. '불꽃처럼 살다간 천재' 같은 뻔한 수식어가 바스키아의 이름 앞에 붙었고 평론가들은 언제 그랬냐는 듯, 바스키아의 작품에 극찬을 퍼부었다. 한동안 주춤했던 그의 그림값은 다시금 천정부지로 올라 갔다. 2002년에 그의 그림값은 500만달러까지 치솟았다.

화려한 색채로 가득한 바스키아의 그림들을 보면 가지각색의 불빛이 명멸하는 뉴욕의 밤거리가 떠오른다. 그는 대도시 뉴욕이 만들어 내고, 또 뉴욕이 파멸시킨 화가였다.

시대는 천재의 등장을 기다린다

사실 바스키아가 막 나타난 시기인 1980년대 초 미국의 화랑가는 새로운 재능의 출현을 목마르게 고대하고 있었다. 1970년대를 풍미하던 앤디 워홀, 로버트 라우젠버그Robert Rauschenberg, 1925~, 로이 리히텐슈타인Roy Lichtenstein, 1927~1993의 팝 아트는 1980년대가 도래하면서 낡은 예술이 되어 가고 있었다. 화랑들은 팝 아트를 대체할 보다 새로운 장르, 대중에게 친숙하게 다가설 수 있는 장르를 원했다. 그것은 바로 뉴욕의 거리와 지하철역사의 벽을 메운 낙서, 즉 그라피티Graffiti였다.

또 1980년대 초부터 예술작품을 사는 것이 투자의 일종이 되었다는 점도 빼놓을 수 없다. 젊고 세련된 부자들은 주식을 거래하듯 미술품을 샀다. 미술품 구매는 품위를 유지하면서 재산을 불릴 수 있는 이상적인 투자 방식이었다. 소더비와 크리스티의 경매장을 찾은 애호가들은 보다 새롭고 신선하며 미국적인 작품을 원했다.

이들의 입맛에 바스키아처럼 딱 들어맞는 화가는 없었다. 바스키아는 정규 미술교육을 받지 않은 천재적 재능의 소유자였으며 20세를 갓 넘긴 젊은 나이었고 결정적으로 미국 화단에 나타난 최초의 흑인이었다. 더구나 그는 랩 음반을 제작하고 클럽 DJ를 했던 별난 경력의 소유자에다 양성애자이기까지 했다. 작품뿐만 아니라 화가 자체가 충분한 상품가치를 지니고 있었다. 비평가들은 '검은 피카소'라는 별명을 붙이며 그를 한껏 추켜세웠고 대중은 연예인이나 운동선수를 추종하듯 그에게 열광했다.

1985년 '뉴욕타임스 매거진'의 커버 모델－이 커버스토리의 제목은 '새로운 예술, 새로운 돈'이다－로 등장한 그의 사진을 한번 보라. 검은 정장에 맨발, 한 손에 붓을 든 채 정면을 응시하고 있는 그는 화가라기보다는 섹시한 배우나 모델처럼 보인다. 실제로 가수 마돈나Madonna와 영화배우 에스체르 발린트Eszter Balint도 한때 이 화가의 연인이었다.

그러나 바스키아가 미국을 대표하는 화가로 성장하려 하자, 평단은 '흑인 미술의 정체성이 보이지 않는다.'는 이상한 이유를 들어 그를 공격하기 시작했다. 와스프WASP로 가득 찬 미국의 미술계는 특이한 존재인 흑인 화가의 등장을 환영했지만 그 흑인이 정상의 영광을 누리는 것은 허용하지 않았다.

'미술관 안을 잘 살펴봐. 흑인이 하나도 없지? 내가 그림을 그리는 이유는 흑인이 미술관에 들어올 수 있게 하기 위해서야.'

바스키아가 뉴욕 현대미술관Museum of Modern Art : MOMA에서 그의 연인인 수잔 멀록Suzanne Mallouk에게 한 말이다.

한 평론가의 말처럼 짧은 생의 대부분을 백인들이 점거하고 있는 미술계의 정상에 올라서는 데에 바쳤던 바스키아. 성공을 갈망했던 그는 고급문화에 끼어들기 위해, 그리고 그 공간을 정복하기 위해 분투했다. 그러나 아무리 뛰어난 재능으로도 인종차별의 높은 벽을 뛰어넘을 수는 없었던 것일까, 아니면 그것이 바스키아에게 주어진 숙명이었던 것일까. 그는 모딜리아니의 묘비에 쓰여진 말처럼 '영광을 성취하려는 순간'에 죽고 말았다.

수수께끼의 낙서화가 SAMO

사람들은 흔히 바스키아가 뉴욕의 빈민가인 할렘에서 제대로 교육도 받지 못한 채 성장했을 거라고 생각한다. 그러나 바스키아의 성장 환경은 보통의 흑인 소년들과는 아주 딴판이었다. 아이티 출신인 그의 아버지 제라르 바스키아Gerard Basquiat는 회계사였고 어머니인 마틸드Matilde 역시 미술 감상이 취미인 교양 있는 여성이었다.

마틸드는 메트로폴리탄 미술관이나 뉴욕현대미술관, 브루클린 미술관 등에 아이들을 데려가 함께 그림을 그리곤 했다. 바스키아가 어린 시절 어머니에게 프랑스어와 스페인어를 배웠다

는 사실이나 카톨릭계 사립학교인 세인트 앤 초등학교에 입학했
다는 점만 봐도 그의 성장환경을 짐작할 수 있다. 한마디로 바스
키아는 중산층 집안과 지식인 부모라는, 보통의 흑인들로서는 상
상할 수도 없는 좋은 환경에서 태어났던 것이다.

바스키아는 여덟 살 때 브루클린 거리에서 공을 가지고 놀
다가 교통사고를 당한다. 팔이 부러지고 비장이 완전히 망가지는
큰 부상이었다. 마틸드는 병원에 입원한 아들에게 해부학 교본인
〈그레이의 해부학Gray's Anatomy〉을 사다 주었다. 바스키아는 이 책
을 맹렬하게 읽었다. 훗날 그의 그림에 해골이 자주 등장하는 것
도 이 책의 기억 때문이었다. 또한 바스키아가 열아홉 살에 조직
한 밴드의 이름 역시 '그레이'였다. 팔이 부러진 아들에게 해부
학 교본을 사다 준 어머니나 그 교본을 열심히 통독한 아들. 어딘
가 이상한 조합임에는 틀림없다. 아무튼 이 어린 시절의 교통사
고와 그레이의 해부학은 바스키아의 작품에 결정적인 영향을 미
치게 된다.

1968년 바스키아의 부모가 이혼했다. 어머니와 헤어진 바스
키아는 통제할 수 없는 반항아가 되어 버렸다. 재혼한 아버지는
아이들에게 좋은 부모가 되기 위해 최선을 다했지만 바스키아는
중학교 시절부터 가출을 시작했다. 추운 겨울에 워싱턴 스퀘어
공원에서 노숙하다 경찰에게 끌려 돌아오기도 했다. 이런 와중에
학교를 제대로 다닐 수 있을 리가 만무했다. 여러 학교를 전전하
던 바스키아는 마침내 고교 졸업을 한 해 앞둔 1978년 학교와 집

을 영원히 떠나게 된다. 바야흐로 거리에서의 삶을 시작한 것이다. 집을 떠나기 한 해 전인 1977년부터 바스키아는 친구 알 디아즈^Al Diaz와 'SAMO' 라는 이름으로 맨해튼과 소호의 담벼락에 낙서화를 그리고 다녔다. SAMO는 '똑같은 늙은 바보^Same Old Shit' 의 약자로 두 사람이 만들어 낸 가공의 인물이었다.

지하철역과 로어 맨해튼에 스프레이 페인트로 그림을 그리고 철학적인 문구를 써 넣는 화가 SAMO는 곧 뉴요커들의 호기심의 대상이 되었다. '소호 뉴스^The SoHo News' 가 SAMO의 낙서화를 지면에 싣는 바람에 이 수수께끼의 화가는 더욱 유명해졌다. 그러나 알 디아즈와의 의견 대립으로 인해 SAMO는 1978년 소호의 거리에 'SAMO는 죽었다.' 는 문구를 써 놓은 것을 끝으로 사라졌다.

바스키아가 정식으로 화단에 데뷔한 것은 1980년의 '타임스퀘어' 전을 통해서다. 그는 1978년부터 1980년까지의 3년 동안 거리에서 닥치는 대로 일을 하며 살았다. 클럽에서 만난 사람들의 집에서 기숙하며 뉴욕현대미술관^MOMA 앞에서 직접 그린 그림엽서와 티셔츠를 팔았다. 심지어 돈을 벌기 위해 남창 노릇까지 했다. 이때만 해도 바스키아는 5년 후에 자신이 MOMA의 초대작가가 될 줄은 꿈에도 몰랐으리라.

제대로 된 미술교육을 받은 적이 없는 데도 불구하고 바스키아는 늘 그림을 그려 댔다. 도시의 담벼락뿐만 아니라 아파트

의 벽과 문, 냉장고에도 그렸다. 집안 가득 그림을 그렸다가 아파
트 주인에게 쫓겨 나가는 일도 다반사였다. 이 과정에서 어린 시
절 어머니와 그림을 그렸던 기억, 교통사고, 거리에서 겪은 인종
차별, 슈퍼맨 같은 만화주인공, 재즈 등의 이미지가 합쳐지며 바
스키아만의 화풍이 만들어진다.

1989년 6월, 뉴욕 7번가의 비어 있는 건물에서 젊은 작가들
의 그룹전인 '타임 스퀘어 쇼'가 열렸다. 바스키아는 여기에 최
초로 스프레이와 페인트로 그린 그림을 선보였다. 이어 1981년의
대규모 전시 '뉴욕/뉴웨이브'전에 〈제시Jesse〉, 〈비행기Airplane〉,
〈캐딜락 문Cadillac Moon〉 등을 전시하며 바스키아는 일약 화단의
신성으로 떠오른다.

비평가들은 어린아이처럼 천진난만하면서도 거침없는 그의
그림에 주목했다. 스프레이를 뿌리고 페인트를 여러 번 덧칠하거
나 긁어 낸 바스키아의 그림에는 악동 같은 낙서화의 요소, 그리
고 인종주의에 대한 통렬한 시각들이 칼날처럼 번뜩이고 있었다.
바스키아는 흑인 운동선수들의 머리 위에 가시관이나 왕관을 씌
우고 "대부분의 젊은 왕들은 목이 잘려 죽었다." 같은 문구들을
써 넣었다.

'뉴욕/뉴웨이브'전의 디렉터 알라나 헤이스Alanna Heiss는
"우리 모두는 (바스키아의 그림을 보고) 경악했다. 그처럼 걸출한
재능을 일찍이 본 적이 없었다. …… 미술사에 길이 남을 작품이
분명했다."라고 회고했다. 아방가르드 작가들을 후원한 이탈리아

의 화랑 딜러 에밀리오 마졸리Emilio Mazzoli는 바스키아의 개인전을 기획하고 '뉴욕/뉴웨이브' 전에 출품된 그의 작품 모두를 1만달러에 사들였다. 바스키아가 첫 번째 개인전을 미국이 아닌 이탈리아 모데나에서 연 것은 이런 이유 때문이다. 이때부터 마졸리와 브루노 비숍버거Bruno Bischofberger, 애니나 노세이Anina Nosei, 메리분Mary Boone 등 유럽과 미국의 딜러들은 바스키아를 사이에 두고 치열한 쟁탈전을 벌이게 된다.

1981년 르네 리카르René Ricard는 '아트포럼Artforum' 12월호에 그의 인터뷰 기사를 실었다. 기사는 찬탄과 감탄사 일색이었다.

'사이 톰블리Cy Twombly, 1928~와 장 뒤뷔페Jean Dubuffet, 1901~1985가 아이를 낳았다면 바로 바스키아 같은 아이가 태어났을 것이다. 그의 그림에는 톰블리의 우아함과 뒤뷔페의 야성이 모두 갖춰져 있다.'

바스키아라는 화가를 세상에 처음 소개한 이 기사의 타이틀은 '빛나는 아이'였다. 이 제목은 바스키아의 앞날에 대한 예언이나 다름없었다.

분노하는 남자

한번 시작된 성공의 질주는 그칠 줄을 몰랐다. 1982년 LA의 래리 가고시언 갤러리Larry Gagosian Gallery에서 열린 개인전 출품작들은 개막 당일에 모두 팔려 나갔다. 바스키아는 워크맨을 귀에 꽂은 채 전시회 개막식에 나타났다. 모두들 그에게 달려들어 말을 걸었지만 그는 한마디 대꾸도 하지 않은 채 거들먹거리며 갤러리 안을 둘러보고는 나가 버렸다.

이 해에 바스키아는 유럽 미술 시장에서 가장 중요한 전시인 독일의 카셀 도큐멘타 VII에 다섯 점의 작품을 출품했다. 만 22세. 카셀 도큐멘타 역사상 최연소 초대 작가가 된 것이다. 비평가들은 11월 뉴욕의 펀 갤러리Fun Gallery에서 열린 그의 개인전에 엄청난 찬사를 퍼부었다. 데뷔 2년 만에 그는 유명세와 부를 모두 거머쥐었다.

바스키아가 이처럼 빨리 스타덤에 오른 것은 딜러들의 노력 덕분이기도 했다. 이들은 바스키아를 띄우기 위해 머리를 싸맸고, 그가 스타덤에 오른 후에는 또 그림값을 올리기 위해 머리를 싸맸다. 노세이는 570달러에 산 바스키아의 〈속물The Philistines〉를 1만 5천달러에 팔아 넘겼다. 사정이 이렇다 보니 딜러들은 서로 그의 그림을 차지하기 위해 싸웠고 바스키아는 그런 화상들과 싸웠다. 심지어 이들은 그의 작업실에서 아직 그리고 있는 그림을 가져다 팔기까지 했다.

'꼭 먹이에게 달려드는 사자들 같아.' '정말 끝도 없어. 이 사자들은 하루 종일 고깃덩이를 던져 줘도 계속 먹고 또 먹어대. 아마 내가 일주일에 여덟 점씩 그림을 그려 줘야 만족할거야.'

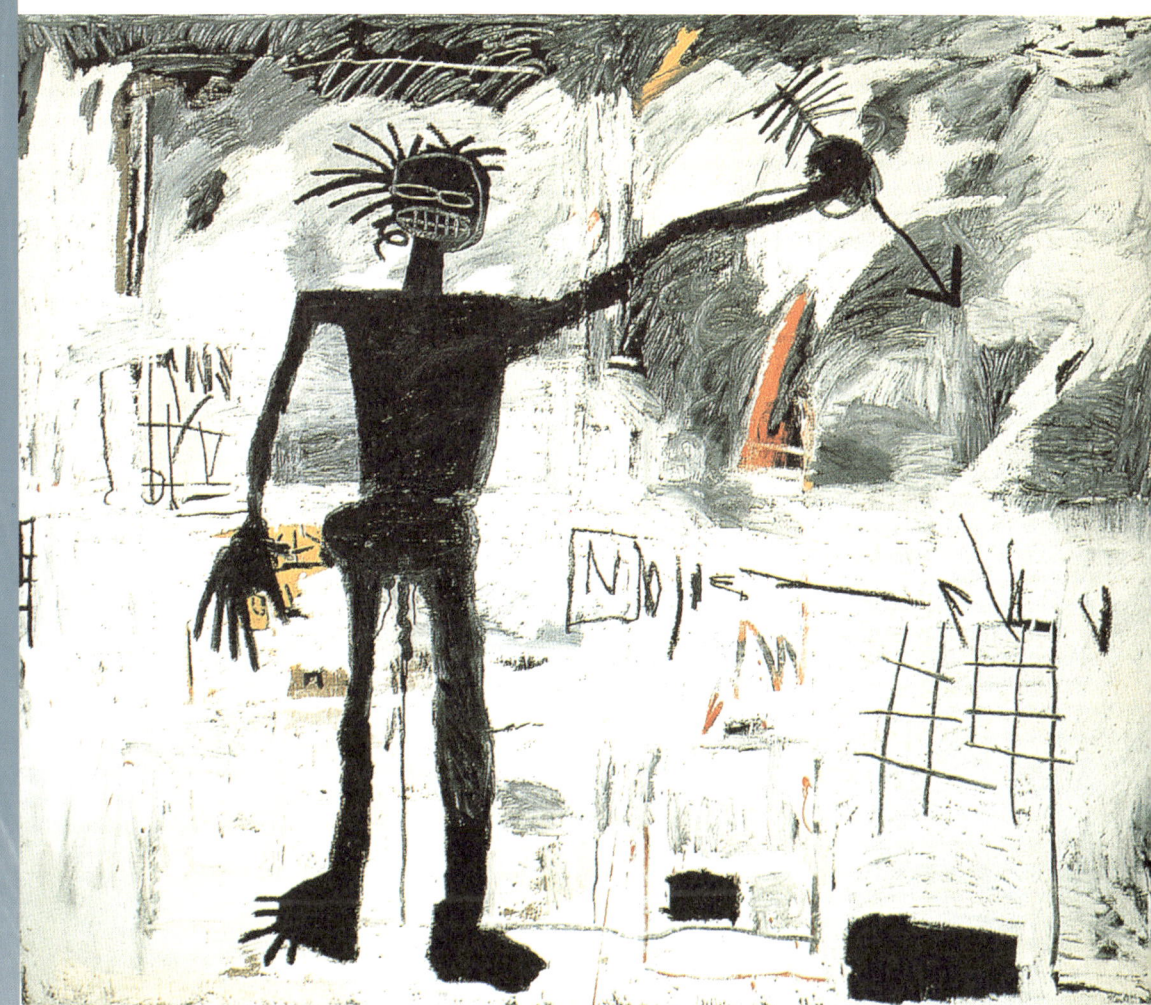

⟨자화상 *Self-Portrait*⟩ | 장 미셸 바스키아 | 1982 | 린넨에 아크릴, 유채 | 개인소장
ⓒ Jean Michel Basquia | ADAGP, Paris-SACK, Seoul, 2005

'뉴욕타임스 매거진'과의 인터뷰에서 바스키아는 노골적으로 화를 냈다. "내가 되고 싶은 건 스타이지 화랑의 마스코트가 아니란 말입니다!" 화랑들의 탐욕을 조롱하듯 바스키아는 그림 속에 숫제 작품가격을 써 넣었다. '5,000달러', '200엔' 등등. 물론 그의 그림은 이 가격보다 더 높은 시세에 팔려 나갔다.

바스키아의 그림에는 해골, 자동차, 만화주인공 등과 함께 한 쪽 팔을 든 채 화를 내고 있는 남자가 자주 등장한다. 그림 속 남자처럼 바스키아는 무엇엔가, 또 어디엔가 끊임없이 분노하고 있었다. 1982년에 그린 〈자화상Self-Portrait〉에서 까맣게 칠해진 작품 속의 바스키아는 한 손에 화살을 든 채 오줌을 누고 있다. 그 오줌마저도 까만색이다. 흰색과 회색으로 칠해진 배경 속에서 새까만 남자는 더욱 두드러진다. 바스키아는 백인 일색인 화단에 뛰어든 스스로의 위치를 이렇게 느끼고 있었던 걸까. 그는 자신의 검은 머리를 인디언 전사처럼 빳빳하게 세우고 다녔다.

언뜻 보면 마음대로 끼적거린 낙서 같지만, 바스키아의 그림은 이처럼 상징적 기호와 이미지들로 채워져 있다. 1980년부터 1982년까지의 초창기 작품에는 도시의 빌딩과 TV 안테나, 자동차, 비행기, 하늘에 뜬 달 등이 많이 보인다. 바스키아 자신이 거리에서 생활하면서 마주쳤던 주제들을 그려 넣은 것이다. 1982년을 지나면서 보다 복잡해진 그의 그림에는 해골, 왕관, 화살 등의 상징적 기호들이 반복해 나타난다. 바스키아 본인도 "나의 주제는 왕, 영웅, 거리다."라고 말한 적이 있다.

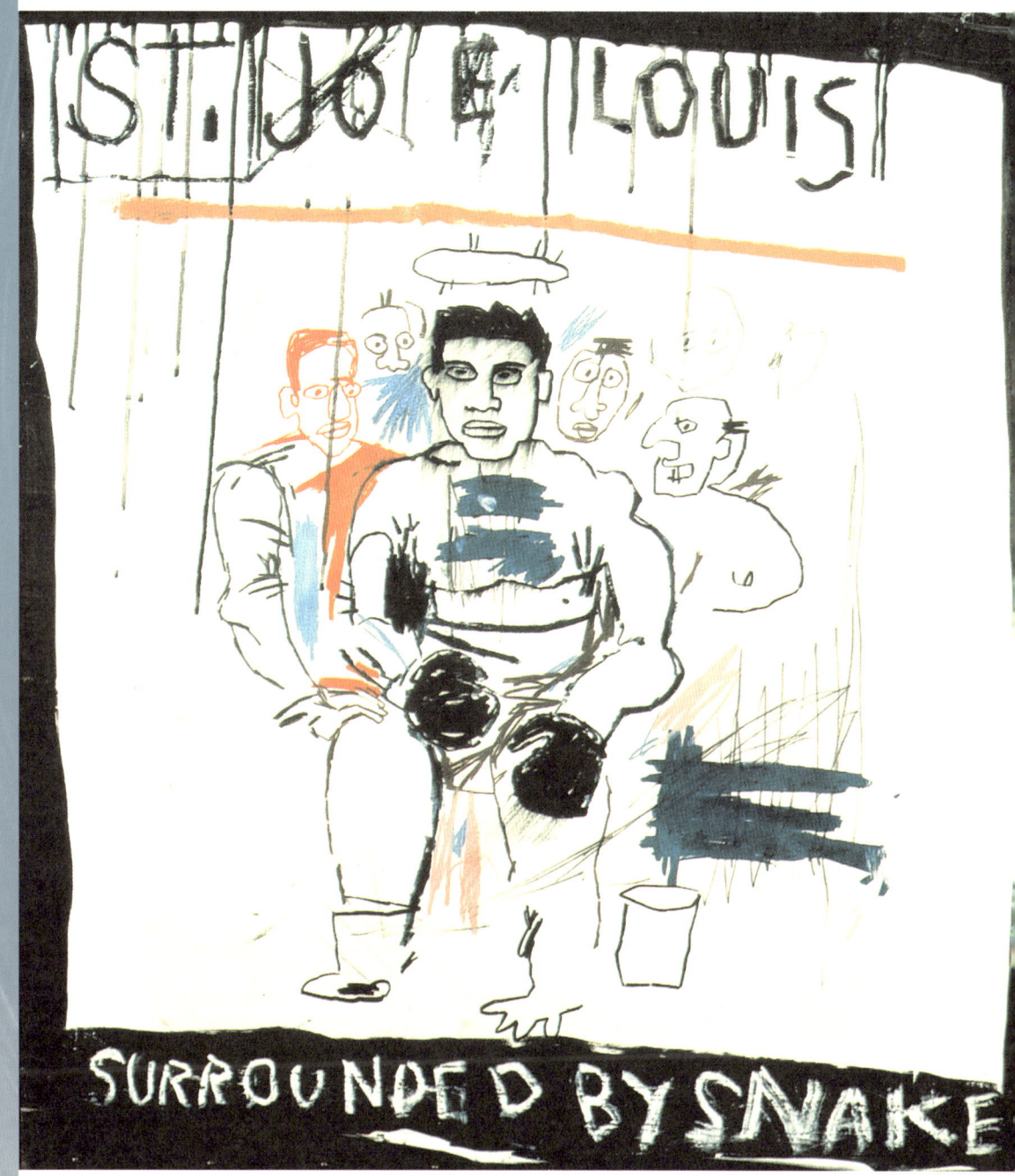

〈뱀에게 둘러싸여 있는 조 루이스 *St. Joe Louis Surrounded by Snakes*〉 | 장 미셸 바스키아 | 1982년 | 캔버스에 아크릴, 유채, 꼴라쥬
토니 샤프라지 갤러리, 뉴욕
© Jean Michel Basquia | ADAGP, Paris-SACK, Seoul, 2005

특히 그의 생애를 통틀어 가장 두드러진 경향은 무엇보다도 흑인 영웅들의 묘사다. 육상선수 제시 오웬스, 재즈 뮤지션 찰리 파커와 마일스 데이비스, 야구선수 행크 아론, 권투선수 조 루이스, 슈가레이 로빈슨 등은 그의 그림에 이름까지 분명하게 명기된 채 등장했다. 가시관을 쓴 채 시합을 기다리고 있는 조 루이스를 그린 그림 밑에는 '뱀에게 둘러싸여 있는 조 루이스'라는 문장이 쓰여져 있다. 또 1936년 베를린 올림픽의 육상 4관왕 제시 오웬스를 그린 그림의 제목은 '유명한 검둥이Negro 운동선수 47번'이다. 이들은 바스키아에게 영웅이며 순교자, 그리고 화가 자신이기도 했다.

'백인 아버지' 앤디 워홀

바스키아의 짧은 생애를 이야기할 때 빼놓을 수 없는 사람이 바로 앤디 워홀이다. 두 사람은 32년이라는 나이 차이와 피부색의 차이, 그리고 팝 아트와 그라피티라는 작품경향의 차이 등을 모두 극복하고 소울메이트Soulmate가 되었다.

재미있게도 두 사람은 바스키아가 유명해지기 전에 한번 만난 적이 있었다. 1970년대 후반에 바스키아는 뉴욕현대미술관 앞에서 워홀에게 엽서 한 장을 1달러에 판 적이 있었다. 워홀은 딜러인 비숍버거가 바스키아를 소개해 준다고 했을 때, 만나기를 주저했다고 한다. 그는 비숍버거에게 물었다. "그 친구가 진짜 대

단한 화가야?" 그러자 비숍버거는 이렇게 대답했다. "지금 대단
한 화가가 돼 가고 있는 친구죠."

둘의 만남은 워홀의 유니온 스퀘어 스튜디오에서 이루어졌
다. 비숍버거는 워홀에게 만남을 기념하는 의미로 바스키아의 초
상을 그려 보라고 권유했다. 워홀의 전속 사진사인 크리스 마코
스가 바스키아의 폴라로이드 사진을 몇 장 찍었다. 그러자 바스
키아가 갑자기 일어나 스튜디오를 나갔다. 두 시간쯤 후, 물감이
채 마르지도 않은 캔버스 하나가 스튜디오로 배달되었다. 바스키
아가 그린 두 사람의 초상화였다. 워홀은 감탄사를 터뜨렸다.
"야, 이거 정말 질투 나는 데 그래. 이 친구 나보다 더 빠르잖아."

워홀의 말처럼 바스키아의 질주는 그칠 줄을 몰랐다. 워홀
에게 1달러에 팔았던 엽서들은 어느새 취리히와 뒤셀도르프에서
2만달러를 호가하고 있었다. 1983년 휘트니 비엔날레에 최연소
초대작가로 참가한 데에 이어, 1984년에는 뉴욕현대미술관의 재
개관 기념전에 그의 그림이 전시되었다. 5년 전만 해도 바스키아
는 이 미술관 앞에서 엽서와 티셔츠를 팔던 노점상 청년이었다.
실로 아찔할 정도로 눈부신 성공이었다.

워홀은 바스키아에게 자신의 스튜디오를 빌려 주었다. 두
사람은 함께 이탈리아 여행을 가기도 했다. 워홀과 바스키아의
관계는 바스키아의 연인들이 질투심을 느낄 정도로 긴밀했다.

두 사람의 관계를 눈여겨 본 비숍버거는 공동작업을 해 보는 게 어떻겠냐는 제의를 했다. 1984년 위홀, 바스키아, 그리고 프란체스코 클레멘테Francesco Clemente 세 사람이 공동으로 작품을 제작하기 시작했다. 한 사람이 반쯤 그린 작품을 내놓으면 나머지 두 사람이 그 그림을 완성하는 식으로 작업이 진행되었다. 1984년 세 작가의 전시인 '공동작업Collaborations'에 이어 1985년 위홀-바스키아 2인의 공동 전시회가 열렸다.

그러나 아이러니하게도 바스키아의 창작력은 위홀을 만나면서 뒷걸음질을 쳤다. 바스키아 특유의 강렬한 메시지와 매혹적인 색채 감각은 위홀과의 공동작품에서 그 빛을 잃었다. 비평가들은 평범한 작품들로 채워진 1984년의 3인전, 그리고 2인전에 혹평을 퍼부었다. 막스 웨슬러Max Wechsler는 '아트포럼'에 '세 사람은 진정한 교감을 나누지 못한 듯 싶다. …… 이들은 그저 서로의 작품 언저리에 머물고 있다.'고 썼다. 또 비비안 라이노어Vivian Raynor는 '뉴욕타임스 매거진'에 바스키아가 위홀을 비롯한 백인 화랑 딜러들에게 조종되고 있다는 요지의 리뷰를 실었다.

"나는 비평가들의 말은 일체 듣지 않는다. 사람들은 비평 없이도 얼마든지 예술을 이해할 수 있다."고 말하곤 했지만 바스키아는 비평에 늘 신경을 쓰는 예민한 성격이었다. 데뷔 이후 처음으로 혹평을 당한 바스키아는 큰 충격을 받았다. 결국 이 같은 문제로 인해 바스키아와 위홀의 관계에 미묘한 균열이 가게 된다.

팝아트의 거장이지만 전성기를 넘긴 백인 화가 위홀과 떠오르는 신성이자 '검은 피카소'인 바스키아. 이들은 서로를 이용했던 걸까. 그렇다면 누가 누구를 이용한 것일까.

　　바스키아와 만날 당시 워홀은 창작력의 고갈로 고민하고 있었다. 바스키아를 만나면서 20년 만에 처음 붓을 들고 그림을 그렸다고 고백할 정도였다. 또 워홀은 자신의 저서인 〈앤디 워홀의 철학The Philosophy of Andy Warhol〉에서 "사업가로 성공하는 것은 가장 멋진 예술 중 하나"라고 말한 것처럼 미술의 상업적 가치를 중요시 한 작가였다. 워홀은 해마다 작품가격이 서너 배씩 뛰는 바스키아와의 공동작업을 통해 다시금 비싼 가격으로 작품을 거래할 수 있다는 계산을 한 것이 분명하다.

　　반면, 바스키아는 누구보다도 스타로 떠오르기를 원했던 화가였다. 그는 단순히 화가가 아니라 워홀처럼 높은 대중적 인기를 누리는 유명인이 되기를 갈망했다. 바스키아에게도 워홀과의 공동작업은 놓칠 수 없는 기회였다. 그들은 서로가 서로를 이용하려 했던 것이다. 그러나 이 시도는 성공할 수 없었다. 상반된 피부색처럼 두 사람은 너무도 다른 화가였다. 워홀은 바스키아의 아버지는 될 수 있을망정, 예술적 동반자는 될 수 없었다.

겁쟁이들이 너를 없앨 것이다

1982년 이후로 바스키아는 뉴욕 외에도 LA, 파리, 리스본, 피렌체, 하와이 등에 서너 달씩 머무르며 살았다. 하늘 높은 줄 모르고 치솟는 작품 값처럼 바스키아의 행보도 거침이 없었다. 이탈리아의 카라라에서 피렌체로 가기 위해 1,100달러를 주고 택시를 대절했고 거리의 흑인 거지에게 몇 백달러를 쥐어주기도 했다.

연애 행각 역시 마찬가지였다. 양성애자인 바스키아는 에이즈로 죽은 화가 키스 헤링Keith Haring, 1958~1990, 수잔 멀록, 마돈나, 제니퍼 구드Jenifer Goode, 페이지 파웰Page Powell 등과 끊임없는 연애 행각을 벌였다. 약에 취한 채 클럽에서 밤새도록 춤을 추는 생활이 계속되었다.

아무리 천재라고 해도 인간 바스키아는 20대의 청년에 불과했다. 그는 너무 일찍 찾아온 명성, 자신을 추켜올리던 사람들이 다시 자신을 깎아내리는 모순된 상황, 백인 화단에 들어선 최초의 흑인이라는 정체성 혼돈 등을 견뎌내지 못했다. 비평가들은 바스키아의 그림에서 더 이상 초창기의 개성을 찾아볼 수 없다며 그가 백인들에게 인정받기 위해 흑인이라는 아이덴티티를 부정하려 한다고 비판했다. 1983년 흑인 낙서화가 마이클 스튜어트가 뉴욕 경찰에게 맞아 죽은 후부터 바스키아는 경찰이나 KKK단이 자신을 죽이러 올 거라는 망상에 시달렸다.

그가 찾아낸 탈출구는 지미 헨드릭스나 찰리 파커가 그랬듯 마약이었다. 코카인과 헤로인, 그리고 편집증이 급속도로 그를 갉아먹었다. 1986년 이후에 찍은 바스키아의 사진을 보면 얼굴에 눈에 띄게 큰 반점들이 생겨난 것을 볼 수 있다. 어린 시절의 사고로 비장을 들어낸 그의 몸은 각종 감염에 취약한 상태였다. 그는 자신의 그림에 그려진 해골처럼, 마치 수분을 다 빨아들인 미이라처럼 말라 갔다.

쉽고 단순한 이미지로 채워졌던 그의 그림은 점점 더 복잡해졌으며 누가 보기에도 황폐하기 짝이 없었다. 그의 연인인 수잔 멀록의 말처럼 바스키아는 "약물중독자들은 누구나 감으로 아는 '보이지 않는 선'을 넘어 버린" 것이다. 부두교 미신을 믿었던 그는 죽음이 자신 앞에 바짝 다가와 있다는 사실을 잘 알았다.

결정적으로 앤디 워홀의 죽음은 그를 무너뜨린 마지막 일격이었다. 1987년 2월 22일 워홀은 간단한 담낭 수술 도중 어이없이 죽었다. 이 소식을 들은 바스키아는 일시적인 정신착란을 일으켰다. 비록 공동작업 중의 의견 차이로 사이가 틀어지긴 했어도 워홀은 바스키아에게 아버지나 마찬가지였다.

1988년, 스물일곱이 된 바스키아는 그림과 뉴욕, 양쪽 모두에서 탈출하기로 마음먹었다. 그는 4월 뉴욕에서 개인전을 마치고 하와이의 마우이로 향했다. 동행한 여자친구 켈레 인만Kelle Inman에게 "앞으로는 그림 대신 글을 쓸 것"이라고 말했다고 한다. 또 다른 친구들에게는 차라리 음악을 하겠다거나 데킬라 증류공장을 운영하면 어떨까 하는 이야기를 하기도 했다.

8월에 뉴욕으로 돌아온 그는 아프리카로 간다며 아이보리 코스트의 아비잔Abidjan으로 가는 비행기표를 샀다. 8월 18일에

출발하는 티켓이었다. 브레지 바쿠미언 갤러리Vreji Baghoomian Gallery
에서 연 뉴욕 전시가 몇 년 만에 호평을 얻었던 탓에 바스키아는
눈에 띄게 밝아져 있었다.

　　출발을 6일 앞둔 1988년 8월 12일, 바스키아는 그레이트 존
스 스트리트에 있는 자신의 로프트에서 시체로 발견되었다. 그는
환풍구 앞에 엎드린 자세로 죽어 있었다. 약물 과용으로 인한 돌
연사였다. 직접적인 사인은 토사물로 인한 질식으로 밝혀졌다.
시신은 더위와 헤로인 때문에 사망하자마자 바로 부패했다. 5일
후 치러진 장례식 때에 관 뚜껑을 열 수가 없을 정도였다.

　　그는 열일곱 살에 꿈꾼 대로 유명해지는 데에는 성공했으나
유명해지는 것은 그의 상상처럼 낭만적인 일만은 아니었다. 성공
의 이면에는 한 젊은이가 미처 알 수 없었던 무시무시한 고통이
숨어 있었다. 바스키아는 죽기 2, 3년 전부터 다음과 같은 말을
그림에 써 넣었다.

　　'사람은 누구나 죽는다.'
　　'매질이 기다리고 있다. 여기서는 얻을 게 아무것도 없다.'
　　'겁쟁이들이 너를 없앨 것이다.'

　　지미 헨드릭스, 찰리 파커, 빌리 홀리데이 등 약물 과용으로
죽은 사람들을 영웅으로 떠받들었던 바스키아. 그는 종종 '마약
은 천재로 통하는 길'이라고 말했다. 그리고 이제 약물 과용으로

일찍 죽은 천재 예술가의 명단에 또 한 명의 이름이 추가되었다.
장 미셸 바스키아.

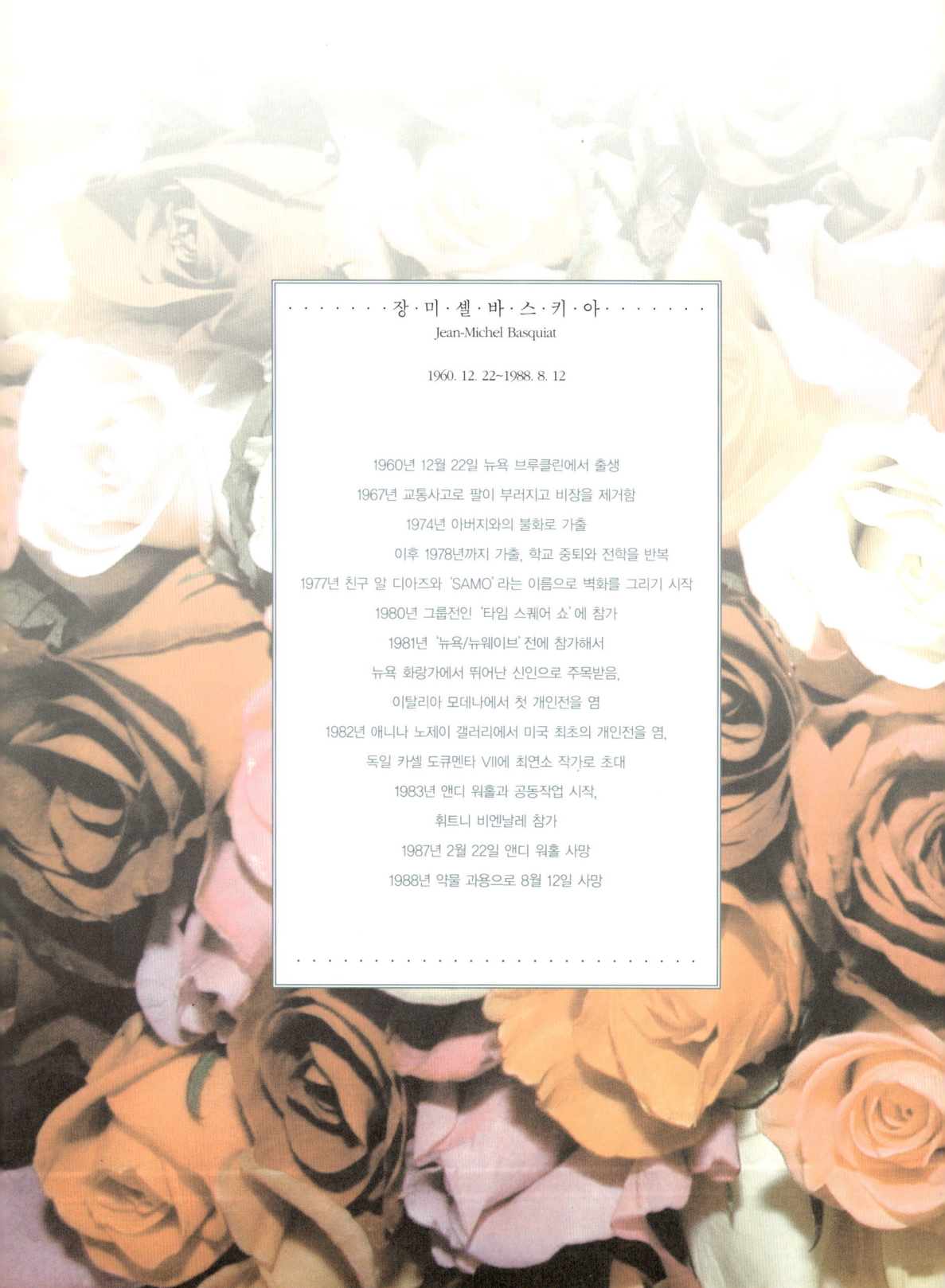

· · · · · · · 장 · 미 · 셸 · 바 · 스 · 키 · 아 · · · · · ·

Jean-Michel Basquiat

1960. 12. 22~1988. 8. 12

1960년 12월 22일 뉴욕 브루클린에서 출생

1967년 교통사고로 팔이 부러지고 비장을 제거함

1974년 아버지와의 불화로 가출

이후 1978년까지 가출, 학교 중퇴와 전학을 반복

1977년 친구 알 디아즈와 'SAMO' 라는 이름으로 벽화를 그리기 시작

1980년 그룹전인 '타임 스퀘어 쇼'에 참가

1981년 '뉴욕/뉴웨이브' 전에 참가해서

뉴욕 화랑가에서 뛰어난 신인으로 주목받음,

이탈리아 모데나에서 첫 개인전을 염

1982년 애니나 노제이 갤러리에서 미국 최초의 개인전을 염,

독일 카셀 도큐멘타 VII에 최연소 작가로 초대

1983년 앤디 워홀과 공동작업 시작,

휘트니 비엔날레 참가

1987년 2월 22일 앤디 워홀 사망

1988년 약물 과용으로 8월 12일 사망

최후의 마스터피스

〈죽음에 올라타다 Riding With Death〉

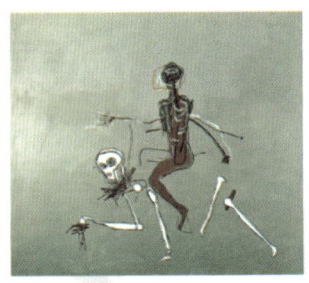

〈죽음에 올라타다 *Riding With Death*〉
장 미셸 바스키아 | 1988
린넨에 아크릴, 유채
토니 샤프라지 갤러리, 뉴욕
ⓒ Jean Michel Basquia
ADAGP, Paris-SACK, Seoul, 2005

바스키아는 1986년부터 앞날을 예언하듯, 죽음을 주제로 한 그림들을 계속 그렸다. 그중에서도 사망 직전인 1988년에 그린 〈죽음에 올라타다〉는 그 어떤 작품보다 더 직접적으로 다가올 운명을 예언하고 있다. 눈부신 성공의 대로를 질주해 온 그는 이제 그 질주의 끝에 죽음이 있다는 것을 절감한 듯 하다. 해골로 표현한 죽음 위에 올라 탄 빼빼 마른 남자-어찌 보면 이 그림은 화가의 자화상 같기도 하다-는 앞을 똑바로 바라보며 달려 나갈 준비를 하고 있다.

바스키아의 다른 작품들과는 달리, 이 그림은 단순하기 짝이 없다. 올리브빛 회색 배경에 해골 하나와 인물 하나가 전부다. 바스키아의 전작을 통틀어 이렇게나 절제된 그림은 찾기 힘들다. 그는 자신의 작품에 짧은 글을 써 넣는 것을 즐겼지만 〈죽음에 올라타다〉에서는 그런 문구도 찾아볼 수 없다. 이 단순한 구도의 그림을 통해 화가는 결연하고 담담하게 자신의 운명을 받아들이고 있다. 갈비뼈가 드러날 정도로 바싹 마른 등장인물의 몸은 육체적, 정신적 한계에 다다른 바스키아의 상태를 보여 준다.

바스키아는 1980년대 중반 이후로 레오나르도 다 빈치의 그림에 깊이 경도되었다고 한다. 〈죽음에 올라타다〉에 숨어 있는 알레고리는 바로 레오나르도가 자신의 그림에 곧잘 숨겨 두었던 수수께끼를 본 딴 것이다.

요절한 11인의 예술가 이야기

짧은 영광, 그래서 더 슬픈 영혼

2005년 10월 28일 | 초판 1쇄 발행
2006년 7월 20일 | 초판 2쇄 발행

지은이 | 전원경
펴낸이 | 전재국

본부장 | 이광자
편집 팀장 | 이동은
기획 · 편집 | 전우석
미술 팀장 | 한명선
마케팅 팀장 | 정유한
제작 | 박순이

발행처 | (주)시공사 · 시공아트
출판등록 | 1989년 5월 10일(제3-248호)

주소 | 서울특별시 서초구 서초동 1628-1(우편번호 137-878)
전화 | 편집 (02)585-1751 영업 | (02)588-0833
팩스 | 편집 (02)585-1247 영업 | (02)588-0835
홈페이지 | www.sigongart.com

값 13,000원

ISBN 89-527-4434-9 03600
파본이나 잘못된 책은 교환하여 드립니다.